KB150956

제3판

학교폭력예방 및 학생의 이해

박지현 저

제3판 서문

2012년 학교폭력근절 종합대책이 발표되면서, 학교폭력은 학교에만 맡겨 둘 것이 아니라 우리 사회 전체가 함께 나서서 해결해야 한다는 의지가 강화되었다. 이 시점을 기반으로 개인의 문제나 대인관계의 문제로 이해되었거나, 간혹 은폐와 축소되었던 학교폭력 사안들이 수면 위로 올라오게 되었고, 학교·학부모·지역사회가 함께 조력하고 해결해야 한다는 책임과 역할이 강조되었다. 또한, 학교폭력 신고-조사체계가 개선되고, 피해·가해학생에 대한 보호·개입 조치가 강화되었다. 2012년도부터는 예비교원들의 학교폭력 대처 역량을 높이기 위한 방안으로 '학교폭력 예방 및 대책' 과목이 교직필수 과목으로 지정되었다.

저자는 2013년도부터 사범대학의 예비교사들을 대상으로 학교폭력의 예방 및 학생의 이해를 강의해 왔다. 학교폭력을 예방하고 대응할 수 있는 예비교사의 역량을 향상시키기 위해 좋은 교사를 꿈꾸는 수강 학생들과 함께 매학기 다양한 방법을 찾고 토론하는 과정을 반복해 왔다. 그 결과, 학교폭력의 완벽한 근절은 어렵겠지만, 그 피해를 줄이고 발생의 정도를 약화시키기 위해서는 예방이 최선이라는 결론을 얻었다. 효과적인 학교폭력 예방을 위해서는 학교폭력의 현상을 이해하고, 학생 문제행동의 원인에 대한 이해가 선행되어야 할 것이다. 또한, 교사의 생활지도 역시 매우 중요하다. 그럼에도 불구하고 학교폭력이 발생되었다면 피해를 최소화할 수 있도록 교사는 가장 발 빠르고 적절하게 개입하며 대응해야 할 것이다. 효과적인 개입을 위해서는 현재 우리나라의 학교폭력에 대한 법적 조치와 정책을 이해하는 데 노력을 기울여야 한다. 2019년 학교폭력 예방 및 대책에 관한 법률이 개정되었다. 개정 전 법률과 개정된 법률을 비교해 학교폭력에 대한 대처 추이를 확인한다면, 어떻게 학교폭력에 대한 대처가 변화되어 가고 있는지를 더욱 잘 이해할 수 있을 것이라고 본다. 더불어 학교폭력 사안처리 절차를 충분히 매뉴얼화해 대처해야 할 것이다. 학교폭력의 예방 및 대책의 최종 목적을 기 발생한 사건의 해결이라기보다는 학생이 안전하게 학교를 다니고, 잘 적응할 수 있는 능력을 향상시키는 것이라고 본다. 그러기 위해서 교사는 학교폭력 발생 시 효과적인 대처를 위해 상담 및 상담기법에 능숙해야 한다. 또한, 학교 내외의 전문기관과 전문가, 지역사회와의 원활한 연계를 통한 지원이 필요하다. 저자는 예비교사 및 학교폭력 관련 학습자들이 학교폭력의 현상과 학생의 문제행동을 이해하고, 현장에서의 학교폭력 예방과 생활지도 및 학교폭력 대처를 하는 데에 도움이 되기를 기대하며 이 책을 집필했다.

이 책은 총 4부 12장으로 구성되어 있으며, 1부는 학교폭력의 이해를 위해 학교폭력의 개념 및 실태와 학교폭력의 유형 및 발생 영향 요인으로 구성했다. 2부는 학생의 이해를 다루었으며, 학생 문제행동의 이론적 관점과 부적응 행동 및 심리를, 3부는 학교폭력의 예방을 위한 생활지도로서 생활지도 및 상담이론, 학교폭력 조기감지 및 평가방법, 학교폭력 예방 프로그램으로 구성했다. 4부는 학교폭력의 개입 및 대처로 학교폭력에 대한 법적 조치, 학교폭력 예방 및 대책을 위한 정책, 학교폭력 사안 처리 절차, 학교폭력 대처를 위한 학교폭력 상담을 다루었다. 그리고 부록에는 학교폭력 관련 법령과 시행령, 참고 자료 등을 제공했다. 이 책의 부족하고 미흡한 부분은 앞으로 독자들의 소중한 충고와 가르침을 바탕으로 지속적으로 개선해 나가고자 한다.

끝으로, 이 책이 나오기까지 지칠 때마다 손을 내밀어 격려해 준 사랑하는 가족과 동료 선생님들, 자료와 정보 수집에 도움을 주신 학교폭력 담당 선생님들, 출판을 지원해 주신 박영story 노 현 대표님, 출판을 위해 많은 협조와 수고를 아끼지 않으신 김한유 과장님, 박송이 과장님, 배규호 선생님, 최은혜 선생님과 3차 개정에 큰 도움을 주신 김다혜 선생님께 깊은 감사를 드린다.

2023년 9월

저자 박지현

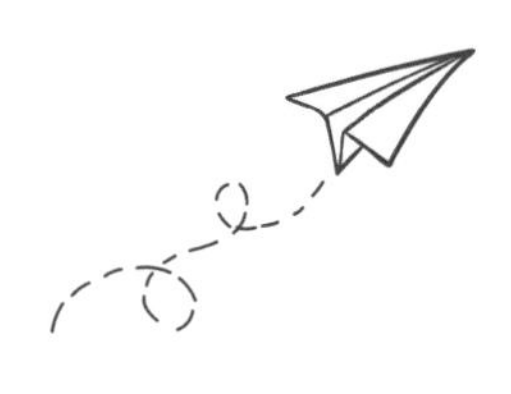

차례

Part 1.
학교폭력의 이해

제1장. 학교폭력의 개념 및 실태

1. 학교폭력의 개념

학교 내외에서 학생들의 괴롭힘과 폭력은 오래 지속된 현상이다. 1980년대와 1990년대 초반에 일본, 영국, 네덜란드, 미국 등의 국가에서도 학생들의 괴롭힘이 문제로 부각되어 이에 대한 다양한 정책이 개발·운영되었다. 우리나라에서도 학교폭력 예방을 위해 여러 각도의 차원에서 노력하고자 했으나, 본격적인 예방 및 개입을 시도한 것은 2012년도부터이다.

학교폭력을 단순한 학교와 폭력의 결합이라고 보기에는 학교폭력에 미치는 요인이 다양하다. 학교폭력은 학교가 가지고 있는 다양한 기능(문화적, 법적, 정치적, 경제적, 교육적 등) 중 교육적 기능을 중요시해야 하며, 교육적 기능을 바탕으로 학교폭력을 이해하려는 시도가 필요하다. 학교폭력의 원인을 찾고, 해결방안을 제시하기 위해서는 직접적인 연관이 있는 학생만이 아니라 그 학생과 상호작용하고 있는 가정, 학교, 지역사회, 대중매체 등을 종합적으로 이해하고 개입하려는 노력이 필요하다.

1) 학교폭력의 학문적 정의

학교폭력(school violence)의 정의에 대해 전 세계적으로 합의된 공통적 개념은 없다. 학교폭력을 연구한 대표적인 학자 올베우스(Olweus, 1994)는 괴롭힘(Bullying)에 대해 '반복적, 지속적으로 괴롭히고, 의도적으로 다른 사람에게 상해를 입히거나 상처를 입히는 부정적인 행동'이라고 정의했다. 더불어 괴롭힘의 행위에 대해 세 가지 기준을 제시했는데, 첫 번째는 의도적으로 해를 끼치는 것, 두 번째는 반복적으로 진행되는 것, 세 번째는 힘의 불균형이다.

1 의도성

의도성은 무엇을 하고자 생각하거나 계획해 실행하려는 의미를 담고 있다. 즉, 상대방을 괴롭히고 해칠 목적을 가지고 있는 것을 의도성이라고 볼 수 있다. 예를 들어 A라는 학생이 복도를 지나가고 있는데 B라는 학생이 지나가면서 어깨를 쳤을 때, 이것이 괴롭힐 의도를 가지고 있는가 아닌가에 따라 학교폭력인가 실수인가를 구분할 수 있다.

2 반복성

반복성은 거듭해서 되풀이하는 것을 말한다. 괴롭히는 행동을 하지 말라고 해도 계속 되풀이하는 것이다. 별명을 부르는 행위에 경고를 주거나 그만하라고 하는데도 불구하고 거듭 반복할 때 반복성이라고 볼 수 있다.

3 힘의 불균형

힘의 불균형은 힘이 고르지 않고 어느 편으로 치우쳐 있는 것을 말한다. 즉 다수가 소수를 대상으로, 장애가 있는 자를 그렇지 않은 자가, 상대적으로 물리적 힘이 센 자가 힘이 약한 자를, 상급생이 하급생을 대상으로 행하는 괴롭힘은 힘의 불균형 상태에 있다고 볼 수 있다.

결과적으로, 학교폭력이란 '힘의 불균형하에서 상대방을 괴롭히고 해칠 의도의 목적을 가지고 반복적이고 지속적으로 행하는 것'이며, 이 중 한 가지만 해당되어도 학교폭력이라고 정의할 수 있다.

2) 학교폭력의 법률적 정의

학교폭력에 대해 「학교폭력 예방 및 대책에 관한 법률」(제2조 제1항)에서는 '학교 내외에서 학생을 대상으로 발생한 상해, 폭행, 감금, 협박, 약취·유인, 명예훼손·모욕, 공갈, 강요·강제적인 심부름 및 성폭력, 따돌림, 사이버 따돌림, 정보통신망을 이용한 음란·폭력 정보 등에 의해 신체·정신 또는 재산상의 피해를 수반하는 행위'라고 정의하고 있다.

1 장소

학교폭력 예방 및 대책에 관한 법률(이하, 학교폭력예방법)에서는 학교폭력이 발생되는 장소를 학교 내외라고 명시하고 있다. 학교 안에서 일어나는 폭력만이 아니라 학교 밖에서 발생하는 폭력도 학교폭력이라는 것이다. 즉, 학교만이 아니라, 집, 놀이터, 학원 및 다른 장소에서 발생된 폭력 사안에 대해서도 학교폭력이라고 할 수 있다는 것을 의미한다. 따라서 학교폭력을 예방하고 대처하기 위한 노력은 단지 학교만이 아니라 가정, 청소년 관련 기관, 지역사회 등 다양한 기관과 관련 전문가와의 긴밀한 협력이 요구된다.

2 대상

2012년도 학교폭력예방법 개정을 통해 '학생 간에 발생한 폭력'에서 '학생을 대상으로 발생하는 폭력'으로 학교폭력의 개념을 확대했다. 학교폭력 피해학생을 두텁게 보호하고 치유 부담을 완화하기 위해 학교폭력의 범위를 학생 간에 발생한 사건에서 학생을 대상으로 발생한 사건으로 확대한 것이다. 이로 인해 가해자가 학생이 아니더라도 피해학생 보호조치를 할 수 있게 되었다. 학생 보호를 위해 필요한 경우에는 해당 사항을 경찰에 신고해 수사를 의뢰해야 한다.

3 유형

학생을 대상으로 발생한 상해, 폭행, 감금, 협박, 약취·유인, 명예훼손·모욕, 공갈, 강요·강제적인 심부름 및 성폭력, 따돌림, 사이버 따돌림, 정보통신망을 이용한 음란·폭력 정보 등으로 신체·정신 또는 재산상의 피해를 수반하는 행위를 학교폭력으로 규정하고 있다. 유형별 구체적인 내용은 2장에서 다루고자 한다.

Q&A 1. 가해자가 부모인 경우

Q. 학생 A가 학생 B를 구타했다. 그런 이유로 B의 보호자가 학교를 찾아와서 교실에서 A를 폭행했다면 이것은 학교폭력에 해당되는가?

A. B의 보호자는 학생이 아니므로 B의 보호자에 대해 심의위원회에서 조치를 결정할 수 없으나, 경찰 등 수사기관에 신고할 수 있다. 다만 B의 보호자가 A를 폭행한 행위는 학교폭력예방법상 상해, 폭행에 해당하는 학교폭력 사안이므로 학교는 심의위원회를 개최해야 한다. B의 보호자는 형법상 상해죄에 해당하는 가해 행위이며 형사상 책임이 따를 수 있다. A는 학교폭력예방법 제16조에 의한 피해학생으로 보호조치를 받을 수 있다.

A가 B를 괴롭힌 행위는 학교폭력예방법상 폭행 행위로, 학교폭력 사안으로 볼 수 있다. 학교에서는 전담기구에서 구체적인 사안조사를 거쳐 가해학생과 피해학생에 대한 적절한 조치를 해야 한다.

★ ***출처: 교육과학기술부, 충청북도교육청(2016). 학교폭력 사안처리 Q&A***

Q&A 2. 가해자가 자퇴생인 경우

Q. 자퇴생 A가 학생 B를 폭행해 B가 입원하게 된 경우, 학교에서는 A와 B에 대해 각각 어떻게 조치해야 하는가?

A. 가해자 A는 학생이 아니므로 심의위원회에서 조치를 결정할 수 없으나, 경찰 등 수사기관에 신고할 수 있다. A의 폭행에 대해 학생 B는 학교폭력예방법 제16조에 의한 피해학생으로서 보호조치를 받을 수 있으며, 이 경우 입원기간을 출석으로 인정할 수 있다.

★ ***출처: 교육과학기술부, 충청북도교육청(2016). 학교폭력 사안처리 Q&A***

Q&A 3. 피해자가 교사인 경우

Q. 학생 A는 교사에게 욕설은 물론 폭행의 위협을 가하고 있다. 학교생활 전반에 걸쳐 문제를 야기하고 있으며, 담임교사가 꾸준히 지도했음에도 계속 나아지지 않은 채, 교사에게 위협을 행하고 있다. 담임교사는 보호자와 상의했지만 오히려 문제아로 낙인찍는 교사를 원망하고 있다면 어떻게 하면 좋을까?

A. 교사에 대한 욕설과 폭행의 위협을 가하고 있지만, 사안 자체가 학생을 대상으로 하는 폭력이 아니므로 학교폭력 사안이 아니며 징계 사안이다. 하지만 주변 학생들에게 피해를 유발해 학교폭력이 발생하고 있다면 학교폭력 사안이 된다.

★ 출처: 교육과학기술부, 충청북도교육청(2016). 학교폭력 사안처리 Q&A

2. 학교폭력의 실태

1) 학교폭력 실태조사의 세부 내용

교육부는 2012년부터 17개 시·도교육감 공동으로 전국 초중고 학생을 대상으로 학교폭력 관련 경험·인식 등의 학교폭력 실태조사를 실시했다. 2018년부터는 실시된 조사에 개선의 필요성을 인식해, 그동안 실시해 온 조사체계의 한계를 극복하고, 사이버 폭력 증가 등 변화하는 학교폭력 양상에 적극 대응하며, 그간 운영하면서 제기된 학교현장의 부담 및 조사의 문제점 등을 개선하기 위해 「학교폭력 실태조사 개편 방안」을 마련했다. 학교폭력 실태조사의 비전은 학교폭력 및 학생위험 제로환경 조성이다. 목표는 첫째, 국가수준의 조사 실시로 학교폭력 예방 및 인식 제고, 둘째, 심도 있는 조사 실시로 맞춤형 학교폭력 대책 수립 지원이다.

[그림 1] **학교폭력 실태조사의 개편과제 및 세부 내용**

【 비전 및 목표 】

학교폭력 및 학생위험 제로환경 조성

목표	
목표	국가수준의 조사 실시로 학교폭력 예방 및 인식 제고
	심도 있는 조사 실시로 맞춤형 학교폭력 대책수립 지원

기본방향	
기본방향	표본조사 도입으로 조사의 효율성 및 효과성 제고
	사이버 폭력 등 변화하는 학교폭력 양상 반영
	학생의 발달단계 및 인식수준을 고려한 문항 개발
	피해학생 중심의 문항 설계 및 조사참여 환경 조성

조사 체계	조사 문항	조사 운영
표본조사 도입 (전수 1회 + 표본 1회)	초·중등 문항 분리	개별참여 환경 조성 (동일한 응답시간)
조사실효성 제고	사이버상 경험과 실제경험의 구분	심층분석 및 연구

★ *그림 출처: 한국교육개발원(2017). 학교폭력 실태조사 개편으로 심층실태 파악 및 맞춤형 학교폭력 정책 지원*

2) 학교폭력 실태조사를 통한 학교폭력 현황

□ 피해응답률

교육부(2018)가 발표한 학교폭력 2018년 1차 실태조사 결과를 보면, 학교폭력 피해응답률은 1.3%(5만 명)로 최초 조사한 2012년에 비해 확연히 낮아졌으나, 2017년도 1차 0.9% 대비 0.4%p 증가했다. 학교 급별 피해응답률을 확인해보면, 2018년도에는 초등학교 2.8%, 중학교 0.7%, 고등학교 0.4%로, 2017년도 1차 대비 각각 0.7%p, 0.2%p, 0.1%p 증가했다.

초4~고3 재학생 399만 명이 참여한 2018년 1차 전수조사와는 달리, 시·도 및 지역·학교규모를 고려해 표집한 초4~고2 재학생의 약 2.5%(약 9만 명)가 참여한 2018년 2차 실태 표본조사 결과, 피해응답률은 2.4%(2,153명)이며, 학교 급별 피해응답률은 초등학교 3.6%(1,056명), 중학교 2.2%(775명), 고등학교 1.3%(322명)로 나타났다.

2019년도 1차 학교폭력 실태조사 결과를 보면, 전체 피해응답률은 1.6%로 나타났다. 학교급별로는 초 3.6%, 중 0.8%, 고 0.4%로 나타났다.

2022년 1차 학교폭력 실태조사(전수조사)는 학생들의 자발적 참여를 원칙으로 온라인과 모바일을 통해 진행되었으며, 참여율은 82.9%(321만 명)로 2021년 1차 조사 대비 5.9%p(23만 명) 감소했다. 조사 결과, 피해 응답률은 1.7%(5.4만 명)로 2021년 1차 조사 대비 0.6%p 증가했으며, 코로나19감염병 확산 이전 실시된 2019년 1차 조사 대비 0.1%p 증가했다. 학교급별로는 초등학교 3.8%, 중학교 0.9%, 고등학교 0.3%로 나타나, 모든 학교급에서 2021년 1차 조사 대비 증가하는 양상을 보였다.

[그림 2] **학교폭력 피해응답률**

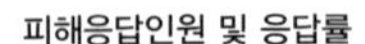

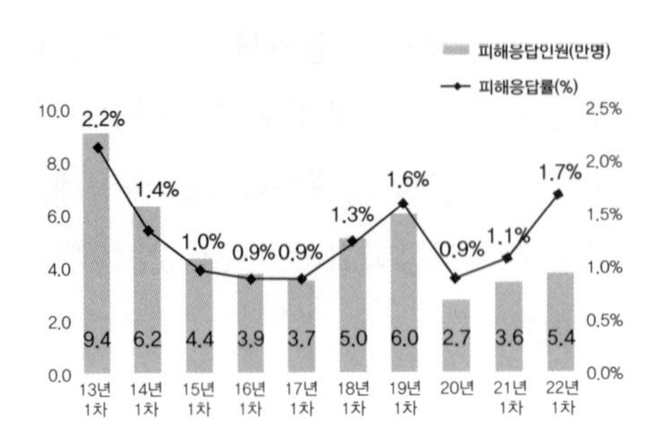

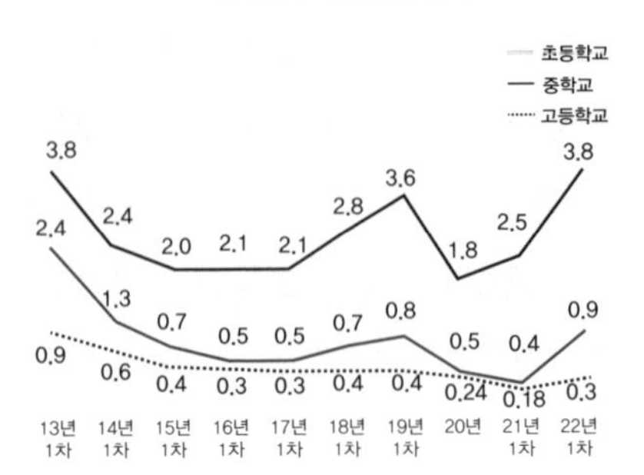

★ *그림 출처: 교육부(2022). 2022년 1차 학교폭력 실태조사 결과 발표*

2 피해유형별 비율

교육부(2019)에서 발표한 2018년 1차 실태조사 결과는, 피해유형별 학생 천 명당 피해응답 건수가 언어폭력(8.7건), 집단따돌림(4.3건), 스토킹(3.0건) 등의 순으로 나타났으며, 유형별 비율은 언어폭력(34.7%), 집단따돌림(17.2%), 스토킹(11.8%) 등의 순으로 나타났다.

2018년 2차 실태 표본조사 피해유형별 비율은 학교급별 공통으로 언어폭력(42.5%)이 가장 큰 비중을 차지하며, 신체폭행(17.1%), 집단따돌림(15.2%), 사이버 괴롭힘(8.2%) 등의 순이었다. 2019년 1차 학교폭력 실태조사 결과의 학교폭력 피해유형을 살펴보면, 〈표 1〉과 같이 피해유형별로 차지하는 비중은 언어폭력(35.6%), 집단따돌림(23.2%), 사이버 괴롭힘(8.9%), 스토킹(8.7%), 신체폭력(8.6%) 등의 순으로 나타났다.

2022년 1차 실태조사 결과, 피해유형별 응답 비중은 언어폭력(41.8%), 신체폭력(14.6%), 집단따돌림(13.3%) 순으로, 이는 2021년 1차 조사 대비 집단따돌림(14.5%→13.3%), 사이버폭력(9.8%→9.6%)의 비중은 감소하고, 신체폭력(12.4%→14.6%)의 비중은 증가한 수치이다.

[그림 3] **(2021년~2022년) 피해유형별 비중(%)**

★그림 출처: 교육부(2022). 2022년 1차 학교폭력 실태조사 결과 발표

〈표 1〉 **피해유형별 비중**

구분	'13년 1차	'14년 1차	'15년 1차	'16년 1차	'17년 1차	'18년 1차	'19년 1차	증감 (%p)
언어폭력	34.0	34.6	33.3	34.0	34.1	34.7	35.6	0.9
집단따돌림	16.6	17.0	17.3	18.3	16.6	17.2	23.2	6.0
사이버 괴롭힘	9.1	9.3	9.2	9.1	9.8	10.8	8.9	-1.9
스토킹	9.2	11.1	12.7	10.9	12.3	11.8	8.7	-3.1
신체폭행	11.7	11.5	11.9	12.1	11.7	10.0	8.6	-1.4
금품갈취	10.0	8.0	7.2	6.8	6.4	6.4	6.3	-0.1
강제심부름	6.1	4.7	4.2	4.3	4.0	3.9	4.9	1.0
성추행·성폭행	3.3	3.8	4.2	4.5	5.1	5.2	3.9	-1.3

★ 표 출처: 교육부(2019). 2019년 1차 학교폭력 실태조사 결과 발표

[그림 3], 〈표 1〉에서 보이는 것과 같이 매년 실태조사 결과는 큰 차이가 없는 비율로 학교폭력의 피해유형은 언어폭력, 집단따돌림 등 정서적 폭력이 큰 비중을 차지하고 있음을 알 수 있다.

3 피해 장소

학교폭력 피해 장소는 매년 학교 안이 60% 이상으로 나타나고 있다. 학생들이 안전하게 학습권을 보장받아야 하는 장소가 불안한 장소로 나타나고 있음을 알 수 있다. 그리고 학교폭력이 발생되는 시간은 교사의 눈을 피한, 주로 쉬는 시간으로 나타나고 있다. 이에 실태조사 결과를 충분히 반영해 학교 내의 쉬는 시간에 학교폭력을 예방할 수 있는 프로그램 및 시스템을 구축할 필요가 있다. 최근에는 교사가 함께 있지 못하는 쉬는 시간에 학생 전체가 방어자가 될 수 있도록 스톱(stop) 프로그램을 활용하는 학교가 증가하고 있다. 하지만 아무리 좋은 프로그램도 학생들의 공감과 참여를 이루어 내지 못하면 무용지물이 되므로 프로그램 취지와 참여에 대한 사전 공감대 형성이 중요하다.

〈표 2〉 학교폭력 피해장소

2018년도 1차

피해 장소 (%)	구분	학교 안 (66.8)							학교 밖 (26.6)						기타
		교실 안	복도	운동장	급식실 매점	화장실	특별실	기숙사	놀이터	사이버 공간	학원 주변	학교 밖 체험	집	PC 노래방	
	전체	29.4	14.1	8.1	9.2	3.4	2.1	0.5	6.3	5.7	4.9	5.0	3.6	1.1	6.6
	초	27.2	13.9	9.5	8.0	3.3	2.0	0.2	7.8	4.0	6.1	5.5	4.4	0.8	7.1
	중	34.3	15.2	4.7	11.7	4.0	2.0	0.5	2.2	10.3	2.1	4.0	1.6	2.0	5.4
	고	36.7	13.8	3.8	13.0	3.6	2.5	2.7	1.4	10.3	1.1	2.9	1.4	1.3	5.4

2019년도 1차

피해 장소 (%)	구분	학교 안 (69.5)							학교 밖 (30.5)						기타
		교실 안	복도	운동장	급식실 매점	화장실	특별실	기숙사	놀이터	사이버 공간	학원 주변	학교 밖 체험	집	PC 노래방	
	전체	30.6	14.5	9.9	8.7	3.5	1.9	0.4	5.6	5.4	4.2	5.0	3.2	0.9	6.2
	초	29.3	14.2	11.5	7.7	3.4	1.8	0.2	6.7	3.9	5.0	5.5	3.7	0.7	6.4
	중	34.0	16.0	4.9	11.8	3.8	2.0	0.5	2.2	10.3	1.9	3.6	1.8	2.1	5.3
	고	37.0	14.0	3.7	12.6	4.0	2.6	2.2	1.7	10.5	1.3	2.8	1.2	1.3	5.2

2022년도 1차

피해 장소 (%) (복수 응답, 건수 기준)	구분	학교 안 (61.8)							학교 밖 (34.3)						기타
		교실 안	복도, 계단	운동장, 강당 등	화장실	특별실 등	기숙사	급식실, 매점 등	놀이터 등	사이버 공간	학원, 학원 주변	학교 밖 체험	집, 집근처	PC, 노래방 등	
	전체	26.6	16.1	9.2	4.1	2.9	0.4	2.5	11.1	8.5	5.7	3.2	5.2	0.6	3.9
	초	25.7	15.1	9.5	4.0	2.6	0.2	2.3	13.2	7.2	6.6	3.4	5.8	0.4	4.1
	중	29.6	19.9	8.2	4.4	3.3	0.4	2.8	4.6	13.3	3.2	2.3	3.5	1.4	3.1
	고	29.2	17.4	7.7	5.1	5.7	2.5	4.9	2.7	12.5	2.2	2.0	2.9	1.4	3.8

★ *표 출처: 교육부(2018). 2018년 1차 학교폭력 실태조사 결과 발표*
교육부(2019). 2019년 1차 학교폭력 실태조사 결과 발표
교육부(2022). 2022년 1차 학교폭력 실태조사 결과 발표

〈표 3〉 **학교폭력 발생시간**

2018년도 1차

피해 시간 (%)	구분	쉬는 시간	점심 시간	하교 이후	수업 시간	하교 시간	학교 밖 체험	등교 시간	방과후 수업	기타
	전체	32.8	17.5	15.0	8.5	7.0	4.8	3.3	3.1	7.9
	초	31.5	16.3	16.9	6.6	8.1	5.3	3.6	3.6	8.1
	중	37.3	21.0	10.8	12.0	4.2	3.7	2.8	1.4	6.8
	고	34.9	20.2	8.7	16.2	3.8	3.0	2.6	2.3	8.2

2019년도 1차

피해 시간 (%)	구분	쉬는 시간	점심 시간	하교 이후	수업 시간	하교 시간	학교 밖 체험	등교 시간	방과후 수업	기타
	전체	34.4	17.7	14.1	8.1	7.0	4.5	3.6	3.1	7.5
	초	33.5	16.9	15.3	6.7	7.8	4.9	3.8	3.6	7.6
	중	38.5	20.5	10.6	11.2	4.7	3.6	2.8	1.3	6.9
	고	35.0	20.2	9.1	15.8	3.6	3.0	2.8	1.9	8.6

2022년도 1차

피해 시간 (%) (복수응답, 건수기준)	구분	쉬는 시간	점심 시간	하교 이후	수업 시간	하교 시간	학교 밖 체험	등교 시간	방과후 수업	기타
	전체	29.7	14.4	17.4	8.7	12.6	4.1	4.2	4.3	4.6
	초	29.1	12.6	18.3	7.8	14.2	4.5	4.0	4.6	4.9
	중	32.6	20.0	15.4	10.6	7.8	2.9	4.5	3.1	3.2
	고	28.2	20.5	12.7	14.4	7.5	2.9	4.9	4.4	4.4

★ 표 출처: 교육부(2018). 2018년 1차 학교폭력 실태조사 결과 발표
교육부(2019). 2019년 1차 학교폭력 실태조사 결과 발표
교육부(2022). 2022년 1차 학교폭력 실태조사 결과 발표

3. 최근 학교폭력 발생 경향 및 특징

1 흉폭화, 범죄화

학교폭력 실태조사를 통해 나타난 학교폭력 피해응답률은 2012년 1차 12.3%에서 2019년 1차 1.6%로 확연하게 낮아진 것을 확인할 수 있다. 하지만 학교폭력 피해응답률이 줄어들었다고 낙관할 수 없는 실정이다. 사례 1, 2, 3에서 보이는 것처럼 학교폭력이 점점 흉폭화, 범죄화되어 가고 있기 때문이다. 청소년들이 대중매체의 선정적이고 자극적인 사건 내용을 모방하거나 충동적으로 폭행을 저지르는 등 범죄에 상응하는 학교폭력이 발생하고 있다.

사례 1.

○○시 관내 중학생 15명이 같은 또래 A군(중3, 15세)을 3시간가량 끌고 다니면서 수차례 집단폭행하고 범죄사실을 은폐하기 위해 A군을 화장실에 감금해 ...

★ *광명지역신문(2017.12.15.). '무서운 10대들' 광명시 중학생 15명, 또래학생 집단폭행*

사례2.

'부산 여중생 폭행사건'의 현장 상황이 담긴 CCTV 영상이 공개됐다. 3일, 한 매체를 통해 공개된 CCTV 영상에는 가해자 A양, B양 등의 일행이 인적이 드문 곳으로 피해자 C양을 데려가 폭행하는 모습이 고스란히 담겨 있다. A양과 B양은 C양을 구석으로 몰아넣은 뒤 의자와 둔기로 내려치며 폭행했고, 다른 후배들은 가만히 서서 맞고 있는 것을 지켜봤다.

★ *중앙일보(2017.09.04.). CCTV에 잡힌 잔혹한 '부산 여중생 폭행'*

사례3.

A(17·무직)양과 B(15·여고 1년)양 등 6명은 지난 7월 17일 새벽 1시에 경포대 백사장에서 자신의 사생활을 이야기하고 다닌다는 등의 이유로 주먹과 발 등을 이용해 C(17·무직)양을 수차례 폭행했다. A양 일행은 새벽 5시께 강릉의 한 자취방으로 자리를 옮겨 또다시 C양을 폭행했다. 이 폭행으로 C양은 전치 2주 진단을 받았으며 강릉의 한 병원에서 입원 치료를 받고 있다.

★ *한겨레(2017.09.05.). 강릉에서도 10대 청소년 폭행 사건 뒤늦게 알려져*

2 저연령화

2019년도에 학교폭력 전체 피해 및 가해응답률은 감소 추세이나 초등학생의 피해 및 가해 응답률은 중·고등학생 대비 약 4배 이상으로 나타났다. 과거보다 현저히 높아진 청소년의 정신적·신체적 성숙도 및 대중매체의 영향이 더욱더 학교폭력 저연령화의 결과를 가져온다고 볼 수 있다.

소년보호 제도에는 보호처분과 형사처분이 있다. 소년법에 의거한 보호처분은 개선 가능성이 많은 소년에 대해 처벌하기보다는 보호·교육해 사회에 복귀시키는 목적을 가지고 있다. 따라서 장래에 영향을 미치지 않고 수사 경력 자료로만 관리된다. 형법 등에 의거한 형사처분은 범죄에 상응한 처벌을 받고, 특히 자유형은 범죄자를 격리 교정해 재범을 예방한다. 우리나라는 10세 미만의 청소년에 대해서는 형사처분과 보호처분이 불가하다. 10세 이상 14세 미만의 청소년은 촉법소년으로 형사처분은 불가하지만 보호처분은 가능하다. 14세 이상 19세 미만의 청소년은 범죄소년으로 형사처분과 보호처분 모두 가능하다. 따라서 14세 미만의 청소년들은 이러한 법적 제도를 악용해 범죄를 저지를 수 있는 우려가 있다.

학교폭력 및 비행의 연령은 점점 낮아지고 있으며, 이에 따른 제도적 장치가 필요하다. 교육부(2019)는 제4차 학교폭력 예방 및 대책 기본계획(2020년~2024년)에서 소년법 적용사건 수준의 중대한 학교폭력에 대해서는 엄정하게 대처한다는 정부 기조에 따라, 우범소년 송치제도를 적극 활용하고, 촉법소년 연령 하향(만 14세 미만 → 만 13세 미만)도 추진한다고 밝혔다.

사례

캣맘 벽돌 사망사건을 벌인 9세 초등학생이 형법상 면책 나이 기준 때문에 아무런 처벌을 받지 않는다는 사실이 알려지면서 나이 어린 범죄자 처벌에 대한 논란이 이어지고 있다. 캣맘 사건 초등생은 보호처분을 받는 촉법소년(10세 이상~14세 미만)에도 들지 않아 형사책임 완전제외 대상이다. 캣맘 사건 용의자가 초등생인 것이 알려진 같은 날 16일에 강원도에서도 한 초등생이 동급생을 집단 성추행한 사건이 전해졌다. 네티즌들은 "강력 범죄자가 점점 더 어려지고 있는데 형법 면책 나이는 수십 년째 그대로냐"며 분노했다. 형법 면책 기준은 1953년 형법이 제정된 이후 한 번도 바뀌지 않았다.

★ *국민일보(2015.10.17.). "애니깐 봐줘" 이래도? 캣맘 사건 후 초등생 집단 성추행 조사 중*

3 정서적 학교폭력의 지속적 증가

언어폭력으로 인한 학교폭력 피해유형별 비중을 살펴보면 〈표 1〉에서와 같이 2013년 34.0%에서 2019년 35.6%로 소폭 상승하고 있는 것을 알 수 있다. 언어폭력, 집단따돌림 등으로 인한 정서적 폭력은 외관으로는 보이지 않는 심리적 피해를 남긴다. 신체적인 외상은 보이지 않지만 이들은 우울, 불안, 대인기피, PTSD(외상 후 스트레스 장애) 등의 심각한 심리적 문제를 야기할 수 있으며, 자살 등의 부적절한 행동으로 표출될 수 있다. 심각한 경우에는 평생 치유되지 않는 마음의 상처를 안고 살아가야 하기 때문에 더욱 주의를 기울여야 할 것이다.

[그림 4] **연령별 형사처벌과 보호처분**

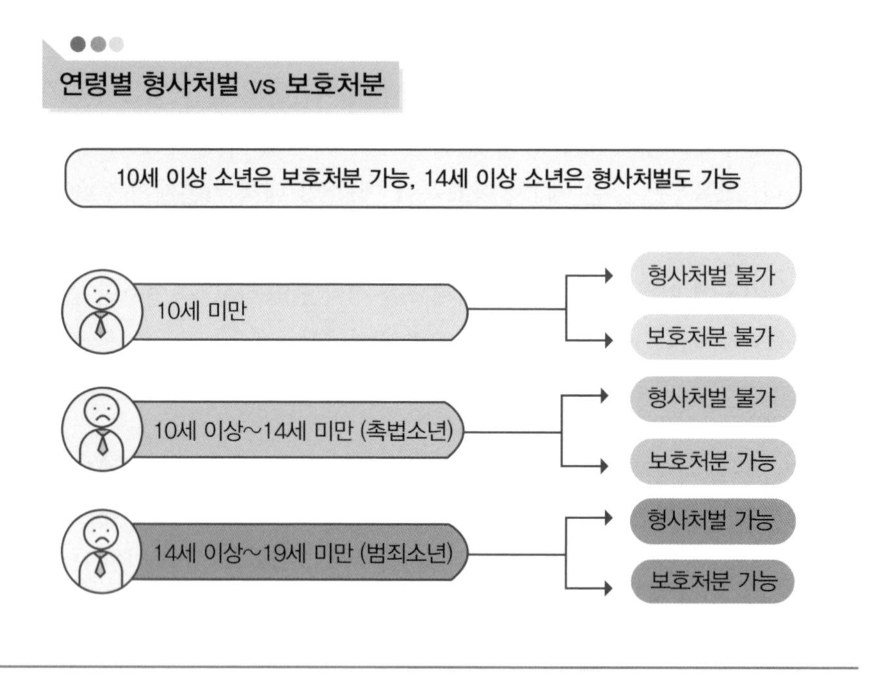

★ ***그림 출처: 법무부, 교육과학기술부, 자녀안심운동재단(2012). 학교폭력에 대한 교사의 역할***

④ 사이버폭력의 지속적 증가

사이버폭력으로 인한 학교폭력 피해유형별 비중을 살펴보면 〈표 1〉에서와 같이 언어폭력, 집단따돌림 다음으로 높은 순위에 있음을 알 수 있다. 사이버폭력은 시간과 장소의 개념 없이 피해학생을 괴롭히는 것으로 그 피해의 파장이 크다. 더욱이 사이버폭력은 특정·불특정 다수가 인지하는 특정 사이트 및 인터넷 게시판 등에 공개되는 형태로, 피해학생은 수치스러움과 두려움으로 일상생활에 어려움을 겪을 수 있다. 특히, 유아 및 청소년의 인터넷·스마트폰 과의존 위험군

이 증가함에 따라, 사이버폭력 예방을 위한 과의존 상담 및 치유지원 방안 강화의 필요성이 대두되고 있다.

5 학교폭력의 심각성에 대한 인식부족

2018년도 2차 실태 표본조사 결과(교육부, 2019), 가해학생은 학교폭력 가해의 주된 이유를 '장난으로'(37.2%)라고 응답했고, '오해와 갈등으로'(18.1%), '상대학생이 먼저 잘못해서'(17.5%) 등의 이유로 가해 이유를 인식했다. 2019년도 1차 실태조사 결과에서는 가해이유의 주된 이유를 '먼저 괴롭혀서'(29.7%), '장난으로'(17.7%)로 응답했다. 가해학생은 자신들이 하고 있는 행동이 피해학생에게 어떤 심리적·신체적 두려움과 아픔을 가져오는지에 대한 인식이 부족한 실정이다. 따라서 학교에서는 학교폭력 예방교육을 통해 학생들의 인권과 존중에 대한 인성교육을 강화해야 할 필요가 있다.

6 학업중단으로의 연장

2014년 3월부터 2015년 2월까지 한 해 동안 4만 7,070명의 초중고생이 학교를 그만둔 것으로 보고되었다(한국교육개발원, 2016). 이는 하루 평균 129명의 청소년이 학교 내 학업을 중단하고 있음을 나타내며, 우리나라 전체 초중고생의 1%에 가까운 인원이다(박지현, 2017). 학교를 중도 탈락한 중고교생이 학교로 다시 복교해도 이 중 20% 정도는 적응을 하지 못하고 다시 학교 밖으로 나오게 될 확률이 높다. 학교 밖 청소년의 유형을 은둔형, 배회형, 소일형, 니트형으로 분류했을 때, 여기서 50%에 육박하는 청소년들이 니트형[1)]이 될 확률이 높았으며, 청소년들이 학업을 중단한 직후에는 60.3% 이상이 아무것도 하지 않고 노는 것으로 나타났다(윤철경 등, 2010). 이처럼 학교 밖 청소년이 계속 증가할 경우 개인적 문제로 끝나지 않고 사회적 문제로까지 확대될 가능성이 높기 때문에 학교 내에서의 학교 중도 탈락에 대한 대처가 함께 필요하다.

1 니트족: Not in Education, Employer or Training의 줄임말.

사례

최근 5년간 13만 7천 명에 달하는 고등학생이 자퇴, 퇴학, 제적 등의 이유로 학업을 중단한 것으로 나타났다. 학업중단 고교생의 숫자는 2012년 3만 4천 934명, 2013년 3만 381명, 2014년 2만 5천 318명, 2015년 2만 2천 554명, 2016년 2만 3천 741명 등으로 조사됐다. 아울러 전체 고교생 대비 학업중단 학생의 비율은 2012년 1.82%, 2013년 1.60%, 2014년 1.38%, 2015년 1.26%, 2016년 1.35% 등으로 나타났다. 학업중단 사유로는 '자퇴'가 96%로 가장 높았고, 퇴학이 3%를 차지했다. 특히 자퇴 이유로는 학업문제와 따돌림·학교폭력 등 대인관계로 인한 '학교 부적응'이 52%로 가장 높게 나타나 대책 마련이 시급하다.

★ **연합뉴스**(2017.10.08.). ***"최근 5년간 학업중단 고교생 13만 7천 명"***

7 가해학생과 피해학생의 구분 모호

학교폭력 발생 시, 가해학생과 피해학생의 구분이 모호한 경우가 많이 발생한다. 피해학생이 자신을 보호하기 위해서, 또는 분노로 가해한 학생을 폭행해 가해학생이 되기도 하고, 어느 순간 가해학생이 피해학생으로 바뀌어 있는 형태도 발생된다. 이에, 학교폭력에 가담한 학생을 획일적으로 가해학생 또는 피해학생이라고 단정 짓고 개입하기보다는 각 행위의 동기와 원인을 이해하고 그에 맞는 다각적인 차원에서의 예방과 상담·교육이 필요하다.

8 다문화 학생의 학교폭력 노출

행정안전부에서 실시한 외국인주민 현황조사에 따르면 다문화청소년(만 18세 이하)은 2011년 151,154명에서 매년 증가하여 2019년 264,626명에 도달하였다. 다문화가족의 청소년들은 개인에 따라 편차는 있으나 외모, 언어발달, 문화적응 등의 다름에 있어 어려움을 겪는 경우가 있다. 다름으로 인해 학교폭력 집단따돌림의 피해자로 노출될 수 있으며, 오히려 학교 부적응으로 학교폭력 가해자가 되는 상황이 나타날 수 있다. 다름은 틀림이 아니다. 따라서 다문화 청소년에 대한 이해와 공감대를 형성할 수 있는 시스템과 교육이 필요하다.

사례 1.

중도입국 학생은 2014년 5,602명으로 집계됐다. 전체 다문화 학생(6만 7,806명)의 8.2%에 해당한다. 국제결혼자녀(국내 출생과 중도입국 포함) 중 중학교에 다니는 비율은 2012년 79.1%, 2013년 87.3%, 지난해 94%로 매년 높아지고 있지만, 중학생의 22.1%, 고교생의 24.1%는 학교 밖에 머무는 실정이다.

★ *국민일보(2015.08.12.). [다문화가 경쟁력이다] 외국서 살다 온 다문화학생 '학교 부적응' 심각*

사례 2.

중학교 3학년 김 모(15)양은 평소 뽀얗게 화장을 하고 다닌다. "원래 피부가 예쁘다"는 말에도 아랑곳 않는다. 가무잡잡한 피부, 우뚝한 콧날, 깊은 눈매…. 김 양의 이국적인 외모는 한국인 엄마가 아닌 방글라데시 출신 아빠(46)를 빼닮았다. 어딜 가도 눈에 띈다. 그런데 중학생이 되면서 김 양의 긴 방황이 시작됐다. 김 양은 학년이 올라가면서 또 마찰을 빚은 같은 학생의 주장으로 학교폭력대책자치위원회(학폭위)에 회부돼 다시 징계를 받았다. 김 양은 당시 학폭위에 낸 글에서 "작은 잘못도 일반 아이들이 하면 장난이고, 제가 하면 학교폭력이 되는 것인지 묻고 싶다"고 썼다. 김 양 가족을 지원하는 경기글로벌센터 송○○ 대표는 "학교가 일찌감치 가해·피해를 교통정리해버리고 김 양 말은 하나도 받아들여지지 않았다"고 했다.

★ *한국일보(2015.07.04.). 다문화 2세들 '이유 있는 방황'*

9 법적 대응 증가

교육장의 학교폭력 조치에 이의를 갖고 행정심판이나 행정소송을 청구하는 등 법적 대응 사례가 증가하고 있다. 교육장의 피해학생의 보호 및 가해학생에 대한 조치에 대해 이의가 있는 피해학생 또는 그 보호자는 「행정심판법」에 따른 행정심판을 청구할 수 있다. 또한, 교육장의 가해학생에 대한 조치에 대해 이의가 있는 가해학생 또는 그 보호자는 「행정심판법」에 따른 행정심판을 청구할 수 있다. 학교폭력으로 인한 정신적·신체적 후유증은 피해학생과 가해학생 모두에게 부정적이다. 학교폭력 사안에 대한 공정하고 합리적인 조치의 중요성과 더불어, 관련 학생들이 선의의 피해를 입지 않을 수 있는 법적·제도적 장치가 필요하다.

사례

정○○ 의원이 교육부에서 제출받은 학교폭력 조치사항 불복절차 연도별 현황 자료를 보면, 가해학생이 최근 3년간 학교폭력대책심의위원회 처분에 불복해 행정심판이나 행정소송을 낸 사례는 모두 2,652건이었다. 교육청 행정심판위원회에 행정심판을 청구한 건수는 1,014건, 행정법원에 행정소송을 낸 사례가 575건이었다.

행정심판·행정소송은 코로나19로 원격수업이 진행됐던 2020년에는 587건이었다가 2021년 932건, 2022년 1학기 1,133건으로 늘었다. 대면수업이 재개되면서 학교폭력 발생이 증가했기 때문이다. 전국 초·중·고 학폭위 심의 건수는 2020년 8,357건에서 2021년 1만 5,653건으로 늘었고 지난해에는 1학기에만 9,796건으로 집계됐다.

가해학생이 행정심판·행정소송이 진행되는 동안 처분 집행을 유예해달라는 집행정지를 신청한 사례는 3년간 1,548건이었다. 집행정지가 인용된 비율은 행정심판 53.0%, 행정소송 62.1%에 달했다. 학폭위 처분의 집행이 정지되면 학급교체나 전학 등 피해학생으로부터 가해학생을 분리하는 절차가 늦어져 2차 피해가 발생할 수 있다.

★ *경향신문(2023.03.26). 대면수업 재개 뒤 학교폭력 증가…행정심판 등 '처분 불복'도 늘어*
https://m.khan.co.kr/national/education/article/202303262136025#c2b

4. 학교폭력 참가자 및 후유증

학교폭력이 발생되면, 학교폭력으로 인한 관련 학생들과 학교뿐만 아니라 사안처리 과정에서 교사, 학부모, 그 외 주변에까지 피해가 크다고 볼 수 있다. 학교폭력 사안처리 과정 및 사후 관리에서의 원만하고 합리적인 합의와 처리가 이루어지지 않을 경우, 이들의 갈등은 더 심화되고 고통과 심리적 문제로 확대될 수 있다.

살미발리(Salmivalli, 2001)는 학교폭력과 관련된 참여자를 가해자(bully), 조력자(assistant), 강화자(reinforcer), 방어자(defender), 방관자(outsider), 피해자(victim)로 구분했다. 본 장에서는 가해자, 주변인, 피해자의 세 가지 범주로 구분해 가해자는 적극적인 가해자, 조력자, 강화자로, 주변인은 방관자, 방어자로 분류했으며, 마지막으로 피해자를 구분했다.

Ⅰ 가해자

처음에는 장난으로 시작하는 경우가 많으나, 이에 대한 통제와 제재가 되지 않을 경우, 괴롭힘의 형태는 더욱 강해진다. 일진이나 노는 아이로 낙인이 찍히는 경우, 일상생활에서 가해자라는 곱지 않은 시선 속에서 일상을 보내게 되고, 본인 또한 노는 아이라고 자신을 일반화시키는 경우가 있다. 가해자들은 자기 통제력의 부족, 폭력성과 공격성에 대한 충동성, 도덕성, 그리고 죄책감의 부재, 타인의 권리와 감정 공감의 부족, 우울·불안·낮은 자아개념 등의 개인 및 심리적 요인을 가지고 있을 수 있다(김성곤 등, 2014). 더불어 가정적인 영향과 부정적인 주변 환경의 영향도 비행의 촉진적인 역할을 하기 때문에 체계적인 이해와 접근이 필요하다. 이들은 성적저하, 분노조절, 긍정적인 사회기술의 부족, 문제아라는 인식 등으로 학교생활의 어려움을 겪을 수 있으며, 차후 비행에 계속 가담할 경우, 성인이 되어서 사회 부적응, 범죄노출 등의 우려가 있다.

◐ 적극적인 가해자

적극적이고 주도적으로 괴롭히는 역할을 한다. 보통 다른 학생들을 참여시켜서 같이 괴롭힌다.

◐ 조력자

학교폭력의 상황에서 가해자를 돕는 역할을 한다. 학교폭력 상황에서 피해학생을 붙잡아 괴롭히며 가해학생을 도우며, 가해자로 분류된다.

◐ 강화자

학교폭력 상황의 주위에 둘러싸고 있으며 웃는 행동을 하거나, 가해자를 더욱 강화해 괴롭히는 행동을 지지하고 그에 대한 피드백을 제공한다. 가해학생이 피해학생을 괴롭히는 상황을 보면서 낄낄거리거나 주변 사람을 보고 더 괴롭히라고 부추기는 역할을 하기 때문에 이들도 가해자로 분류될 수 있다.

2 주변인

가해자와 피해자가 아니지만, 학교폭력이 발생한 상황 주변에 있는 이들을 주변인이라고 한다. 주변인은 방관자와 방어자로 분류할 수 있다.

◐ 방관자

주변의 학교폭력 상황에 관심을 두지 않고 반응하지 않는다. 방관자는 학교폭력이 발생한 상황에서 모른 채 눈에 띄지 않는 행동을 한다. 주변인의 대부분이 방관자에 속한다.

◐ 방어자

학교폭력 상황을 싫어하고, 피해자를 지지하며 도와주고 안정시키는 역할을 하며, 가해학생을 말리거나 공격하기도 한다. 학교에서는 방어자가 더 많아질 수 있도록 하는 노력이 필요하다.

3 피해자

괴롭힘의 대상이 되는 이를 피해자라고 한다. 피해자는 학교폭력으로 인해 학교생활을 포함한 개인의 활동 등에 부정적인 영향을 받게 되며, 일상생활의 어려움을 겪기도 한다. 도와주는 사람이 없을 경우에는 세상에 대한 부정과 불신을 갖게 되며, 육체적 고통으로 병원치료를 받게 될 수도 있다. 학교폭력 피해경험은 학생들의 자존감 저하, 우울증, 자살생각, 학교 부적응뿐만 아니라 성인기 우울증의 원인(김혜원, 2011; 조아미·조승희, 2006)이 될 수 있으며, 불안, PTSD, 대인기피 등의 심각한 정신적 고통에 놓이게 될 수 있고, 상담과 심리치료를 받으며 힘겨운 시간을 보내기도 한다. 청소년기에 겪게 되는 이들의 고통은 건강한 성장과 발달을 저해하고 극심한 고통 속에서 나날을 보내게 한다. 따라서 학생, 교사, 가정, 지역사회는 학교폭력의 피해자가 발생하지 않도록 힘을 합해서 학교폭력을 예방하고 대응할 수 있는 체계를 만들어야 한다.

〈표 4〉 **학교폭력 참가자 및 행위**

학교폭력 참가자		행위
가해자	적극적인 가해자	적극적이고 주도적으로 괴롭히는 역할을 한다.
	조력자	학교폭력의 상황에서 가해자를 돕는 역할을 한다.
	강화자	학교폭력의 상황에서 가해자를 부추기는 역할을 한다.
주변인	방관자	학교폭력 상황에 관심을 두지 않고 반응하지 않는다.
	방어자	학교폭력 상황을 싫어하고, 피해자를 지지하며 도와주고, 다른 사람들이 괴롭히지 않도록 노력한다.
피해자	피해자	괴롭힘의 대상이 되고, 괴롭힘을 당한다.

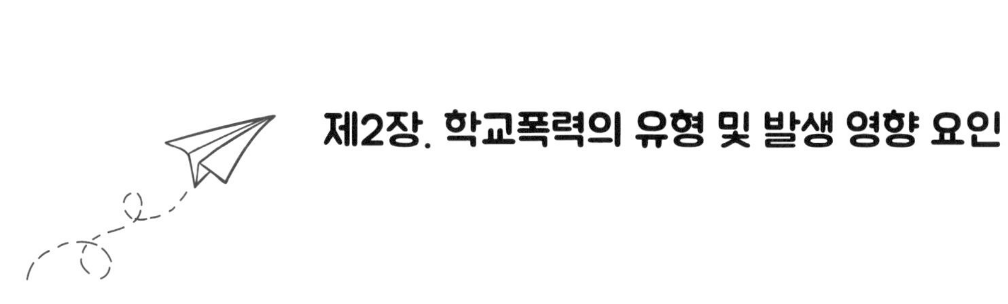

제2장. 학교폭력의 유형 및 발생 영향 요인

1. 학교폭력의 유형

「학교폭력 예방 및 대책에 관한 법률」(제2조 제1항)에서 제시하고 있는 학교폭력 유형의 개념을 살펴보면 다음과 같다.

1) 신체폭력

신체폭력은 상해, 폭행, 감금, 약취, 유인 등을 일컬으며, 장난을 빙자한 꼬집기, 때리기, 힘껏 밀치기 등에서 상대학생이 폭력으로 인식하는 행위를 말한다.

ⓘ 상해

상해란 신체의 완전성이나 사람의 신체의 생리적 기능에 장해를 일으키는 것을 말한다. 즉, 가해자의 행위로 인해 병원에서 치료를 요하는 정도의 상해를 입은 경우가 적용된다. 예컨대, 피부의 표피를 박리하는 것, 중독증상을 일으켜 현기·구토를 하게 하는 것, 치아의 탈락, 피로·권태를 일으키게 하는 것, 처녀막열상, 성병에 감염시키는 것 등은 모두 상해에 해당된다.

2 폭행

폭행은 신체에 대한 일체의 불법적인 유형력의 행사를 말하며, 그 성질이 반드시 상해의 결과를 초래할 필요는 없다. 따라서 불법하게 모발·수염을 잘라 버리는 것, 손으로 사람을 밀어서 높지 않는 곳에서 떨어지게 하는 것, 사람의 손을 세차게 잡아당기는 것 등도 폭행이 된다.

3 감금

감금은 협박이나 폭행을 행사해 강제로 일정한 장소에서 나오지 못하도록 하는 행위이다. 문을 잠그지 않았다고 하더라도 옷을 벗겨서 나올 수 없는 상황을 만든 경우도 감금에 해당한다.

4 약취

약취는 협박이나 폭행을 행사해 강제로 일정한 장소로 데리고 가는 행위이다.

5 유인

유인은 상대방을 속이거나 유혹해서 일정한 장소로 데리고 가는 행위를 말한다. 친구들이 놀자고 기다린다고 하거나, 선생님이 부르신다고 해서 일정한 장소로 갔으나 사실과 다른 경우가 유인에 해당한다.

〈표 1〉 신체폭력 유형 및 개념

신체폭력 유형	내용
상해 및 폭행	신체를 손, 발로 때리는 등 고통을 가하는 행위
감금	폭행 또는 협박을 행사해 강제로 일정한 장소에서 쉽게 나오지 못하도록 하는 행위
약취	폭행 또는 협박을 행사해 강제로 일정한 장소로 데리고 가는 행위
유인	상대방을 속이거나 유혹해서 일정한 장소로 데리고 가는 행위

*** 상해에 대한 Q&A**

Q. 집단폭행을 당하지는 않았지만, 극심한 위협적인 사건으로 PTSD 장애를 받았다면 상해에 해당되는가?

A. 상해는 피해자의 신체의 완전성을 훼손하거나 생리적 기능에 장애를 초래하는 것으로, 반드시 외부적인 상처가 있어야만 하는 것이 아니고, 여기서의 생리적 기능에는 육체적 기능뿐만 아니라 정신적 기능도 포함하는 것으로서 통상적인 상황에서는 겪을 수 없는 극심한 위협적 사건에서 심리적인 충격을 경험한 후 일으키는 특수한 정신과적 증상인 PTSD도 상해에 해당한다(대법원 1999. 1. 26. 선고 98도3732 판결).

★ ***자료 출처: 찾기 쉬운 생활법령정보(2019년 자료 발췌)***

*** 폭행에 대한 Q&A**

Q. 직접적으로 신체적 폭행은 없었지만, 폭언이나 욕설, 손발이나 물건을 휘두르는 행위도 폭행에 해당되는가?

A. 피해자의 신체에 공간적으로 근접하여 고성으로 폭언이나 욕설을 하거나 동시에 손발이나 물건을 휘두르거나 던지는 행위는 직접 피해자의 신체에 접촉하지 않았다고 하더라도 피해자에 대한 불법한 유형력의 행사로서 폭행에 해당될 수 있다(대법원 2003. 1. 10. 선고 2000도5716 판결).

★ ***자료 출처: 찾기 쉬운 생활법령정보(2019년 자료 발췌)***

2) 언어폭력

언어폭력이란 말로 협박이나 욕설을 해서 상대방에게 상처를 주는 것을 말한다. 명예훼손죄, 모욕죄, 협박이 있으며, 사이버 모욕죄나 인터넷 명예훼손죄, 사이버 스토킹(공포심이나 불안감을 유발하는 글이나 소리, 영상 등을 반복적으로 상대방에게 보내는 것)이 포함된다.

1 명예훼손

명예훼손은 여러 사람 앞에서 상대방의 명예를 훼손하는 구체적인 말(성격, 능력, 배경 등)을 하거나 그런 내용의 글을 인터넷, SNS 등으로 퍼뜨리는 행위(사이버 폭력)가 해당된다. 이때, 내용이 진실이라고 하더라도 범죄이고, 허위인 경우에는 형법상 가중 처벌 대상이 된다. 인터넷 명예훼손은 어떤 사람을 헐뜯기 위해 많은 사람이 볼 수 있는 인터넷에 사실인 내용이나 거짓의 내용을 기재해 그 사람의 명예를 훼손했을 때 해당된다.

2 모욕

모욕은 여러 사람 앞에서 모욕적인 용어(생김새에 대한 놀림, 병신, 바보 등 상대방을 비하하는 내용)를 지속적으로 말하거나 그런 내용의 글을 인터넷, SNS 등으로 퍼뜨리는 행위(사이버 모욕죄)가 해당된다. 사이버 모욕죄는 어떤 사람에 대한 사실이 아닌 내용을 많은 사람이 알 수 있도록 인터넷에 경멸적 감정을 담아 기재해 그 사람에 대한 사회적 평가를 훼손시킬 때 인정되는 죄이다.

3 협박

상대방의 반항을 불가능하게 하거나 곤란하게 할 정도는 아니더라도, 상대방으로 하여금 공포심을 일으키게 할 의사로 해악을 가할 것을 고지하는 행위(임웅, 2012)를 말한다. 신체 등에 해를 끼칠 듯한 언행(죽을래 등)과 문자메시지 등으로 겁을 주는 행위가 해당된다.

*** 언어폭력의 예**

메일 등으로 비난하는 메시지를 보내거나 위협하고 협박하는 행위
채팅 등을 통해 말을 걸어도 무시하고 면박을 주는 행위
욕설을 하는 행위
험담을 하는 행위
조롱하거나 비웃는 행위
모욕을 주는 행위(다른 사람이 누군가를 모욕하도록 설득하는 행위를 포함)
약점을 들춰서 괴롭히는 행위
인터넷 등에 본인이 싫어하는 별명을 올리며 놀리는 행위
나쁜 소문을 퍼뜨리는 행위
특정 행동을 사진이나 동영상으로 찍어 본인에게 수치심을 주는 행위
본인이 싫어하는 사진이나 동영상을 퍼뜨리는 행위
학교 게시판이나 인터넷 사이트에 비방·험담하는 글을 올리는 행위

★ 자료 출처: 찾기 쉬운 생활법령정보(2019년 자료 발췌)

3) 금품갈취

금품갈취는 남의 돈이나 물품을 강제로 빼앗는 행위를 말한다. 돌려줄 생각이 없으면서 돈을 요구하거나, 옷·문구류 등을 빌린 후 되돌려주지 않는 행위, 일부러 물품을 망가뜨리는 행위, 돈을 걷어오라고 하는 행위 등이 해당되며, 속칭 삥뜯기라고도 불린다. 금품갈취는 학교폭력의 흔한 형태 중 하나로, 보통 구타와 동반되어 발생하는 경우가 많으며, 이러한 범행이 한 학생에게 집중해서 지속적으로 이루어지며 그 액수가 커지는 경우가 많다. 금품갈취는 법적으로 사람을 공갈해 재물을 얻거나 재산상의 불법이익을 취하고 타인으로 하여금 이익을 얻게 됨으로써 성립되는 범죄이지만, 폭행이나 협박을 동반하는 경우가 많기 때문에 강도와 유사한 성격을 지닌다. 따라서 금품갈취의 경우 매우 심각한 범죄행위임에도 불구하고, 가해학생들의 경우 그저 장난삼아 혹은 별생각 없이 했다는 사례가 많이 발생하고 있다(김창균, 임계령, 2010). 특정인의 재물에 직접적으로 유형력을

행사해 그 이용 가능성을 침해하는 것은 재물손괴에 해당되며, 재물을 교부받거나 재산상의 이득을 취득하기 위해 폭행 또는 협박으로 공포심을 일으키는 행위는 공갈에 해당된다.

*** 금품갈취에 대한 Q&A**

Q. 하교할 때마다 같은 반 일진 2~3명이 기다린다. 같이 버스를 타고 패밀리레스토랑에 가서 밥을 먹는데 매번 교통카드와 밥값을 내게 하면서, 그 일진들이 "우린 친한 친구니깐!"이라고 말한다. 일진들과 다니면 다른 애들이 부러워하는 것 같아서 우쭐한 마음이 들기도 하는 것이 사실이다. 이것도 학교폭력의 일종인가?

A. 학교폭력이라고 할 수 있다. 겉으론 친한 척 같이 다니며 각종 비용을 일방적으로 계산하게 하는 것은 금품갈취에 해당된다.

★ 자료 출처: 찾기 쉬운 생활법령정보(2019년 자료 발췌)

4) 강요

1 강요

강요는 폭행 또는 협박으로 상대방의 권리행사를 방해하거나 의무 없는 일을 하게 하는 행위를 말한다. 학교 내 선후배 간 기합주기, 친구와 대화하는 것을 막는 행위 등이 해당된다.

2 강제적 심부름

특정인에게 강제적으로 심부름을 시키는 행위로, 속칭 빵 셔틀, 와이파이 셔틀, 과제 대행, 게임 대행, 심부름 강요 등 의사에 반하는 행동을 강요하는 행위가 포함된다.

사례

중학교 1학년 아들을 둔 주부 김 모(43) 씨는 얼마 전 아들의 휴대폰 요금 고지서를 받아보고 깜짝 놀랐다. 27만 원이 넘는 요금이 청구됐던 것. 내역을 살펴보니 '데이터 이용료'가 24만 원가량 부과돼 있었다. 아들은 "우리 반 애들이 핫스팟을 켜달라고 해서 어쩔 수 없었다"며 울먹였다. 핫스팟은 스마트폰을 '휴대용 인터넷 공유기'로 만드는 기능이다. 핫스팟을 열어 놓은 스마트폰과 연결하면 다른 이용자들이 해당 스마트폰의 데이터를 무료로 이용할 수 있다.

★ *자료 출처: CIVIC news(2018.4.19.). 진화하는 교실 왕따 ... 휴대폰 데이터 빼앗는 '와이파이 셔틀' 기승*

5) 따돌림

1 따돌림

'따돌림'은 학교 내외에서 2명 이상의 학생들이 특정인이나 특정집단의 학생들을 대상으로 지속적이거나 반복적으로 신체적 또는 심리적 공격을 가해 상대방이 고통을 느끼도록 하는 일체의 행위를 말한다.

사례 1.

지난 8월 전북 전주의 한 아파트 옥상에서 투신해 숨진 여중생은 경찰 조사 결과, 같은 학교 학생들의 폭력과 집단따돌림이 원인인 것으로 드러났다. A양 등은 지난해 10월 사회관계망서비스(SNS)에 모욕적 댓글을 게시하는 등 숨진 여중생을 괴롭힌 혐의를 받고 있다. 지난 6월에는 숨진 여중생을 학교 인근 주택가로 불러내 얼굴을 때리기도 했다.

★ *자료 출처: 한국일보(2017.10.24.). 전주 여중생 투신, 집단따돌림 탓 맞았다*

사례 2.

키 157cm, 몸무게 26kg. 조로증과 함께 음식을 섭취해도 전혀 살이 찌지 않는 이른바 '거미손 증후군'이라는 선천적 희소병을 앓고 있다. 지방이 붙지 않아 몸은 앙상한 뼈만 남았다. 게다가 한쪽 눈은 실명이다. 보통 사람이라면 절망했을 이 상황에서 되레 학교 왕따를 개선하겠다며 나선 여성이 있다. 미국에 사는 26살의 리지 벨라스케스다. 워싱턴포스트에 따르면, 벨라스케스는 미국 의회를 찾았다. 벨라스케스는 상·하원 의원들을 상대로 미국 최초로 연방 차원의 '학교 왕따 방지법'의 입법화 필요성을 호소했다. 그녀는 한때 유튜브에서 '세상에서 가장 못생긴 여자'로 손가락질 받던 여성이다. 8년째 의회에서 잠자는 이 법안은 벨라스케스가 자신처럼 왕따를 당한 이들을 돕기 위한 캠페인을 시작한 이래 준비한 법안이다. 괴롭힘 등 왕따를 막고 관련 사건의 통계를 공표하는 정책을 학교가 수립하도록 의무화하는 내용이 담겼다. 이 법안이 의회를 통과하면 '왕따 방지'를 명시한 미 최초의 연방법이 된다.

★ *자료 출처: 연합뉴스(2015.10.28.). '세상에서 가장 못생긴 여자' 미국 학교 왕따에 맞선다*

[2] 사이버 따돌림

'사이버 따돌림'은 인터넷, 휴대전화 등 정보통신기기를 이용해서 학생들이 특정 학생들을 대상으로 지속적·반복적으로 심리적 공격을 가하거나, 특정 학생과 관련된 개인정보 또는 허위사실을 유포해서 상대방이 고통을 느끼도록 하는 일체의 행위를 말한다.

6) 성폭력

성폭력이란 상대방의 의사에 반해 성을 매개로 가해지는 모든 폭력행위로 성추행, 성폭행뿐만 아니라 개인의 성적 자기결정권을 침해하는 행위를 모두 포괄하는 개념이다. 다음은 교육부 등(2014)에서 발간한 '학교폭력 사안처리 가이드북'에 제시된 성폭력의 행위유형 중 일부이다.

① 강간

폭행·협박으로 성기를 상대방의 성기에 강제 삽입하는 행위이다.

② 유사강간

폭행 또는 협박으로 상대방에 대해 구강·항문 등 신체(성기는 제외)의 내부에 성기를 삽입하는 행위나, 성기·항문에 손가락 등 신체(성기는 제외) 일부 또는 도구를 넣는 행위이다.

③ 강제추행

폭행·협박에 의해 가슴, 엉덩이, 성기 부위 접촉 행위, 키스, 음란한 행위, 성기 노출 등 성적 수치심을 가지게 하는 행위이다.

④ 성희롱

타인에게 정신적·신체적으로 성적인 불쾌감과 피해를 주는 행위로 상대방의 의사와 관계없이 성적인 수치심을 주는 말이나 행동을 의미한다. 성희롱은 신체적 성희롱, 언어적 성희롱, 시각적 성희롱이 있다.

⑤ 성학대

보호하거나 양육하는 대상인 청소년에 대한 성적 가혹행위를 의미한다.

⑥ 사이버성폭력

온라인상에서 상대방에게 동의를 구하지 않고 원치 않는 성적 대화나 메시지를 전달함으로써 불쾌감, 위협감 등을 느끼게 하는 것이다.

아동 · 청소년의 성보호에 관한 법률 (약칭: 청소년성보호법)

[시행 2018. 9. 14] [법률 제15452호, 2018. 3. 13, 일부개정]

제1조(목적) 이 법은 아동 · 청소년대상 성범죄의 처벌과 절차에 관한 특례를 규정하고 피해아동 · 청소년을 위한 구제 및 지원 절차를 마련하며 아동 · 청소년대상 성범죄자를 체계적으로 관리함으로써 아동 · 청소년을 성범죄로부터 보호하고 아동 · 청소년이 건강한 사회구성원으로 성장할 수 있도록 함을 목적으로 한다.

제2조(정의) 1. "아동 · 청소년"이란 19세 미만의 자를 말한다. 다만, 19세에 도달하는 연도의 1월 1일을 맞이한 자는 제외한다.

제7조(아동 · 청소년에 대한 강간 · 강제추행 등) ① 폭행 또는 협박으로 아동 · 청소년을 강간한 사람은 무기징역 또는 5년 이상의 유기징역에 처한다.

제18조(신고의무자의 성범죄에 대한 가중처벌) 제34조제2항 각 호의 기관 · 시설 또는 단체의 장과 그 종사자가 자기의 보호 · 감독 또는 진료를 받는 아동 · 청소년을 대상으로 성범죄를 범한 경우에는 그 죄에 정한 형의 2분의 1까지 가중처벌한다.

제56조(아동 · 청소년 관련기관등에의 취업제한 등) ① 법원은 아동 · 청소년대상 성범죄 또는 성인대상 성범죄(이하 "성범죄"라 한다)로 형 또는 치료감호를 선고하는 경우(제11조제5항에 따라 벌금형을 선고받은 사람은 제외한다)에는 판결(약식명령을 포함한다. 이하 같다)로 그 형 또는 치료감호의 전부 또는 일부의 집행을 종료하거나 집행이 유예 · 면제된 날(벌금형을 선고받은 경우에는 그 형이 확정된 날)부터 일정기간(이하 "취업제한 기간"이라 한다) 동안 다음 각 호에 따른 시설 · 기관 또는 사업장(이하 "아동 · 청소년 관련기관등"이라 한다)을 운영하거나 아동 · 청소년 관련기관등에 취업 또는 사실상 노무를 제공할 수 없도록 하는 명령(이하 "취업제한 명령"이라 한다)을 성범죄 사건의 판결과 동시에 선고(약식명령의 경우에는 고지)해야 한다.

제67조(과태료) ④ 제34조제2항 각 호의 어느 하나에 해당하는 기관 · 시설 또는 단체의 장과 그 종사자가 직무상 아동 · 청소년대상 성범죄 발생 사실을 알고 수사기관에 신고하지 아니하거나 거짓으로 신고한 경우에는 300만원 이하의 과태료를 부과한다.

⑤ 제1항부터 제4항까지의 과태료는 교육부장관, 문화체육관광부장관, 보건복지부장관, 여성가족부장관, 국토교통부장관 또는 경찰청장이 부과 · 징수한다.

7) 사이버폭력

사이버폭력이란 인터넷, 휴대폰, 컴퓨터 등 정보통신망을 이용해 상대방에게 해를 끼칠 목적으로 글, 그림, 영상 등을 퍼뜨리는 행위를 말한다.

*** 사이버폭력의 예**

- 특정인에 대해 모욕적 언사나 욕설 등을 인터넷 게시판, 채팅, 카페 등에 올리는 행위. 특정인에 대한 '저격 글'이 그 한 형태임.
- 특정인에 대한 허위 글이나 개인의 사생활에 관한 사실을 인터넷, SNS 등을 통해 불특정 다수에 공개하는 행위
- 성적 수치심을 주거나, 위협하는 내용, 조롱하는 글·그림·동영상 등을 정보통신망을 통해 유포하는 행위
- 공포심이나 불안감을 유발하는 문자·음향·영상 등을 휴대폰 등 정보통신망을 통해 반복적으로 보내는 행위

★ 자료 출처: 교육부 등(2018). 학교폭력 사안처리 가이드북

8) 학교폭력 가해로 인한 처벌내용

10세 이상 14세 미만의 청소년은 보호처분을 받으며, 14세 이상 19세 미만의 청소년은 보호처분 또는 형사처벌을 받을 수 있다. 형법에 따른 처벌규정과 소년법에 따른 보호처분규정은 〈표 2〉, 〈표 3〉과 같다.

〈표 2〉 **형법에 따른 처벌규정**

가해유형	처벌내용	근거규정
상해	7년 이하의 징역, 10년 이하의 자격정지 또는 1천만 원 이하의 벌금	「형법」 제257조제1항 및 제3항
폭행	2년 이하의 징역, 500만 원 이하의 벌금, 구류 또는 과료	「형법」 제260조제1항
협박	3년 이하의 징역, 500만 원 이하의 벌금, 구류 또는 과료	「형법」 제283조제1항 및 제286조
약취(略取) 또는 유인	10년 이하의 징역	「형법」 제287조 및 제294조
모욕	1년 이하의 징역이나 금고 또는 200만 원 이하의 벌금	「형법」 제311조
재물절취	6년 이하의 징역 또는 1천만 원 이하의 벌금	「형법」 제329조 및 제342조

★ 표 출처: 찾기 쉬운 생활법령 정보(2019년 자료 발췌)

〈표 3〉 **소년법에 따른 보호처분규정**

유형	내용
보호자 또는 보호자를 대신해서 소년을 보호할 수 있는 사람에게 감호 위탁	6개월(최대 6개월 연장 가능)
수강명령(12세 이상인 경우만 부과 가능)	100시간 이내
사회봉사명령(14세 이상인 경우만 부과 가능)	200시간 이내
보호관찰관의 단기 보호관찰	1년
보호관찰관의 장기 보호관찰	2년(최대 1년 연장 가능)
「아동복지법」에 따른 아동복지시설이나 그 밖의 소년보호시설에 감호 위탁	6개월(최대 6개월 연장 가능)
병원, 요양소 또는 「보호소년 등의 처우에 관한 법률」에 따른 소년의료보호시설에 위탁	6개월(최대 6개월 연장 가능)
1개월 이내의 소년원 송치	1개월 이내

단기 소년원 송치	6개월 이내
장기 소년원 송치(12세 이상인 경우만 부과 가능)	2년 이내

★ 표 출처: 찾기 쉬운 생활법령 정보(2019년 자료 발췌)

2. 학교폭력 발생 영향요인

학교폭력은 여러 가지 요인이 복합적으로 작용한 결과이기 때문에 학교폭력의 원인이 무엇이라고 한마디로 정리하기는 어렵다. 최근 학교폭력 관련 문헌에서는 학교폭력을 학생 개인과 가정, 학교, 지역사회 등 학생을 둘러싼 생태적 환경과의 상호작용 결과로 이해하는 사회생태모델(Social-Ecological Model)의 관점을 통해 학생의 생활이 이루어지는 환경적 맥락에 주목하고 있다(이지현, 2014). 학교폭력은 학생 개개인의 기질적인 특징, 신체적인 특징, 가정환경, 학교환경, 접하게 되는 사회환경에 따라 동일한 요인도 다르게 작용할 수 있다. 따라서 학교폭력 피해학생을 상담·치유하거나 가해학생을 선도·교육할 때와 같은 개별 학생에 대해 대응할 때는 학교폭력의 원인의 근원적인 개인차를 고려해야 한다.

1) 개인요인

학교폭력 유발 요인들 중 개인적인 요인으로 인구통계학적 특성, 기질 및 심리사회적 요인, 인지적 요인을 들 수 있다.

Ⅰ 인구통계학적 특성

인구통계학적 특성 중 성별에 있어 남학생이 여학생보다 훨씬 더 공격적이고 폭력적인 행동에 관여할 위험이 높은 것으로 나타났다(송재홍 등, 2016). 학업성적과 학교폭력과의 관계를 볼 때, 학업성적이 낮을수록 학교폭력 가해행동이 증가할 가능성이 높다. 올베우스(Olweus, 1978)의 연구에서도 가해학생들은 평균 이하의 학업성적을 갖는 것으로 나타났다. 낮은 수준의 학업성취는 학생의 자존감 저하와 좌절감을 가져오므로 어려운 사회적 상황에 봉착하게 될 때, 학업실패로 인해 자존감이 낮아지고 좌절감을 겪는 것으로 보고된다(이지현, 2014).

2 기질 및 심리사회적 요인

기질적으로 착하고 순한 영유아는 이러한 기질이 보호요인으로 작용해 청소년기에 비행을 행할 확률이 낮지만, 까다로운 기질은 비행과 관련된 위험을 증가시키는 요인이 될 수 있다. 부정적인 기질의 대표적인 것이 공격성과 충동성이다(Nagin & Tremblay, 2005).

3 인지적 요인

인지이론의 이론가들은 행동장애 아동들은 타인들이 적대적 의도를 가지고 있다고 인식하고 보복적 공격성으로 반응하며(Crick & Dodge, 1994), 사회적 문제에 대한 해결책 개발 및 그 실행 기술을 가지고 있지 않아서 사회적 문제의 해결에 공격성을 이용한다(Spivack & Shure, 1982)고 보았다. 특히 인지능력이 떨어지고 공격성이 높으면 상대방이 보내는 신호의 의도를 해석하는 데 문제가 있으며, 무슨 신호든 그 의도가 적대적인 것으로 귀인시켜 버리는 편견을 보인다(정익중, 2009).

2) 가정요인

부모와 자녀의 관계에서 자녀들은 심리사회적인 발달을 경험하게 되는데, 영유아는 심리사회적 발달 단계에서 신뢰감 또는 불신감, 자율성 또는 수치심을 형성하고, 청소년은 심리사회적 발달 단계에서 정체감 또는 정체감 혼미를 형성하게 된다(Erikson, 1963). 이처럼 자아정체감을 형성하는 청소년기 단계에서, 청소년은 자기가 어떤 존재인지를 자각하고 자신의 본질을 이해해 다른 사람과의 차이를 발견하는 과정을 거치며, 이전까지는 의심 없이 받아들였던 '나'라는 존재에 대해 탐색을 시작한다.

청소년 문제에 직접적이고 많은 비중을 담당하고 있는 요인은 가정의 요인(권석만, 2007; 최명민, 2003)이라고 볼 수 있다. 개인 및 가족가치관 변화로 인해 이혼율이 지속적으로 증가하며, 사회변동으로 가족구조가 변화하고 한부모 가족이 증가하고 있다(배윤진 등, 2017). 가정의 기능과 구조의 열악함이 학생의 개인적인 특성 및 다른 요인과 영향을 미쳐서 청소년 문제가 가중된다고 볼 수 있다. 가정의 기능과 구조 문제로 다양한 가족유형, 부모 양육태도, 가족갈등 및 빈곤을 들 수 있다.

1 다양한 가족유형

① 소규모 가족

최근에는 핵가족화되고, 맞벌이 부모가 증가함으로써 자녀에 대한 인성교육 및 기본적인 사회규범에 대해 지도할 수 있는 기반이 줄어들고 있다. 전통적인 가족에서는 대가족의 문화로 자녀를 양육하기 위해 3세대 이상의 가족이 합심해 가족 내 기본적인 규범과 규칙을 지킬 수 있도록 하는 가족의 장점이 존재했다. 부모-조부모와의 긴밀한 관계를 기반으로 하는 가족 전통이나 가족 전체를 강조하는 규범주의적 결속이 비행 억제에 도움이 되기도 한다.

② 한부모 가족

한부모 가족은 2013년 18만 8,572세대에서 2015년 19만 2,387세대, 2017년에 18만 1,023세대로 나타났다(여성가족부, 2018). 이혼율이 증가하면서 한부모 가족이 증가하고 있는 추세를 볼 수 있다.

한부모 가족의 자녀들은 심리적으로 분노, 좌절, 우울, 수치, 열등감, 낮은 자존감 등을 느끼는 확률이 높고, 그로 인해 비행과 범죄에 노출될 가능성이 높은 것으로 나타났다(주소희, 1992; Allison & Furstenberg, 1989; 홍진규, 2018, 재인용). 이혼과 관련된 경우, 이혼 전에 자녀에게 상황을 충분히 이해시키는 과정이 필요하며, 이혼 후에도 부모의 협력적인 양육이 요구된다.

③ 다문화 가족

다문화 가정 청소년이란 두 가지 이상의 문화권에 걸쳐 성장하고 생활하는 청소년이라 정의할 수 있다. 다문화 가정 청소년의 비행을 예측하기 위해 심층면접 및 사례를 분석한 연구 결과(윤경희, 장일식, 2015), 다음과 같은 요인들이 나타났다.

첫 번째, 다문화 가정 청소년의 개인적, 학교 관련, 친구 관련, 가정 관련 문제요인을 살펴볼 수 있다. 다문화 가정 청소년의 개인적 문제요인으로는 '정체성 혼란과 갈등, 사회적 위축감, 이중 언어에 대한 부담감, 한국어 실력 부족'이, 학교 관련 문제요인으로는 '학업에 대한 부담감과 이로 인한 좌절, 학교 부적응, 학업 중단, 중도탈락'이 있으며, 친구 관련 문제요인으로는 '친구에 대한 강한 애착심, 집단에 대한 소속감 중시, 비행친구와의 관계 및 영향'이, 가정 관련 문제요인으로는 '가정의 순기능 저하, 가정의 낮은 지지력, 부모의 방임, 부모의 감독 부족, 부모와 대화 단절'로 나타났다.

두 번째, 위에서 나타난 문제요인들은 서로 복합적으로 연계되어 각각의 문제요인들이 서로 작용함으로써 비행위험성이 나타났다.

세 번째, 중도입국 자녀의 경우에 정체성 혼란은 더욱 심각하게 나타났고, 가정 내에서의 위축감이 사회적 위축감으로 이어지고 있었으며, 이러한 위축감이 비행이나 범죄에 영향을 미치거나, 잠재적 비행 및 범죄자가 될 가능성이 높게 나타났다.

누구나 다른 나라에 이주하게 되면 그 문화에 적응하는 데 시간이 걸린다. 서로를 수용하고 공감하는 분위기를 형성하며 다양성을 배우고 함께 성장하려는 노력이 필요하다.

2 부모 양육태도

부모의 양육태도는 청소년의 문제행동에 직접적인 영향을 미치고 있는 요인이다. 부모 양육태도를 온정·수용 양육태도, 허용·방임 양육태도, 거부·제재 양육태도의 세 가지 차원으로 분류해 볼 수 있다(박영애, 1995).

① 온정·수용 양육태도

온정·수용 양육태도는 자녀에 대해 애정표현, 온정적 태도, 수용 등을 주로 나타내는 양육태도이다.

② 허용·방임 양육태도

허용·방임 양육태도는 자녀의 요구를 과다하게 수용해 주는 익애·굴복형 허용과 무책임·무관심형 방임 등의 양육태도이다. 부모의 적은 돌봄과 높은 과보호적 행동은 자녀의 우울·불안·위축 등의 내면화 문제와 공격성·문제행동 등의 외현화 문제와도 유의하게 연관되어(Rey & Plapp, 1990) 문제행동을 더 유발시키는 작용을 한다.

③ 거부·제재 양육태도

거부·제재 양육태도는 자녀에게 불만·부정적 평가 또는 비난·부정적 감정표현, 적대적인 태도를 나타낸다. 부모의 거부·제재적인 양육태도와 청소년의 문제행동의 관계를 살펴보면, 부모로부터 거부당한 자녀들은 적대적이고 의존적이며, 자존심이 낮고 정서적으로 불안정하며, 부정적인 세계관을 갖는 경향이 있다(김성일, 1991; Rohner, 1984).

부모가 허용·방임적인 양육태도 또는 거부·제재적인 양육태도를 많이 보일수록 자녀는 부모를 동일시해 부모의 반사회적 특성을 모방하고 닮는 경향이 높게 나타나며, 우울·불행의 감정, 외현화 문제행동을 경험하는 빈도가 높게 나타날 수 있다(김애경, 2002; 오영경, 2008; 서찬란, 2005; 최경민, 한성희, 1997; 최인호, 2010; Rice, 1990). 부모는 세 가지 양육태도를 혼합해 자녀에게 적용하는 것이 일반적이지만, 이때 온정·수용적인 양육태도의 빈도를 높일 수 있도록 부모교육을 개발하고 교육할 수 있는 방안이 필요하다.

3 가족갈등 및 빈곤

부모에 대한 적대심, 부부갈등, 부부폭력 등은 자녀의 비행에 영향을 미치는 요인이 된다. 부부간의 갈등으로 스트레스를 받는 부모는 적절한 부모-자녀관계를 유지하기 어렵거나, 자녀의 감독을 소홀히 하게 되고, 가정의 전반적인 분위기의 악화로 자녀가 가정 바깥으로 떠돌 가능성이 높아 비행이 증가될 수 있다(김준호 등, 2002).

3) 또래요인

청소년기에는 또래와 보내는 시간이 많기 때문에 인지, 정서, 행동에 또래의 영향을 많이 받게 된다. 비행행동을 하는 친구와의 접촉이 많을수록 그들로부터 실제 혹은 가상의 동조압력을 받음으로써, 비행행동을 하는 친구들의 태도나 행동을 채택하는 빈도가 증가되고, 이로 인해 비행행동이 증가하게 된다. 따라서 비행행동을 하는 청소년 비행집단을 교화시킬 수 있는 방법에 대한 다양한 방안이 필요하다. 더불어 학생들이 어쩔 수 없이 동조하게 되는 경우가 많다면 이에 대한 동조압력에 대처할 수 있는 교육 프로그램과 지도가 필요하다.

4) 학교요인

학교는 학생이 하루 중 가장 많은 시간을 보내는 곳이다. 학교는 학생이 건강한 사회구성원이 될 수 있는 교육의 장으로 지적·정서적·신체적·사회적 발달을 도모할 수 있는 곳이다. 따라서 학교의 교육내용, 학교환경 및 교사의 영향은 청소년 비행에 영향을 미친다.

1 입시위주의 교육내용

경쟁만을 내세우는 입시위주 교육은 친구들을 함께할 파트너가 아니라, 이겨야 할 경쟁자로 보게 된다. 따라서 서로에 대한 배려와 소통의 행동보다는 헐뜯고 괴롭히는 부정적인 행동으로 나타나게 된다.

2 학교환경

학교환경과 학교폭력과의 관련성을 분석한 선행연구들에 따르면, 학교규율이 명확히 설정되어 있고, 공정하고 일관되게 적용되며, 교사와 학생과의 관계가 긍정적인 학교 풍토하에서는 학생들의 학교폭력 행동이 더 적게 발생하는 것으로 보고된다(Khoury-Kassabri et al., 2004; Reis et al., 2007; Wei et al., 2010; Lee, 2011,

이지현, 2014, 재인용).

[3] 교사의 관심과 지지

학교현장에서 교사의 관심과 애착형성을 통한 사회 유대관계는 학생의 문제행동을 통제할 수 있는 효과적인 사회통제 수단이 된다(Hirschi, 1969). 학교에서 학생과 직접적인 접촉과 애착을 형성하는 대상인 교사의 지지는 학생의 학교애착이나 학교몰입으로 나타나고, 이는 학생의 적응과 안녕에 직접적으로 긍정적인 영향을 주며 학생이 경험하는 스트레스에 대한 완충역할을 담당하기도 한다. 반대로 학생에 대한 교사의 관심과 지지의 부족은 학교애착과 학교몰입을 방해해 학생의 학업 및 학교에 대한 무관심을 유발하고, 수업시간이나 과제물에 주의를 기울이지 않게 되어 학업성취의 하락을 가져오게 된다. 낮은 학업성취는 다시 비슷하게 성적이 낮고 비행을 저지르는 친구들과 어울리게 되는 결과로 이어져 비행을 새롭게 시작하거나 이미 시작한 비행을 더욱 강화시킬 수 있다(정익중, 2009). 교사의 폭언이나 체벌 등 교사의 폭력적 훈육사용은 학교폭력의 가해 수준 증가에 영향을 미친다(Wei et al., 2010). 교사는 교과지도, 생활지도, 행정업무 등 업무과중에 시달리고 있다. 교사의 중요성이 인지되고 있다면, 행정업무 등의 부담을 줄이고 학생 생활지도 비중을 늘릴 수 있는 방안이 필요하다.

5) 지역사회 요인

현대사회의 급격한 변화는 학교폭력의 양적 증가뿐만 아니라 질적 변화도 야기하고 있다. 이것은 지역사회의 상대적 빈곤과 계층 차에서 오는 부모권위의 약화, 빈곤, 교육에서의 소외, 의료 혜택 부족, 직업 및 생활수준의 심한 격차에서 오는 심리적인 열등감, 다른 계층으로의 전환 시도 실패에서 오는 좌절과 포기 등의 문제를 파생시켰다.

이러한 맥락에서 볼 때, 학교폭력을 유발하는 지역사회의 원인으로는 먼저 학교 주변에서 성행하고 있는 유해환경을 들 수 있다. 예컨대 불량 주택지, 오락실,

유흥업소 등을 들 수 있다. 이러한 유해환경은 청소년들의 호기심을 자극하고 유흥비에 대한 욕구를 만들어 냄으로써, 다른 청소년들에게 폭력을 행사해서라도 금품을 갈취하는 행동을 선택하도록 하는 분위기를 조성한다. 또한 성인들이 청소년비행을 방관·묵인하는 사회풍토, 즉 성인들의 청소년비행에 대한 무관심 현상도 학교폭력 발생의 한 요인으로 작용하고 있다(김창군, 임계령, 2010). 경쟁 및 서열화 위주의 사회구조와 공동체 의식 부족의 풍토 또한 청소년비행을 야기하는 요인이 될 수 있다.

6) 생태학적 이론

학교폭력은 개인의 특성, 가정, 학교, 지역사회 등 여러 가지 요소가 결합되어 나타나는 복합적인 문제로, 학교폭력의 원인을 종합적으로 파악할 필요가 있다. 생태학적 이론은 복합적인 요인에 의해 발생하는 학교폭력 문제에 대한 총체적인 이해와, 해결방법에 대한 적합하고 유용한 틀을 제공한다(정종진, 2014).

브론펜브레너(Bronfenbrenner, 1979)는 인간 행동의 발달을 성장하는 인간과 인간이 살고 있는 변화하는 환경이 서로 점진적·상호적으로 순응하는 과정에서 다음과 같은 특성을 갖는다고 보았다(한재희 등, 2013). 첫째, 인간은 성장하면서 환경과 역동적 관계를 갖는다. 둘째, 발달하는 인간이 속한 환경은 발달하는 사람에게 영향을 주기도 하지만 동시에 영향을 받기도 한다. 즉, 부모는 자녀의 성격 형성에 영향을 미치지만, 자녀의 성격이 부모에게 영향을 미치기도 한다. 마지막으로 발달과 관련된 환경은 즉시적 여건과 즉시적 여건 간의 상호작용 그리고 즉시적 여건을 포함하고 있는 좀 더 큰 주변 상황과의 상호작용을 모두 포함한다. 여기서 즉시적 여건은 미시체계(microsystem)라 부른다. 즉시적 여건 간의 상호작용을 중간체계(mesosystem)라 하고, 즉시적 여건을 둘러싼 사회구조를 외체계(exosystem)라 하며, 이 모든 여건과 사회구조를 포함한 상황을 거시체계(macrosystem)라고 한다.

◐ 미시체계

미시체계는 학생이 직접 접촉하는 면대면의 체계로 가까운 주변에서 일어나는 활동과 상호작용을 나타낸다. 예를 들어, 가정, 학교, 학원, 부모, 형제, 또래 친구 등을 일컫는다.

[그림 1] **가정, 학교, 학원 등의 미시체계**

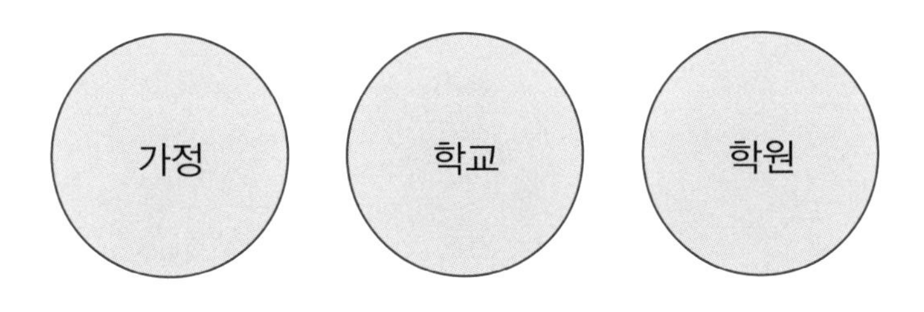

◐ 중간체계

중간체계는 학생이 참여하는 미시체계들 간의 연결이나 상호관계를 나타낸다. 예를 들어 가정 내에서 형성된 예의 및 습관은 학교에서도 드러나게 된다.

[그림 2] **가정과 학교의 중간체계**

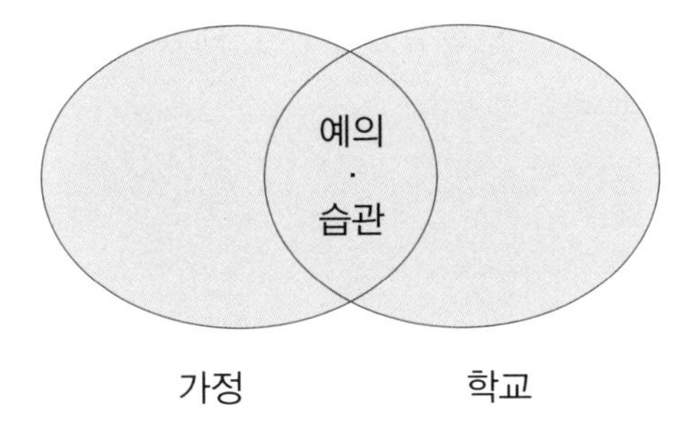

◐ 외체계

외체계는 학생이 적극적으로 참여하는 즉시적 여건이 아닌, 주변 환경을 말한다. 그 주변 환경은 학생의 즉시적 여건에 간접적으로 영향을 주거나 영향을 받게 되는 상황을 의미한다. 예를 들어, 부모의 직장에서 생긴 사건이 가정에서 부모와 자녀의 상호작용에 영향을 미칠 수 있다.

[그림 3] **부모의 일에 의한 학생의 외체계**

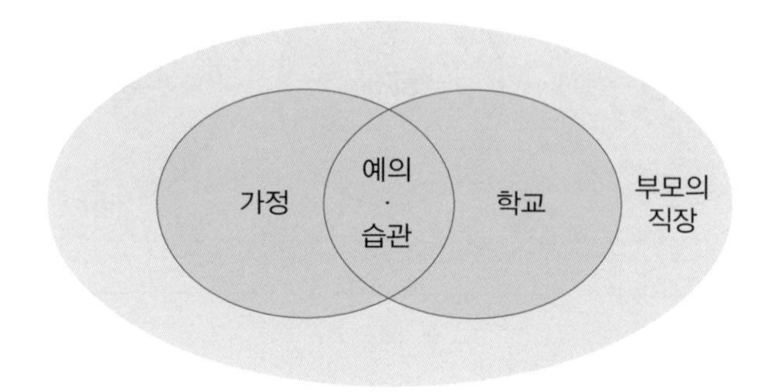

◐ 거시체계

거시체계는 학생이 속한 사회나 하위문화의 이념 및 제도의 유형으로, 학생이 직간접적으로 경험하는 미시체계, 중간체계, 외체계를 모두 포함하는 신념체계 또는 문화라고 볼 수 있다. 사회의 규칙, 규범, 기대, 가치, 관습, 전통 등이 여기에 속한다. 개인주의, 집단주의, 물질만능주의, 대중문화 등이 학생 행동에 미치는 영향을 들 수 있다(김규태 등, 2013).

[그림 4] **문화·신념에 의한 학생의 거시체계**

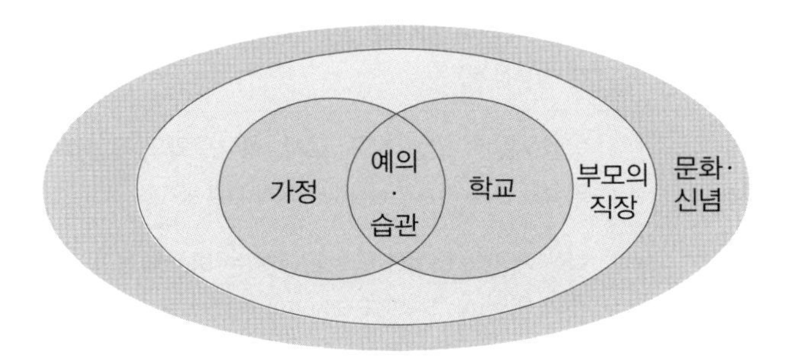

생태학적 관점에서는 청소년의 우울·불안·충동성·문제해결 부족과 같은 개인 변인, 자녀에 대한 감독부족·학대·가족 내 공격성·부족한 부모 관여와 같은 가족 변인, 또래 간 폭력의 수용·개인 및 집단폭력과 같은 또래 변인, 성인의 폭력·성인의 무관심·학교의 무처벌·학교의 부정적 분위기와 같은 학교 변인, 지역사회 내 공격성·지역사회의 자원 부족·지역사회와 학교 간의 연대 부족과 같은 지역사회 변인이 상호 복합적으로 작용해 학교폭력에 영향을 미친다고 본다(정종진, 2014).

따라서 청소년 개인과 환경에 대한 종합적인 이해를 바탕으로 건강하게 성장할 수 있도록 도움을 주는 보호요인과 학교폭력을 유발할 수 있는 위험요인을 확인해야 할 것이다. 이를 통해 보호요인은 강화하고, 위험요인은 낮추려는 노력이 필요하다.

〈표 4〉 브론펜브레너의 생태학적 관점에서의 학교폭력 원인 분석

체계(system) 이름	내용과 예시
개인(individual)	학생 개인이 지니고 있는 심리적·사회적 특성들(예: 학생의 공격성, 자부심 등)
미시체계 (microsystem)	학생 개인이 갖는 친구, 교사, 학부모와의 직접적 경험(예: 교실 내의 교우 관계, 가정의 심리적·사회적 환경 등)
중간체계 (mesosystem)	학생 개인의 행동에 영향을 미치는 미시체계의 두 집단 이상의 관계와 영향(예: 학부모와 교사와의 관계, 학부모의 교우 관계 인지, 교내외 비행학생과의 관계 등)
외체계 (exosystem)	학생 개인과는 관계되지 않지만 학생 개인행동에 상당한 영향력을 갖는 교육환경 또는 제도(예: 전문 상담교사, 학교폭력 신고전화 등)
거시체계 (macrosystem)	학생 개인 및 다른 체계에 직·간접적으로 관련이 있는, 보다 넓은 의미의 사회적 문화 환경(예: 전통적 윤리관의 붕괴, 폭력적 대중문화 등)

★ *표 출처: 김규태 등(2013). 학교폭력의 예방 및 대책*

Part 2.
학생의 이해

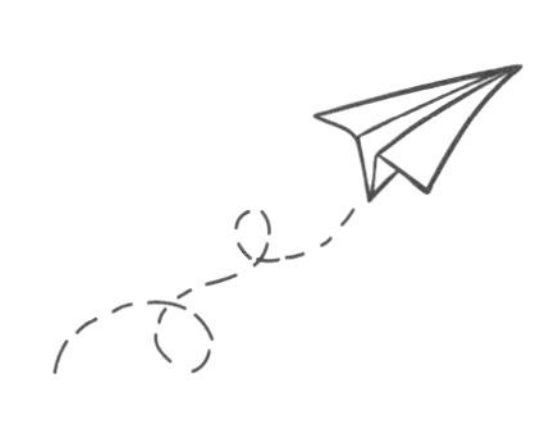

제3장. 학생 문제행동의 이론적 관점 1

1. 청소년 문제행동

청소년기는 아동기에서 성인기로 넘어가는 시기로 생물학적, 인지적, 사회 정서적 변화와 신체적 성장이 급격하게 일어난다. 또한 호르몬의 변화로 인한 성적 성숙과 추상적이고 논리적인 사고를 가능하게 하는 뇌의 변화, 내적·외적 스트레스 및 갈등 속에서 각종 문제행동을 경험하게 될 가능성이 증가하게 된다(한창식, 2001).

문제행동(問題行動, problem behavior)이란 반사회적, 비사회적, 신경증적, 자기과시적 행동을 일컫는다. 이 중, 비사회적 문제행동으로 고립, 극단적인 내향성, 소심, 무기력, 함구, 퇴행 등을, 반사회적 문제행동으로 거짓말, 절도, 난폭, 싸움질, 상해 등을, 신경증적 문제행동으로 발열, 두통, 복통, 편식, 식욕감퇴, 변비, 배설, 야뇨, 경련, 안면경련(tic), 손톱 뜯기, 과민, 주의산만, 야경, 고공공포 등을, 자기과시적 문제행동으로 기언(奇言), 기행(奇行), 허영 등을 들 수 있다(한국교육심리학회, 2000).

본 장에서는 반사회적 문제행동을 중심으로 청소년 문제행동을 다루고자 한다. 청소년 문제행동은 범죄행위로 연결될 가능성이 높아지는데, 강도·방화·특별법 위반 등 성인범죄를 모방하는 현상이 두드러지고 있다(경찰청, 2009; 이은재, 2009). 청소년비행이 장기적으로 성인비행으로 진행될 때, 우리 사회가 감당해야 할 대가와 기회비용은 가늠하기 어려울 것이다. 청소년 개인을 위해서도, 건강한 사회를 위해서도 청소년 문제행동의 원인과 대처 방안에 대한 심도 있는 이해와 개입이 필요하다.

청소년 문제행동의 원인은 생물학, 심리학, 사회학 등의 분야에서 다양하게 설명되고 있다. 청소년 문제행동에 대한 대표적 학자인 카르(Carr, 1999)는 청소년 문제행동에 대해 생물학적이론(Biological theory), 정신역동이론(Psychodynamic theory), 인지이론(Cognitive theory), 사회학습이론(Social learning theory), 체계이론(Systems theory) 등을 들어서 설명하고자 했다. 먼저, 생물학적이론에서는 청소년의 문제행동에 미치는 요인으로 유전적 요인, 호르몬 요인 및 각성 수준이 영향을 미친다고 보았다. 다음으로 정신역동이론에서는 보호자의 과도한 방임이나 가혹한 또는 무관심한 양육행동으로 인해 청소년의 반사회적 행동이 증가된다고 보았다. 인지이론에서는 사회적 정보 처리와 사회적 기술 결핍의 문제가 문제행동에 대한 원인이 될 수 있다고 보았다. 또한 사회학습이론에서는 모델링과 강압적 가족 관계를 문제행동의 발생과 유지의 핵심요인으로 보았다. 마지막으로, 체계이론에서는 문제행동의 발생과 유지에서 가족 체계의 특성, 더욱 폭넓은 사회적 네트워크 체계, 사회적 체계의 역할을 강조했다.

반 학생을 집단폭행하고 나서도 미안함조차 표현하지 않는 학생들이 있다고 가정해 보자. 이 학생들을 선도하고 상담하고자 하는 교사는 이 행동의 결과만 보면, 한숨이 나고 화가 날 수 있을 것이다. 개입방법 또한 그 행동에 따른 강한 훈계와 징계가 가장 많이 떠오를 수 있다. 잘못한 행동에는 그에 따르는 제재와 지도를 통해 차후, 학생의 반복되는 문제행동을 예방하는 것이 필요하다. 이때 제재와 지도가 강한 수위일수록 단기적인 효과는 있으나, 장기적인 효과까지 진행되기는 쉽지 않다. 결과에 대한 징계와 더불어, 학생들이 문제행동을 하게 된 원인을 분석하고 이해하게 된다면, 학생들에게 개별적인 개입이 용이하며 장기적인 문제행동 예방이 이루어질 수 있다. 그렇기 때문에 문제행동에 대한 원인을 분석하기 위한 이론적 관점을 이해하는 것은 학생을 지도하는 교사, 청소년지도자, 청소년상담자, 복지사 등에게는 필수적인 영역이라고 볼 수 있다.

학생 문제행동의 이해를 본서에서는 3장과 4장으로 나누어 확인해 보고자 한다. 3장에서는 청소년 문제행동의 원인을 생물학적 관점, 심리학적 관점에서 살펴보고, 4장에서는 사회학적 관점에서 청소년의 문제행동을 살펴보고자 한다.

2. 생물학적 관점

생물학적 관점에서는 유전자이론, 호르몬과 뇌신경전달물질의 영향, 뇌기능의 영향, 각성이론, 신경심리적 결함 등을 통해 청소년의 공격 성향이 유전된다는 점을 강조하고, 생물학적 원인에 비중을 두고 있다. 극단적으로 생물학적 관점만으로 청소년 문제행동을 이해하고자 하는 것은 무리가 있으나, 청소년에게 이성적으로 이야기했는데도 문제행동이 지속되는 경우, 사고(思考)보다는 생물학적 문제가 있을 경우도 가능하기 때문에 개인별 특성을 확인하고 이에 따른 대안적 활동과 의학적 접근도 고려해야 한다.

1) 유전자이론

인간의 공격성과 폭력 행위를 설명하기 위해 일부 학자들은 유전적인 요인에 관심을 두고 연구를 진행했다. 유전자이론은 자녀가 부모의 외모를 닮은 것처럼, 자녀의 공격성과 폭력 행위도 부모에게서 유전적인 기질을 물려받아 가족 내에서 대를 이어 나타난다고 보았다. 대표적으로 더그데일(Dugdale)의 가계도 연구와 아이젠크(Eysenck)의 쌍생아 연구가 있다. 이 이론들은 인간의 행동은 자라나면서 겪을 수 있는 양육(nuture)의 영향보다는 타고난 천성(nature)에 의해 더 강한 영향을 받는다는 입장을 제시했다. 그러나 연구 대상의 표본이 적고, 그로 인한 낮은 통계적 타당성과 환경의 영향이 적절히 통제되지 못했다는 문제점, 환경과 유전의 영향을 분리하기가 그리 쉽지 않다는 문제점이 제기되었다.

2) 호르몬과 뇌신경전달물질의 영향

청소년의 공격적이고 충동적인 문제행동을 호르몬과 뇌신경전달물질의 영향으로 보는 관점이다.

1 호르몬

청소년기에는 급격한 체중, 신장의 발달 및 2차 성징이 출현하게 된다. 이러한 신체적인 변화는 내분비선에서 나와 혈관을 통해 신체에 전달되는 호르몬이라는 강력한 화학물질로 인해 나타난다. 사춘기 발달에는 남성화되기 위한 안드로겐과 여성화되기 위한 에스트로겐의 2개의 호르몬이 중요한 영향을 미친다. 이 외에도 테스토스테론은 사춘기 남자 청소년들의 발달에 매우 중요한 역할을 한다. 남성화시키기 위한 호르몬일 뿐 아니라 공격성과 관련이 있어서, 테스토스테론의 불균형은 폭력이나 비행과 긴밀한 관련이 있다.

2 뇌신경전달물질(brain chemistry)

◐ 도파민(dopamine)

도파민은 뇌신경 세포들 간에 어떠한 신호를 전달하기 위해 분비되는 신경전달물질 중의 하나로, 행동과 인식, 자발적인 움직임, 동기 부여, 처벌과 보상, 수면, 기분, 주의, 작업 기억, 학습에 중요한 역할을 포함해 두뇌에 영향을 주는 많은 기능을 가지고 있다. 도파민의 분비가 줄어들거나 재흡수되어 부족할 경우 우울증을 일으키는 경우가 대부분이며, 전두엽에서 도파민은 뇌의 다른 지역으로부터 오는 정보의 흐름을 조절한다. 뇌의 이 지역에 있어 도파민 장애는 신경인지기능, 특히 기억, 주의, 문제해결기능에 영향을 줄 수 있다. 도파민 분비가 과다하거나 활발하면 조울증이나 조현병을 일으키며, 반대로 도파민의 분비가 줄어들면 우울증을 일으킨다(위키백과, 2019).

◐ 세로토닌(serotonin)

세로토닌은 행복을 느끼는 데에 기여하는 신경전달물질의 하나이다. 세로토닌의 분비량이 적어져서 세로토닌 기능이 저하되면 우울, 불안, 폭력, 조현병과 같은 여러 가지 정서·행동장애가 생길 수 있다. 일부는 사회의 정상적이고 일반적인 규범에 맞추지 못하고 비도덕적, 충동적, 반사회적 또는 범죄적 행동을 하고 남의 권리를 무시하거나 침해하고 더 나아가 남을 해치는 행동 등에 영향을 미칠 수 있다. 세로토닌을 생활 속에서 늘리는 방법으로는 복근 리듬운동(단전 호흡법, 명상법, 요가, 호흡 스트레칭, 소리내기), 햇빛 쐬기, 걷기, 일상생활 리듬동작, 조깅, 페달링, 씹기, 웃기, 수영, 노래 부르기, 소리 내어 읽기, 리듬체조 등이 있다(위키백과, 2019). 우울감이 높거나 무기력한 청소년에게는 일상적인 활동 프로그램을 제공함으로써 충동적으로 나타나는 공격행동을 줄일 수 있다.

[그림 1] **도파민과 세로토닌의 경로**

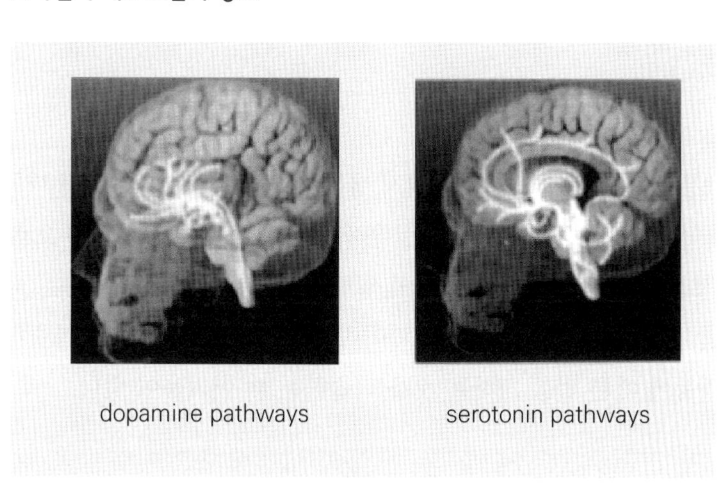

★ *그림 자료: 이수정(2016). 범죄심리학. KOCW*

3) 뇌기능의 영향

어떤 위협을 지각하거나 욕구 만족을 위한 기회를 만나면, 2개의 뇌 구조인 편도핵과 시상하부가 즉각적인 반응으로 개인에게 주장이 강한 반응을 하도록 미리 대비한다. 따라서 즉각적인 위협을 지각하게 되면 먼저 행동하고, 나중에 사고하는 경향이 있다(송재홍 등, 2016). 시상하부는 먹기, 마시기, 체온유지, 성활동 등의 행동들과 같은 주요 생물학적 충동들로 구성되는 행동 양상들의 통제와 밀접한 관련이 있다(Gleitman, 1999). 편도핵은 인간의 대뇌에서 분노와 불안 두 감정을 촉발시키는 기관으로, 공포, 분노와 같은 강한 감정을 경험할 때 뇌도(Insula)와 편도핵 그리고 그에 연결되어 있는 신경망이 활성화된다. 그리고 이 회로는 다른 사람들이 비슷한 감정을 경험하는 광경을 지켜보는 것만으로도 활성화된다. 특히 내가 돌보는 사람들(가족들, 친구들)이 경험하는 감정 상태를 함께 느낄 때 강하게 활성화된다(서울대학교 의과대학 국민건강지식센터, 2015).

4) 각성이론

문제행동을 하는 청소년들은 사회적 행동 학습능력이나 반사회적 행동의 회피 학습능력이 부족한 경우가 있다. 그들은 유전적으로 낮은 각성 수준으로 인해 긍정적·부정적 재강화에 대한 반응성이 일반 청소년에 비해 낮다(Carr, 1999). 각성 수준이 낮으면 상과 벌에 대한 반응력이 떨어져 친사회적 행동을 학습하거나 반사회적 행동에 따르는 벌을 피하는 것을 학습하는 데 어려움이 있다.

5) 신경심리적 결함

언어 추론과 수행 기능에서의 신경심리적 결함은 자기조절을 어렵게 만들기 때문에, 학습 부진으로 이어져 이로 인한 좌절감이 공격적 행동으로 나타날 수 있다. 공격적 행동은 청소년의 문제행동인 폭력행동에 영향을 미친다.

3. 심리학적 관점

청소년 문제행동의 원인을 심리학적으로 보는 관점은 개인의 심리적 발달에 초점을 두고, 청소년들이 아동기적 행동 및 정서적 관여로부터 성인기로 이행하게 되는 움직임의 배후에 잠재되어 있는 심리학적 요인에 관심을 둔다.

1) 프로이트의 정신분석 이론

프로이트(Freud)는 성격구조를 원초아(id), 자아(ego), 초자아(superego)로 구성되어 있다고 보았다. 이들 세 요소 중 어느 요소가 에너지에 대한 통제력을 더 많이 가지고 있느냐에 따라 인간의 행동 특성이 결정된다(양명숙 등, 2013).

1 원초아

원초아는 충동적 행동을 유발하는 원초적 욕구와 이를 충족시키려는 심리적 과정으로, 현실적 여건을 고려하지 않고 즉각적으로 욕구를 충족시키려는 쾌락의 원리로서 본능의 지배를 받는다. 프로이트는 원초아는 세 요소 중에서 가장 막대한 힘을 갖고 있다고 보았으며, 이 본능을 성의 본능(에로스)과 죽음의 본능(타나토스)으로 구분했다. 죽음의 본능은 인간의 공격적 욕구로, 이러한 공격적 욕구가 자신에게 향하기도 하고, 타인에게 향하기도 한다. 만약 자신에게 향하면 자기 비하 및 학대로 나타나며, 타인에게 향하면 폭행·공격으로 나타나게 된다.

2 자아

자아는 현실의 원리에 의해서 현실적이고 논리적인 사고를 지닌다. 원초아의 요구를 고려하면서 현실 세계에 두 발을 딛고 현실적인 삶을 사는 것을 의미한다.

③ 초자아

초자아는 도덕의 원리로, 도덕에 위배되는 원초아의 충동을 억제하고 자아의 현실적 목표를 도덕적·이성적 목표로 이끌게 된다.

원초아는 긴장이 발생했을 경우, 쾌락의 원리에 의해 즉각적인 만족 추구를 하도록 유기체에게 신호를 보내게 된다. 초자아는 원초아의 본능적 충동을 억압하거나 금기시하는 기능을 한다. 이때 자아가 건강할 경우, 자아는 현실원리에 입각해 원초아와 초자아의 갈등을 중재하고, 원초아의 충동을 현실적으로 용인될 수 있는 방식으로 만족을 추구하거나 만족을 지연하는 역할을 한다(양명숙 등, 2013). 예로, 아무도 없는 작은 시골길의 횡단보도에서 멈춤의 빨간 신호등이 켜져 있다고 생각해 보자. 원초아가 강한 경우, 빨간 신호등을 무시하고 바로 건너갈 가능성이 높다. 초자아가 강한 경우, 파란 신호등이 켜질 때까지 기다리는 경우가 많다. 자아가 강한 경우, 가능한 신호등을 지키기는 하겠지만, 그 상황에 급한 일이 있는지 없는지, 외진 곳에서 혼자 서 있는 것이 위험하지는 않은지 등의 판단에 따라 건널 수도 있고, 멈출 수도 있을 것이다.

정신분석 이론의 관점에서 살펴보면, 문제행동을 하는 청소년들은 쾌락의 원리인 원초아가 다른 두 요소보다 더 강하게 나타나고, 이로 인해 공격적이거나 충동적인 행동 특성을 나타낸다. 이에, 원초아를 통제하기 위해서는 자아와 초자아의 발달이 중요하다.

그렇다면 자아는 어떻게 발달되는가? 자아는 의식의 세계에 크게 자리 잡고 있다. 즉, 청소년이 무의식적으로 반응하고 행동하는 것들을 의식화시켜 자아를 발달시켜 줄 수 있다. 부정적인 감정이 올라왔을 때, 부정적으로 행동할 때와 긍정적으로 행동할 때 어떠한 결과가 나타나는지를 미리 예측할 수 있도록 하고 인지시키는 교육도 그 한 예가 될 수 있다. 또한, 인성교육과 봉사활동의 기회를 확대해 초자아의 기능을 강화하도록 도울 수 있다.

[그림 2] **성격의 삼원구조 모델**

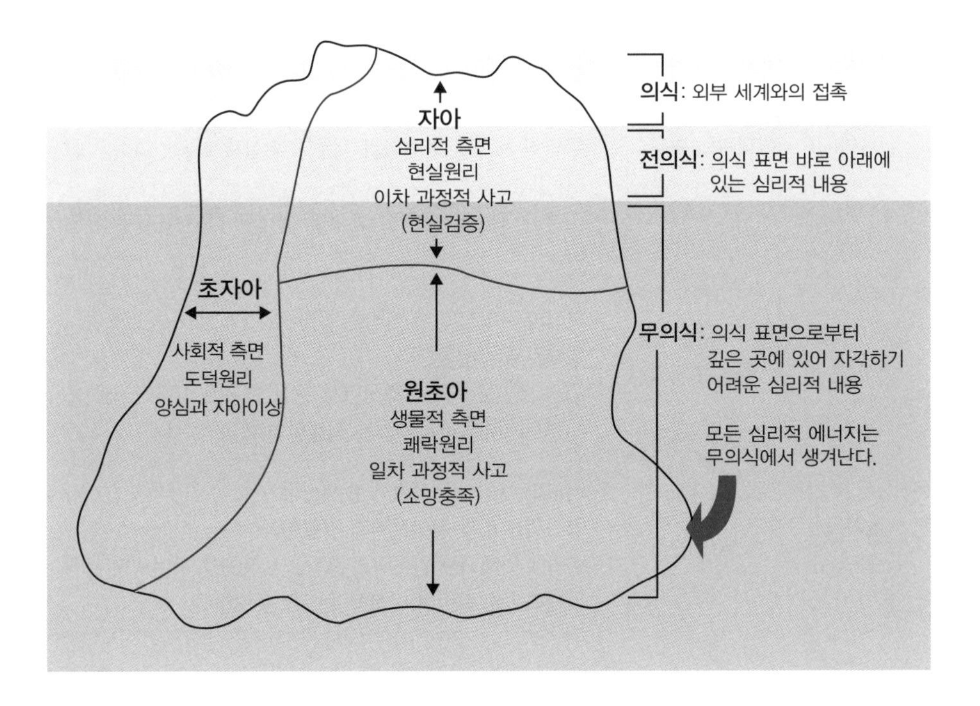

★ 그림 출처: 권석만 (2014). 현대 심리치료와 상담 이론

<표 1> 인간의 내부심리기제

내부심리 기제	원리	주요 내용
원초아(id)	쾌락의 원리	- 주로 본능의 지배를 받는다. - 원초아(id), 자아(ego), 초자아(superego)의 세 요소 중에서 가장 막대한 힘을 갖고 있다. - 무의식 세계에 존재하기 때문에 현실세계와는 접촉이 전혀 없다. - 고통을 최소로 줄이고 쾌락을 최대로 하는 목표로 유도한다.
자아(ego)	현실의 원리	- 의식과 무의식의 세계에 존재하며 약 1세경 이후 원초아의 일부로부터 발달한다. - 원초아의 요구를 고려하면서 현실 요구에 맞추어 쾌락을 지연시키거나 충족시키는 적절한 방법을 찾는다.
초자아 (superego)	도덕의 원리	- 의식과 무의식의 세계에 존재한다. - 약 3세경 이후 자아로부터 발달한다. - 도덕에 위배되는 원초아의 충동을 억제하며 자아의 현실적 목표를 도덕적이며 이상적 목표로 유도한다.

2) 에릭슨의 정체성 위기이론

에릭슨(Erikson)은 청소년들이 삶의 목표를 정하는 데에 있어서 매우 감정적이고 충동적이며, 그에 따른 확신성을 갖지 못해 청소년 개인의 내부에서 일어나는 갈등을 알게 되면서 자신의 정체성에 대한 의문을 갖고 위기감을 느끼게 된다고 보았다(이완희 등, 2017).

에릭슨은 심리사회적 발달 단계를 8단계로 제시했다. 그중 청소년기는 5단계에 해당한다. 이 시기에는 자신의 가능성의 발견과 함께 가능성의 포기와 체념의 과정도 포함된다. 초기의 이상적 자기상에 담았던 많은 자아기대를 포기해 가는 과정에서 자신의 한계를 인정하고 수용함으로써 객관적인 자아정체성을 확립하게 된다. 이러한 정체성 탐색과정 중에서 청소년들은 때로 자신에 대해 절망하고 방황과 동요를 경험하게 된다. 에릭슨이 이 시기를 심리적 유예기(psychological moratorium)라 부르는 것은 이러한 이유에서다. 청소년 시기 동안 정체성 탐색의 목표들이 획득되면 긍정적 정체성을 확립하게 되고, 실패할 경우에는 부정적 정체성에 빠져들게 된다(송명자, 2011).

자아정체성을 제대로 확립하지 못하면 부적응 현상이 나타나 역할 혼란과 좌절감에 빠지거나 기존의 사회적 기대 또는 가치관에 정반대되는 부정적인 정체성이나 무규범적인 자아개념을 갖게 된다.

3) 마샤의 정체성 지위이론

마샤(Marcia)의 정체성 지위는 개인의 정체성 형성과정뿐만 아니라 정체성 형성수준의 개인차를 함께 진단하고자 하는 개념이다. 정체성 지위는 정체성 탐색의 위기를 경험했는가의 여부와 주어진 과업에 관여했는가의 여부가 다차원의 배합에 의해 결정된다. 위기란 자신의 현재의 상태와 역할에 대해 의문을 제기하고, 여러 대안적 가능성을 탐색해 보는 과정을 뜻하며, 관여는 자신에게 주어진 역할과 과업에 신념을 가지고 몰입하는 상태를 의미한다(송명자, 2011).

1 정체성 혼미(identity diffusion)

정체성 혼미란 자신에 대한 구체적 탐색이 이루어지지 않고, 과업에 전념하거나 수행하지 않는 상태이다.

2 정체성 유실(identity foreclosure)

정체성 유실은 정체성 상실이라고도 불리며 자신에 대한 구체적 탐색은 이루어지고 있지 않지만, 과업에 전념하거나 수행하고 있는 상태이다. 우리나라의 청소년에게서 흔히 나타나는 상태로, 본인이 하고자 하는 목표를 정하지 못한 채 현재 주어진 학업이나 과제에 몰입하고 있는 상태를 말한다. 이들은 학교 안에서는 적응적인 것처럼 보일 수 있으나, 뒤늦게 위기를 맞을 수 있다.

③ 정체성 유예(identity moratiorium)

정체성 유예는 자신에 대한 구체적 탐색을 시도하고 있으나, 과업에 대한 전념이나 수행이 이루어지고 있지 않은 상태이다.

④ 정체성 성취(identity achievement)

정체성 성취는 정체성 확립이라고도 하며 자신에 대한 구체적 탐색이 이루어지고, 과업에 전념하거나 수행하고 있는 상태이다. 확고한 자신에 대한 정체성을 가지고 있으므로 자신의 목표에 충실하고 나아가는 방향에 대해 확신을 가지고 있다.

이 네 가지 상태 중 정체성 혼미의 상태에 있는 청소년들은 정체성 탐색과정의 가장 낮은 단계에 해당되며, 주위 또래들의 부정적인 행동을 동일시하거나 동조할 가능성이 높아서 비행에 노출될 확률이 높다. 이에 청소년들이 자신에 대한 충분한 탐색과 수행을 할 수 있도록 지도하는 것이 비행을 예방하는 방법 중의 하나일 것이다.

〈표 2〉 **마샤의 정체성 유형**

<table>
<tr><td colspan="2" rowspan="2"></td><td colspan="2">탐색의 위기를 경험했는가?</td></tr>
<tr><td>아니오</td><td>예</td></tr>
<tr><td rowspan="2">과업에 대한 관여를 했는가?</td><td>예</td><td>정체성 유실</td><td>정체성 성취</td></tr>
<tr><td>아니오</td><td>정체성 혼미</td><td>정체성 유예</td></tr>
</table>

4) 아들러의 개인심리학

아들러(Adler)는 인간은 불완전한 존재로서 누구나 어떤 측면에서 열등감을 느끼고 있다고 보았다. 우리가 생활하는 것은 열등감을 극복하기 위한 지속적인 내면적 투쟁으로 자신의 부족한 점을 스스로 인정하고 그것을 극복하려는 의지와 노력을 통해 자기완성을 이루어 가는 것이다. 반면, 개인이 열등감으로 인해 개인적 우월성 추구에 집착하면 파괴적 생활양식을 갖게 되어 열등감 콤플렉스에 빠지게 된다.

청소년의 경우, 여러 가지 열등감을 직면할 수 있다. 낮은 성적, 경제적 어려움, 신체에 대한 열등감 등이 그 예이다. 이에 대한 인정과 극복의 노력을 통해서 자기완성을 이루어가는 과정이 중요한데, 반대로 사회적으로 부적절한 방식으로 자신의 우월성을 추구하기 위한 집착을 하게 된다면 비행에 노출될 수 있다.

교사는 청소년의 부족한 부분(예, 낮은 성적, 지각, 불량한 태도)을 고치기 위하여 강조하기보다는 아주 간혹 일어나는 일이라도 학생이 부족한 부분을 극복하려고 노력하는 모습을 찾아내고 이에 대해 격려와 지지를 하는 것이 도움이 된다. 더불어, 잘하고 있는 긍정적인 부분(예, 긍정적인 교우관계, 적극적인 발표, 체육활동, 미술활동 등)을 찾아내어 강화해줌으로써 자아존중감을 향상시켜주는 것도 좋은 방법이 될 것이다.

5) 페어번의 대상관계이론(애착이론)

페어번(Fairbairn)은 애착이론을 통해 생의 초기에 일차적인 보호자와 격리된 아동은 안전한 애착관계를 발달시키지 못해 도덕적인 사회적 상호관계를 하는 내면적 작동모델 형성의 어려움이 있을 수 있다고 보았다. 내면적 작동모델(Internal Working Models)이란 아동이 애착대상과의 상호작용 경험에 기초해 사회를 해석하고 사회와 관계를 맺는 내면적 틀을 말하며, 남들에 대한 기대, 생각, 믿음을 제공한다. 따라서 안정애착이 형성된 아동은 '남들과 사회는 믿을 만하다'라는 내면적 틀이 형성되는 데 반해 불안정애착이 형성된 아동은 '타인과 사회는 믿을 수 없다'라는 마음의 틀이 형성된다. 특히 이 내면적 작동모델은 상황이 힘들거나 위협적일 때 '작동'되는데, 안정애착이 되어 자신과 세상에 대한 신뢰가 형성된 사람은 불안을 다스리고 감정을 추스르도록 내면적 작동모델이 작동된다. 불안정애착이 형성된 청소년은 안정애착이 형성된 청소년에 비해 자신과 세상에 대해 불신이 높기 때문에 비행에 노출될 확률이 높다.

6) 행동주의 이론

행동주의 이론은 본인의 행동이 적응적이든 부적응적이든 학습되었다는 것을 전제로 한다. 파블로프(Pavlov)는 무조건자극과 무조건반응에 관해, 조건자극과 무조건자극의 연합으로 조건자극에 대한 조건반응을 유발하는 고전적 조건형성을 연구했다. 스키너(Skinner)는 급진적 행동주의자로서 조작적 조건형성을 발전시켰으며 상벌 자극통제를 사용해 강화이론을 만들었다. 이전까지는 행동을 유발하는 자극에 학습의 주안점을 두었다면 스키너는 행동의 결과로서 얻어지는 강화에 역점을 두어 학습이론을 전개했다. 반두라(Bandura)는 사회적 학습을 강조했다. 그는 사회적 관찰에 의한 학습, 본보기를 통한 모델링, 상징을 통한 대리적 학습을 주장했다(노안영, 2018).

행동주의 이론에서 바라보는 청소년비행은 개인이 접한 환경(가정, 학교, 친구관계 등) 내에 폭력이 빈번하게 발생할수록 청소년들은 자연스럽게 폭력에 익숙하게 되며, 폭력적인 행동을 통해 보상까지도 기대하게 된다는 것이다.

제4장. 학생 문제행동의 이론적 관점 2

1. 사회학적 관점

청소년 문제행동에 대한 사회학적 접근은 청소년의 과도기적 변화를 주로 개인의 사회적 상황에 원인을 둔다. 또한 비행에 있어서도 청소년들이 부여받게 되는 사회구조, 사회과정 등의 다양한 사회적 영향들에 원인을 둔다.

1) 사회구조이론

사회구조이론에서는 사회구조와 비행이 상관이 있다고 보는 이론으로 지역사회의 제도적 조건으로 비행의 원인을 규명한다. 대표적으로 사회해체이론, 긴장이론, 비행하위문화이론이 있다.

[1] 샤우와 맥캐이의 사회해체이론

샤우(Shaw)와 맥캐이(Mckey)는 1930년대 시카고 대학에서 도시범죄와 비행에 관한 연구를 통해 사회해체이론을 체계화했다. 현대사회가 가지고 있는 가장 큰 부분은 도시화와 산업화를 추구하는 것이고, 그 속성 중 크게 차지하고 있는 것은 익명성이다. 지역사회(community)는 공동체로서 결속력을 가지고 있기 때문에 일탈된 행동이 도시에 비해 꺼려진다. 도시화와 산업화로 인해 인간관계가 감소되고 내적·외적인 유대관계가 약화될 때 청소년 일탈이 더 쉽게 발생하게 된다.

이길재, 이정미(2014)의 학교폭력 영향요인 분석 연구에서도 우리나라 대도시에 위치한 학교에서 폭력이 발생할 확률이 중소도시 이하에 위치한 학교보다 약 1.5배(141%) 높게 나타났다. 대도시 소재 및 학급 내 학생 수가 많아 폭력이 빈번하게 발생한 학교들에 대해 교육 여건을 개선하는 정책적 노력이 필요하다.

〈표 1〉 사회해체이론적 관점에서 보는 청소년비행 과정

2 긴장이론

◐ 머튼의 긴장이론

머튼(Merton, 1938)은 제도화된 목표가 있으나, 적절한 수단이 없을 때 긴장이 발생한다고 보았다. 이렇게 긴장이 발생한 상태를 아노미 상태라고 한다. 긴장상태에서 목표를 달성하기 위해 제도적 수단이 아닌 다른 비제도적 수단을 찾으려는 사람은 비행을 행할 확률이 높아진다. '긴장이론'으로 대표되는 아노미 이론을 주장한 머튼은 1938년 'Social Structure and Anomie'라는 논문에서 특정 사회에서 문화적 목표는 지나치게 강조하는 반면 제도적 수단으로 그 목표를 달성할 수 있는 기회가 제한되어 있기 때문에 사회적 '긴장'이 발생한다고 보았다. 또한, 아노미 상황에서 사람들이 내면화한 문화적 목표와 제도화된 수단에 따라 각기 다른 적응방식을 보인다고 보았다. 긴장이론의 관점에서 볼 때 예를 들어 성적이 나쁜 학생은 낮은 성적으로 인한 긴장을 느끼게 되어 그 긴장을 완화시킬 수 있는 다른 것을 찾는 과정에서 일탈의 유혹에 빠질 가능성이 높다고 보는 것이다.

① 순응형(conformity)

순응형은 정상적인 기회구조에 접근할 수는 없지만, 그래도 문화적 목표와 제

도화된 수단을 수용하는 적응방식으로 일반적인 청소년에 해당된다.

② 혁신형(innovation)

혁신형은 문화적 목표는 수용하지만 제도화된 수단은 거부하는 적응방식을 갖는다. 혁신형은 비합법적인 수단으로 사회적으로 가치 있는 목표를 달성하려 하는 유형으로 청소년의 대부분의 비행이 여기에 포함된다. 성적은 올리고 싶으나 공부는 하지 않고 부정행위를 하는 것처럼, 사회적으로 용인된 목표를 이루고 싶으나 할 수 없을 때 비제도화된 수단으로 이루고자 한다.

③ 의례형(ritualism)

의례형은 문화적 목표를 거부하고 제도화된 수단만을 수용하는 적응방식으로 공부를 포기했으나, 부모의 기대에 의해 공부하는 척하는 형태로 나타날 수 있다.

④ 은둔형(retreatism)

은둔형은 문화적 목표와 제도화된 수단을 모두 거부하고 사회로부터 후퇴 내지는 도피해 버리는 적응양식이다. 정신 신경장애, 부랑아, 약물 중독자 등이 포함된다.

⑤ 혁명형(rebellion)

혁명형은 기존의 문화적 목표와 제도화된 수단을 모두 거부하면서 동시에 새로운 문화적 목표와 제도화된 수단으로 대치하려는 적응양식이다. 예로, 공부는 열심히 하지 않으나, 공부가 아닌 새로운 목표를 설정하고 그 목표를 성취하기 위해 열심히 노력하는 학생들의 형태로 나타날 수 있다.

이에 청소년들의 개인적 특성과 성향에 맞는 목표 설정과 적절한 방식으로 이룰 수 있도록 하는 지도가 필요하다.

<표 2> 긴장에 대응하는 적응유형

적응 형태	문화적 목표	제도화된 수단
Ⅰ. 순응형	+	+
Ⅱ. 혁신형	+	−
Ⅲ. 의례형	−	+
Ⅳ. 은둔형	−	−
Ⅴ. 혁명형	±	±

(+: 수락, −: 배제, ±: 새로운 목표와 기준의 거부와 대체)

★ *표 출처: Merton (1938). Social Structure and Anomie*

◐ 애그뉴의 일반긴장이론

애그뉴(Agnew)는 머튼의 아노미 이론이 긴장에 주목한 점을 높이 평가했지만, 문화적 목표와 제도화된 수단의 괴리에 국한시킨 것에 대해, 다원화된 현대사회에서 모든 사람들이 공유하는 문화적 목표란 존재하기 어렵다는 점에서 아노미 이론을 비판했다. 뿐만 아니라 문화적 목표가 있더라도 청소년들은 아직 사회적 가치나 목표를 내면화하지 않아 이로 인한 긴장이 크지 않다고 보았다. 대신에 가족의 사망, 이별, 부모의 학대, 친구의 괴롭힘 등으로 인한 긴장이 중요하다고 판단하고 일반긴장이론(general strain theory)을 통해 일상생활에서의 긴장이 비행에 미치는 영향을 체계적으로 서술했다. 청소년들은 긴장요인으로 인해 부정적 감정을 경험하기 때문에 비행을 저지른다고 본다. 그들은 여러 긴장요인으로 화, 우울감, 절망감 등 부정적 감정을 경험하게 되며, 그러한 부정적 감정을 해소하기 위해 비행을 한다는 것이다(Agnew, 1992; 황성현, 이강훈, 2013, 재인용).

애그뉴는 비행의 원인이 되는 긴장의 원천을 목표달성의 실패, 긍정적 자극의 소멸, 부정적 자극의 발생이라는 세 가지 범주로 확대해 제시했다. 첫 번째 긴장의 원천인 목표달성의 실패는 열망과 기대 간의 격차(예: 대학에 가길 열망하나 실제로는 그렇지 못할 것이라는 기대), 기대와 실제 성취 사이의 격차(예: 대학에 갈 것으로 기대했으나 실제로는 못 가게 된 것), 그리고 공정하지 못한 결과(예: 나보다 못한 아이들이 대학에 갔으나 자신은 못 간 경우), 이렇게 세 가지 범주로 다시 세분화할 수 있다. 두 번째 긴장의 원천인 긍정적 자극의 소멸은 청소년에게 긍정적으로 작용하는 요소가 상실되는 사건으로, 부모의 사망이나 친구와의 이별 등과 같은 일상적인 삶에서 겪는 사건이 예로 제시된다. 세 번째 긴장의 원천인 부정적 자극의 발생은 부모로부터의 학대, 친구들의 괴롭힘, 교사의 폭언과 체벌 등 청소년에게 고통을 주는 사건으로 구성된다. 이러한 상황들은 청소년에게 긴장을 유발하고, 이는 다시 분노와 불안, 우울과 같은 부정적 감정을 낳으며, 이것이 청소년의 비행을 유발한다는 것이 애그뉴의 주장이다(문병욱, 신동준, 2008).

3 코헨의 비행하위문화이론

코헨(Cohen)은 비행하위문화이론에서 빈민계층의 하류계층 청소년이 사회적 성공을 위한 승인된 수단으로부터 소외되기 쉽고, 박탈감에 빠진 청소년들은 그들의 지위를 회복하고 새로운 적응을 모색하기 위해 자신들만의 하위문화를 형성하고 집단적으로 범죄를 일으킨다는 것을 제시했다. 즉 빈곤층의 청소년들이 상류층이 되려는 목표를 가지지만, 그것을 달성할 수 있는 수단의 어려움으로 인해 사회에서 불안과 좌절을 느껴 자신의 행동에 대한 자제심을 느끼지 않고 오히려 부정적 행동을 정당화하면서 범죄 행위를 하게 된다는 것이다.

상대적으로 많은 수의 하류계층 청소년들이 학교에서의 학업, 학교생활 등에 어려움을 겪을 수 있다. 이들 대부분의 하류계층 청소년들의 비행은 부분적으로 반사회적 가치를 정당화하고, 보다 긍정적인 자기관념을 개발하기 위한 수단으로서 집단비행 형태로 범해지고 있다. 여기에서의 긍정적인 자기관념은 일반사회에서 말하는 긍정이 아니라, 또래에게서 인정을 받는 자기관념을 말한다. 비행하위문화이론에 따르면 빈곤이 범죄의 결정적인 요소이기 때문에 비행문화를 가진 빈곤한 청소년들이 규범과 법에 대해 비우호적인 태도를 가지지 않도록 학교, 정부와 시민단체 등은 긴밀한 협력관계를 구축해 각종 사회적 지원을 통해 빈곤층의 경제적 안정을 보장해 주는 것이 필요하다. 하지만 비행하위문화이론은 하류계층의 청소년에게만 초점을 맞추고 있어서 일부 계층의 비행을 설명하지 못하고 있으며, 지위욕구불만을 갖고 있는 하류계층의 청소년 중에서 왜 어떤 학생은 참여하고 어떤 학생은 참여하지 않는지에 대한 설명력이 부족하다는 비판을 받고 있다.

2) 사회과정이론

사회과정이론은 어떻게 비행을 하게 되는지에 초점을 맞추어 비행의 원인을 설명하고 있다. 환경이나 개인의 특성보다는 비행 과정을 설명한다. 사회과정이론은 개인이 비행 및 범죄를 하게 되는 과정을 크게 세 가지로 나누어 볼 때, 학습이론(차별접촉이론, 사회학습이론), 사회통제이론(사회유대이론), 낙인이론으로 이루어진다.

1 서덜랜드와 크레시의 차별접촉이론

차별접촉이론(Sutherland & Cressey, 1947)은 청소년들이 비행친구들과의 접촉을 통해 비행과 범죄를 학습한다고 본다. 친구들은 비행의 방법과 기술뿐만 아니라 왜 비행을 해야 하고 이를 어떻게 합리화할 수 있는지까지 알려 준다. 학습을 통해 비행에 대한 긍정적인 태도가 형성되면 청소년들은 실제로 비행을 저지르게 되는 것이다.

청소년이 비행을 하는 친구들과 얼마나 자주 어울리는가의 빈도, 얼마나 오래 관계를 유지해 왔는가의 기간, 처음으로 사귀게 되었던 친구는 누구였는가의 우선성, 얼마나 가깝게 지내왔는가의 강도에 따라 학습을 하는 정도의 차이가 나타난다. 예를 들어 학교에서 술과 담배를 금지하지만, 또래 친구들이 학교의 규정에 동의하지 않고 술과 담배를 한다면 이에 노출될 확률이 높아진다.

일탈친구와의 접촉은 집단이나 개인 행위에 있어서 범죄를 지지하는 일탈태도를 유지하게 만들고(Hochstetler et al., 2002), 비행친구의 영향력은 연령이나 성별에 관계없이 청소년비행의 요인 중 강력한 요인(박정선, 황성현, 2013; 홍태경, 류준혁, 2011)이라는 입장이 다수이다.

2 에이커스의 사회학습이론

에이커스(Akers, 1977)는 서덜랜드의 차별접촉이론에서 제시된 상징적 상호작용의 여러 중요 요소들을 반영해 행동주의 이론과 반두라의 사회학습이론을 토대로 사회학습이론을 체계화했다. 인간은 보상과 처벌의 원리에 따라 행동하는 경향이 있으며, 청소년들은 비행친구와의 접촉과 행동 관찰을 통해 범죄행동에 어떤 보상과 처벌이 주어지는지를 학습한다. 그 결과, 만약 범죄가 비범죄적 행동보다 나은 보상을 제공한다는 믿음이 있으면 기꺼이 범죄를 저지르게 된다는 것이다(이종원, 2013). 에이커스는 차별적 접촉(differential association), 정의(definitions), 차별적 강화(differential reinforcement), 모방(imitation)이라는 네 가지 변수를 통해 비행행위를 설명했다.

3 허쉬의 사회유대이론

허쉬(Hirschi, 1969)는 사회유대이론을 제시하여 '비행의 원인(cause of delinquency)'에서 '왜 비행을 저지르게 되는가'라는 비행의 원인에 대한 규명보다는 '왜 비행을 저지르지 않는가'라는 명제에 대한 해답을 찾으려고 노력했다. 허쉬는 비행의 억제요인에 타인과의 사회적 관계, 즉 사회유대가 주요 요인이 된다고 보았다. 부모나 학교와의 유대가 주요 변인으로 부모나 학교와의 유대가 약한 청소년들은 규범위반으로 치르게 되는 대가를 낮게 인지하기 때문에 비행을 저지를 가능성이 높다. 즉, 부모와 교사에 대한 낮은 애착으로 자신의 행동으로 인해 발생하는 부정적 반응에 개의치 않게 된다. 청소년기에 누구나 잠재적인 비행의 요인을 가지고 있지만, 부모나 교사의 유대가 강한 경우, 이들의 실망으로 인해 관계가 악화되거나 깨지는 것을 두려워한 나머지 비행을 저지르지 않는다는 것이다.

사회유대이론의 주요 네 가지 개념은 애착, 관여, 참여, 신념이다.

① 애착(atachment)

애착은 청소년들 자신의 부모나 선생님에 대한 애정이나 존경 등을 의미한다. 애착이 낮은 청소년은 그렇지 않은 청소년에 비해 비행에 노출될 가능성이 높다.

② 관여(commitment)

관여는 자신이 원하는 바를 합법적으로 얻기 위해 무엇인가에 몰입하게 되는 것이다. 공부나 저축 등의 관습적인 활동에 관심을 갖는 것을 의미한다.

③ 참여(involvement)

참여는 공부, 가족과 함께 시간 보내기 등의 합법적인 활동에 연관이 있는 생활에 어느 정도 시간을 투자해 열심히 참여하는 것을 뜻한다. 이러한 참여가 늘어날수록 청소년의 비행 확률이 줄어든다.

④ 신념(신뢰, belief)

일반적이고 통상적인 사회적인 가치와 규범을 인정하고 따르지 않으면 안 된다는 굳은 신념을 의미한다.

예로, 시험기간에 교사가 학생에게 1시간 일찍 나와서 학습할 것을 제시했다고 해보자. 이때 교사와 긍정적인 애착이 형성된 청소년의 경우, 교사와의 관계를 유지하기를 원할 것이다. 이에 1시간 일찍 나오는 것에 관여가 일어나고, 시간을 투자해 열심히 참여하게 될 것이다. 학습한 만큼 성적이 올랐을 경우, 교사가 제시한 규범을 따랐을 때 긍정적인 결과가 나타날 것이라는 긍정적 신념을 내면화하게 된다. 하지만 애착이 형성되지 않은 청소년의 경우, 교사의 요구에 관여하거나 참여하는 정도가 약할 것이고 규칙을 따르고자 하는 신념의 내면화도 약하게 될 것이다. 이처럼 청소년이 비행을 저지르거나 통제되는 것에 부모와 교사의 애착형성이 중요한 역할을 한다고 볼 수 있다.

4 베커의 낙인이론

베커(Becker)의 낙인이론에 따르면 공식 낙인이 되기 이전에 비행청소년의 문제행동은 비조직적이고, 일관성이 없는 드문 현상으로 여겨진다. 이들을 비행으로 이끄는 중요한 계기는 가정, 학교, 공식적 통제기관과 사회구성원들의 비공식적 반응이다. 지속적인 비행이 이루어지는 것은 사회적 반응과 낙인에 의해 만들어진 이차적 비행 이후이다. 따라서 이차적 일탈은 비행청소년으로 낙인찍히지 않았으면 발생하지 않았을 부가적 비행에 관여할 때 이루어진다(Akers, 2004).

청소년의 행위에 대한 낙인은 비행청소년으로 낙인이 찍힌 자기 자신에 대한 정체성 혼란을 가져오게 되며, 그로 인해 낙인이 찍히기 전보다 더 일탈 행동을 하게 될 가능성이 높다(Becker, 1973). 비행청소년으로 낙인된 청소년이 자신을 스스로 비행청소년으로 인정하는 경우 제2의 비행을 저지르게 될 가능성이 높다(Lemert, 1967).

낙인이론은 한 개인에 대한 낙인의 부정적 결과들(negative consequences)에 우선적으로 초점을 맞추고 있다. 최초 비행이라 할 수 있는 일차적 일탈은 상대적으로 덜 해로운 것, 특히 아이들 입장에서는 단순한 놀이 또는 실수가 될 수 있고, 보다 큰 지역사회의 입장에서 보면 부도덕한 행위나 법규위반 정도의 것이라고 주장한다. 그러나 부모, 선생님, 친구들 그리고 사법기관의 초기 사회적 반응은 이들을 대체로 부정적이며, 사악한 사람으로 낙인을 찍는다. 이러한 낙인은 각 개인의 자아상(self-image)에 부정적인 영향을 미치게 된다. 즉 낙인을 부여받은 청소년은 스스로를 불량 청소년 혹은 비행 청소년으로 여김으로써 미래에 더 큰 일탈, 즉 이차적 일탈을 저지를 가능성이 높아진다(Matsueda, 1992; 박현수 등, 2009, 재인용).

사회적 약자, 경제적 약자, 문화적 소외 계층일수록 비행청소년으로 낙인이 찍힐 가능성이 더 크다. 더욱 심각한 것은 한번 각인된 낙인이 시간이 지나도 쉽게 지워지기 어렵다는 점을 고려해 볼 때 가족이나 학교로부터의 비공식적 낙인의 예방과 교육이 필요하다(박현수 등, 2009).

제5장. 부적응 행동 및 심리

1. 부적응 행동 및 심리의 정의와 진단기준

학생의 부적응 행동은 학생의 개인 심리와 그들을 둘러싼 가정, 학교, 사회문화 변인 등 많은 요인들이 복합적으로 작용하면서 발생하는 행동이다. 또한 사회변화에 따라 대다수 학생들과는 다른 행동을 함으로써 사회생활 및 관계에 불편과 긴장을 초래하고, 주어진 환경에 적절히 적응하지 못하는 행동을 의미한다(김혜원, 정일현, 2010). 이러한 부적응 행동은 부적응 심리에서 기인했거나, 부적응 심리에 영향을 미친다.

부적응 행동은 유사하게 문제행동, 이상행동, 정신장애, 행동장애, 정서적 장애 등으로 표현되는데 이는 행동문제를 바라보는 관점의 다양함에서 비롯된다(이현수, 1985). 개인의 행동이나 심리상태를 '정상적' 또는 '비정상적'이라고 판단할 때 그 판단근거는 다양하게 주장되고 있으며, 부적응 행동 및 심리를 정의하는 기준으로 다음과 같은 관점과 그에 따른 특징이 나타난다(정용부 등, 1998).

1 통계적 관점

통계적 관점에 의하면 정상행동이란 대부분의 사람들에게 일반적으로 빈번하게 일어나는 행동을, 부적응 행동이란 대부분의 사람들에게 드물게 나타나는 행동을 뜻한다. 인간의 행동을 양적으로 측정해서 분포를 내어 보면 평균을 중심으로 중앙에 몰려 있고 양쪽 극단으로 갈수록 그 빈도가 줄어드는 정상분포곡선을 이루게 된다. 이러한 정상분포곡선에서 중앙에 몰려 있는 대다수를 정상(正常, normal)이라고 하고, 양쪽에 극단을 비정상(非正常, abnormal) 또는 부적응이라고 부르게 된다.

예를 들자면 혈압의 경우, 평균치에서 너무 높거나 낮은 경우에 비정상으로 보고 치료를 받아야 된다고 판단하며 그 중간은 정상으로 간주한다. 또한 충동성이 너무 강해서 폭력적인 행동을 한다거나, 장래에 대한 불안이 전혀 없어서 학습동기를 상실한 경우도 부적응 행동으로 간주할 수 있다. 지능검사의 경우 [그림 1]에서 보이는 것처럼 IQ점수 85~115 사이를 정상으로 보고, IQ점수가 70 이하의 경우 지적장애의 판정기준 범위에 들어간다. 바람직한 방향으로 일탈되는 경우도 있다. IQ점수 140 이상의 경우 IQ점수 70 이하의 지적장애처럼 부적응으로 판단하는 양극성의 문제로 볼 수 있으나, 오히려 지능이 높음에 긍정적으로 평가하기도 한다. 또한, 정상과 부적응의 통계적 기준은 전문가들이 합의한 임의적인 경계이기 때문에 심리적인 문제를 수치만을 가지고 정상과 비정상으로 판단하기는 어렵다.

[그림 1] **지능검사의 결과**

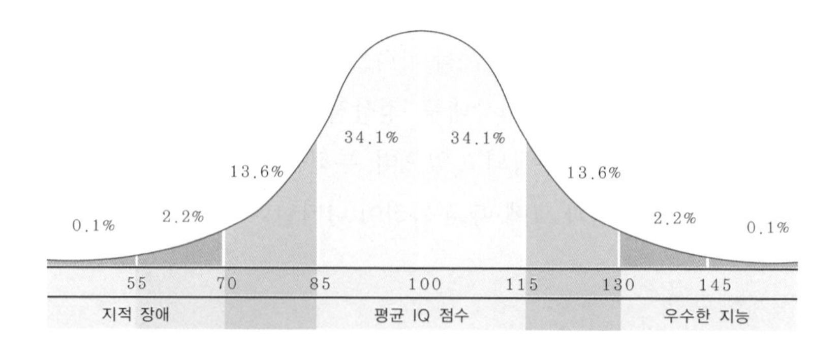

2 정신의학적 관점

정신의학적 관점에서는 이상의 증후가 전혀 없고 질병이 없는 상태를 정상이라고 보며 정상상태가 파괴된 상태를 이상이라고 한다. 정신의학적 기준은 주로 기질적 장애와 관련되는 것으로 생리적 장애 때문에 나타나는 증후에 주된 관심을 두고 있다. 즉, 부적응 문제를 생리적 기능 이상에 의해서 발생한다고 보는 것이다.

생리적 측면에서 그 원인을 찾아볼 수 없는 부적응 행동이 많기 때문에 이 관점을 만능이라고 할 수는 없고, 증상이 경미한 경우에는 의사들 간의 판단에 차이가 있을 수 있으며, 또한 심리적 이상이 바로 정신의학적 증상으로 나타나지 않을 수 있기 때문에 정상과 이상의 판단이 어렵다는 문제가 있다.

미국정신의학회(American Psychiatric Association)는 정신의학적 진단분류체계의 방법으로 『정신장애의 진단 및 통계 편람』(Diagnostic and Statistical Manual of Mental Disorders; DSM)을 출간하였고, 현재 임상장면에서는 DSM-5가 주로 사용되고 있다.

3 주관적 관점

주관적 관점에서 바라보는 이상행동은 개인적으로 불편함과 고통을 느끼는 주관적 정도를 부적응 문제를 판정하는 기준으로 삼는다. 즉, 개인이 자신의 심리, 행동 그리고 생활하는 장면에서 느끼고 지각하는 불편함과 고통스러움의 정도가 높다면 부적응 문제로 보게 된다. 다만, 비행학생들이 자신의 행위에 고통스러움, 죄책감 등을 느끼지 않는 경우에 이들의 문제를 부적응으로 보지 않을 수 있다는 한계점이 있다.

4 사회적 관점

사회적 관점에서는 적응과 부적응에 대한 기준을 한 개인이 주어진 환경과 성공적으로 상호작용하면서 잘 지낼 수 있는가에 둔다. 사회적 규범과 규율은 다른 사람에게 기대되고 요구되는 가치로, 가정에서 잘 적응하고 학교에서는 친구들과 교사의 학업을 잘 따르고 적응한다고 하면 정상으로, 이와 반대로 학교를 나

가지 않는다든지 극단적으로 충동적인 행동으로 폭행을 한다든지 등으로 규범을 어기게 되는 경우 부적응으로 간주할 수 있다. 하지만 사회적 규범과 규율은 개인이 속한 집단에 따라 차이가 날 수 있기 때문에 모든 문제를 획일적으로 적용시키는 것은 어려움이 있을 수 있다.

2. 정서행동 문제의 유형

학생들의 정서행동 문제가 있는 경우 학교폭력에 노출되기 쉽고, 역으로 학교폭력에 노출된 경우 정서행동 문제가 발생할 수 있다. 이에 학생들의 문제를 예방하고 효과적으로 개입하기 위해서는 학생들의 주요 심리적 부적응에 대한 이해가 필요하다.

DSM-5에 의거해 청소년기의 주요 심리적 부적응을 분류해 보면 1) 불안장애, 2) 우울장애, 3) 강박장애, 4) 급식 및 섭식장애, 5) 신경발달장애, 6) 외상 후 스트레스 장애, 7) 조현병, 8) 파괴적, 충동통제 및 품행장애로 볼 수 있다. 이와 관련된 주요 심리적 부적응의 특성을 살펴보면 다음과 같다(권석만, 2013; 권석만b, 2014).

1) 불안장애(anxiety disorders)

불안장애는 위험 가능성이 거의 없고 대부분의 사람이 위험을 느끼지 못하는 상황에서 과도한 심리적 불안을 느끼거나 현실적인 적응에 심각한 어려움을 경험하는 경우에 해당한다. 불안과 공포를 주된 증상으로 하는 장애로서 불안이 나타나는 다양한 양상에 따라 범불안장애, 특정공포증, 광장공포증, 사회불안장애, 공황장애, 분리불안장애, 선택적 무언증의 하위유형으로 구분된다.

학교폭력을 경험한 학생들은 외로움과 우울증 등의 심리적 불안이 높아지며,

등교공포 · 등교거부 · 학교활동의 기피 및 자신의 안전에 대한 불안으로 학업성취 및 학교적응에 부정적인 영향을 받을 수 있다(청소년폭력예방재단, 2009). 본 장에서는 범불안장애, 특정공포증, 광장공포증, 사회불안장애, 공황장애를 위주로 설명하고자 한다.

1 범불안장애(generalized anxiety disorder)

미래에 발생할지 모르는 다양한 위험에 대한 과도한 불안과 걱정으로 일상생활의 사소한 많은 일에 대해 끊임없이 걱정하는 경향을 나타낸다. 학업 수행 등에 과도한 불안과 걱정이 나타나는 경우 학교적응의 어려움으로 나타날 수 있다.

2 특정공포증(specific phobia)

특정공포증은 특정 대상이나 상황에 대한 강렬한 공포로 인해 비합리적 두려움과 회피행동을 지속적으로 나타내는 경우에 해당한다. 동물형(예: 뱀, 개, 거미 등), 자연환경형(예: 천둥, 번개, 물 등), 혈액-주사-상처형(예: 피, 주사, 상처를 입는 등의 신체적 상해나 고통 등), 상황형(예: 비행기, 엘리베이터 등)의 형태로 나타난다.

3 광장공포증(agora phobia)

광장공포증은 특정한 장소나 상황에 대해 공포를 나타내는 것으로, 대중교통수단, 개방된 공간, 폐쇄된 공간, 줄을 서 있거나 군중 속에 있는 것, 집 밖에서 혼자 있는 것 중 두 가지 이상의 상황에 대한 현저한 공포와 불안을 나타낸다. 주로 공황발작과 같이 나타나는 경우가 흔하다.

4 사회불안장애(social anxiety disorder)

사회불안장애는 다른 사람들과 상호작용하는 사회적 상황을 두려워해 회피하는 장애를 뜻한다. 사회공포증이라고 불리기도 하며, 사회적 불안과 회피행동이 6개월 이상 지속되어 심각한 고통을 경험하거나 사회적·직업적 기능에 크게 지장을 받는 경우에 해당한다.

5 공황장애(panic disorder)

공황장애는 신체적·인지적 증상이 수반되는 장애로, 예기치 못한 갑작스럽게 강한 공포감, 죽을지도 모른다는 강렬한 불안이 일어나는 공황발작과 그에 대한 공황발작이 없는데도 그런 일이 또 발생할지도 모른다는 예기불안이 주된 특징으로 나타난다. 광장공포증을 동반하거나 우울증을 경험할 수 있다.

2) 우울장애(depressive disorders)

우울장애는 우울하고 슬픈 기분이 주된 증상으로 슬픔, 공허감, 짜증스러운 기분과 그에 수반되는 신체적·인지적 증상으로 인해 개인의 기능이 현저하게 저하되는 부적응 증상을 말한다. 우울장애의 하위 장애로는 주요 우울장애, 파괴적 기분조절곤란 장애, 월경전기 불쾌장애 등이 있다.

학교폭력 무경험 청소년보다 지속적 피해경험이 있는 청소년이 더 우울해하거나 불안해하며, 남학생보다 여학생이 더 우울과 불안의 수준이 높으며, 일시적 피해경험이 있는 청소년도 폭력경험이 없는 청소년보다 우울과 불안의 수준이 높은 경향이 있다(김현숙, 2013). 더불어 청소년의 우울증상은 공격적이거나 반사회적인 행동으로 표현될 수 있는데, 교정 기관에 수용되어 있는 청소년의 약 23%가 주요 우울증 진단 기준에 해당된다는 보고도 있으며(Chiles et al., 1980), 비행청소년이 자신의 우울한 기분을 잘 지각하지 못하며, 지각한다고 하더라도 그러한 감정을 직접 호소하기보다는 공격적이고 파괴적인 행동과 같은 은폐된 형태로 표현하기도 한다(Conger & Peterson, 1984; 황선주, 박기환, 2014, 재인용).

1 주요 우울장애(major depressive disorder)

주요 우울장애는 가장 심한 증세를 나타내는 우울장애의 유형으로, ① 하루의 대부분, 거의 매일 지속되는 우울한 기분 ② 일상 활동에 대한 흥미나 즐거움의 저하 ③ 체중조절을 하고 있지 않은 상태에서 현저한 체중 감소나 체중 증가 ④ 불면이나 과다수면 ⑤ 정신운동성 초조나 지체 ⑥ 피로감이나 활력상실 ⑦ 무가

치감이나 과도하고 부적절한 죄책감 ⑧ 사고력이나 집중력의 감소 또는 우유부단함 ⑨ 반복적인 생각이나 특정한 계획 없이 반복적인 자살에 대한 생각, 자살기도, 자살에 대한 구체적인 계획이 핵심 증상이다. 이 9개의 증상 중 5개 이상의 증상이 거의 매일 연속적으로 2주 이상 나타나고, 5개 이상의 증상에 ①, ② 중 1개가 포함되어진다.

[2] 파괴적 기분조절곤란 장애(disruptive mood dysregulation disorder)

파괴적 기분조절곤란 장애는 주로 아동기나 청소년기에 나타나는 장애로 자신의 불쾌한 기분을 조절하지 못하고 분노행동으로 표출하게 된다. 만성적인 짜증, 간헐적인 분노 폭발이 핵심 증상이다. 이 장애를 지닌 학생들은 주의집중과 전환의 어려움, 좌절감을 경험하며 분노 폭발과 같은 과잉반응을 나타낸다.

[3] 월경전기 불쾌장애(premenstrual dysphoric disorder)

DSM-5에 제시된 월경전기 불쾌장애는 대부분의 월경주기에서 월경 시작 1주일 전에 정서적 불안정성이나 분노감, 일상 활동에 대한 흥미 감소, 무기력감, 집중곤란 등의 증상이 시작되었다가 월경이 시작되고 수일 안에 증상이 호전되며 월경이 끝난 주에는 증상이 경미하거나 없어지는 증상이 주기적으로 나타난다.

〈표 1〉 **우울장애들의 하위 장애 및 핵심 증상**

하위 장애	핵심 증상
주요우울 장애	진단 학생 모두가 자신이 느끼는 기분, 감정 혹은 다양한 증상에 대해 인지하거나 정확하게 표현할 수 있는 것은 아니며, 같은 주요 우울장애 진단을 받아도 학생마다 다를 수 있다. 행동이 느려지고 울거나, 혹은 웃으면서 아무 일도 없다고 부인할 수도 있다. 우울한 감정은 잘 보고되지 않아도 일상생활에서 즐거움이 상실되거나 흥미가 감소하는 형태로 경험하기도 한다.
파괴적 기분조절 곤란장애	항상 화가 나 있거나, 짜증을 부리거나 슬퍼보여서 원래 그런 아이처럼 인식되기 쉽다. 적어도 1년 동안 일주일에 이틀에 한 번꼴로 아주 작은 자극에도 과하게 심각한 분노 폭발(소리를 지르거나 공격행동을 보임)을 보이며, 이러한 분노 폭발 행동이 발달단계상, 그 나이 때 볼 수 없는 부적절한 것이다. 이러한 증상이 집, 학교, 친구들과 있을 때 등 최소 두 군데 이상의 환경에서 일관적으로 관찰되어야 한다. 증상이 존재하지 않는 기간이 3개월을 넘지 않고, 1년 이상 지속되었으며, 대체로 10세 이전에 나타날 가능성이 높다. 이 진단은 아동 및 청소년들에게만 진단되는 장애라 6~17세 사이에만 진단 가능하다.
월경전기 불쾌감 장애	기간은 월경기간 전후 며칠 동안 혹은 대부분의 기간 동안 현저한 기분 변동, 우울증, 불안, 분노, 불쾌감 등을 경험하고 주의집중 어려움, 피로감, 흥미 감소 등의 전형적인 우울 증상을 경험할 수 있다. 이와 더불어 가슴에 민감함, 근육통, 체중 증가, 복부팽창 등의 신체적 증상들도 경험되며 월경이 시작되면 대체로 빠르게 회복된다.

★ 표 출처: 정여주 등(2018). 학교폭력 예방 및 학생의 이해

3) 강박장애(obsessive-compulsive disorder)

강박장애는 불안을 유발하는 강박사고에 대한 집착과 강박행동의 반복이 주된 특징으로, 개인의 의지와 상관없이 불쾌한 어떤 생각이나 충동이 자꾸 떠올라 그것에 집착하며 그와 관련된 행동을 반복하게 하는 부적응 문제를 유발한다. 예로, '문은 잠갔나?' 하는 강박적인 사고로 반복적으로 문의 잠금을 확인하거나, 악수할 때 '손에 병균이 묻지 않았을까?' 라는 강박적인 사고로 반복적인 손 씻기 행동 등이 이에 해당한다.

4) 급식 및 섭식장애(feeding and eating disorders)

급식 및 섭식장애는 체중 증가와 비만에 대한 극심한 두려움으로 비롯된 것으로, 음식 섭취의 거부, 폭식행동, 체중 증가를 막기 위한 구토 등 개인의 건강과 심리사회적 기능에 문제가 되는 부적응적 섭식행동과 관련 있는 장애를 말한다. 청소년기에 많이 나타나는 하위유형으로는 신경성 식욕부진증, 신경성 폭식증이 해당된다.

① 신경성 식욕부진증(anorexia nervosa)

신경성 식욕부진증은 거식증이라고 알려져 있으며 날씬한 몸매를 선호하고, 체중 증가와 비만에 대한 극심한 두려움, 음식 섭취의 현저한 감소나 거부, 체중의 비정상적 저하가 특징이다. 청소년기 여성에게서 흔하게 나타난다.

② 신경성 폭식증(bulimia nervosa)

신경성 폭식증은 과식증이라고도 알려져 있으며 폭식한 이후 체중 증가를 막기 위해 구토제, 이뇨제, 단식이나 금식, 과도한 운동 등의 부적절한 보상행동을 시도하는 특징이 있다. 폭식과 이에 대한 부적절한 보상행동이 평균적으로 적어도 1주일에 1회 이상 3개월 동안 일어나며, 극도로 마르지는 않고 대개 평균 혹은 평균 이상의 체중을 유지한다.

5) 신경발달장애(neurodevelopmental disorders)

신경발달장애는 중추신경계, 즉 뇌의 발달지연 또는 뇌 손상과 관련된 것으로 알려진 정신장애를 포함하고 있다. 심리사회적 문제보다는 뇌의 발달장애로 인해 흔히 생의 초기부터 나타나는 아동기 및 청소년기의 정신장애를 포함하고 있다.

① 지적 장애(intellectual disability)

지능이 비정상적으로 낮아서 학습 및 사회적 적응의 어려움을 나타낸다. 일반적으로 지능지수(IQ)가 70 미만으로 현저하게 낮은 지능을 보인다. 이 경우 학교 내 적응 및 학습능력의 저하로 성적이 낮게 나오며 학교폭력 피해의 대상이 되기도 한다.

2 의사소통 장애(language disorder)

정상적인 지능수준임에도 불구하고 언어장애, 발화음 장애, 아동기-유창성 장애(말더듬), 사회적 의사소통 장애처럼 언어 사용에 결함이 있다.

언어장애는 언어의 발달과 사용의 지속적인 곤란을 나타낸다. 발화음 장애는 발음의 어려움으로 인해 언어적 의사소통의 곤란이 발생하는 것이다. 아동기-발생 유창성 장애는 말더듬기로 인한 유창한 언어적 표현에 곤란을 겪는다. 사회적 소통장애는 언어적·비언어적 의사소통 기술을 사회적 상황에서 적절하게 사용하지 못하는 특징이 있다.

3 자폐 스펙트럼 장애(autism spectrum disorder)

사회적 상호작용과 의사소통에서 장애가 나타나며, 제한된 관심과 흥미를 지니고 상동적인 행동을 반복적으로 나타낸다. 대인관계에 필요한 눈 마주치기, 표정, 몸짓 등이 매우 부적절해 부모나 친구와 친밀한 관계를 형성하지 못하는 사회적 상호작용의 결함과 특정한 패턴의 기이한 행동을 똑같이 반복하게 되며, 특정한 대상이나 일에 비정상적으로 고집스럽게 집착하는 제한된 반복적 행동이 핵심 증상이다.

4 주의력 결핍/과잉행동 장애(ADHD: attention-deficit/hyperactivity disorder)

주의집중의 어려움과 더불어 매우 산만하고 부주의한 행동, 자신의 행동을 적절히 통제하지 못하고 충동적인 과잉행동을 나타낸다. 7세 이전에 발병하고, 부주의, 과잉행동-충동성 중 한 가지 이상의 증상이 발달수준에 맞지 않게 6개월 이상 나타나는 경우에 ADHD로 간주한다. 산만함과 부주의한 행동, 충동적인 과잉행동으로 인해 가정과 학교에서 꾸중과 벌에 노출될 확률이 많고, 이로 인해서 부정적 자아개념을 형성해 공격적이고 반항적인 행동을 나타내는 경향성이 있는데, 치료가 되지 않을 경우 품행장애로 발전할 가능성이 높다. 대처 방법으로는 약물치료, 심리치료, 부모 및 가족상담이 있으며, 부적응적인 행동을 변화시킬 수 있다는 교사의 긍정적인 기대는 아동들의 행동을 변화시킬 수 있는 중요한 변수로 작용할 수 있기 때문에 교사의 관심과 개입이 중요한 역할을 한다.

5 특정 학습장애(specific learning disorder)

정상적인 지능 수준이고 정서적인 문제가 없음에도 불구하고 현저한 학습부진, 읽기, 쓰기, 수리적 계산을 학습하는 것의 어려움을 나타낸다.

다음 중 한 가지 이상의 증상을 6개월 이상 나타낼 경우에 해당된다.

- 부정확하거나 느리고 힘겨운 단어 읽기
- 읽은 것의 의미를 이해하는 것의 어려움
- 맞춤법이 어려움
- 글로 표현하는 것에 미숙함
- 수 감각, 수에 대한 사실, 산술적 계산을 숙달하는 것에 대한 어려움
- 수학적 추론에서의 어려움

6 운동장애(motor disorders)

운동장애는 나이나 지능수준에 비해서 움직임 및 운동능력이 현저하게 미숙하거나 부적응적인 움직임을 반복적으로 나타내는 경우로, 틱 장애, 발달성 운동조정 장애, 정형적 동작 장애가 포함된다.

틱 장애는 신체 일부를 갑작스럽게 움직이거나 소리를 내는 부적응적 행동을 반복적으로 나타내는 경우를 말한다. 운동 틱은 몸의 일부를 갑자기 움직이는 특이한 동작이 반복되는 경우를 말하며, 음성 틱은 갑자기 소리를 내는 행동을 반복하는 경우를 말한다. 다양한 운동 틱과 한 개 이상의 음성 틱이 1년 이상 지속적으로 나타나는 뚜렛장애, 운동 틱이나 음성 틱이 1년 이상 나타나는 지속성 운동 또는 음성 틱 장애, 운동 틱이나 음성 틱이 1년 이내로 나타나는 일시적 틱 장애가 있다.

발달성 운동조정 장애는 운동발달이 늦고 동작이 현저하게 미숙한 특징이 있

으며, 정형적 동작장애는 특정한 패턴 행동을 아무런 목적 없이 반복하는 특징이 있다.

〈표 2〉 **신경발달장애의 하위 장애와 핵심 증상**

<table>
<tr><th colspan="2">하위 장애</th><th>핵심 증상</th></tr>
<tr><td colspan="2">지적장애</td><td>지적 능력이 현저하게 낮아서 학습 및 사회적 적응에 어려움을 나타냄</td></tr>
<tr><td rowspan="4">의사소통 장애</td><td>언어장애</td><td>언어의 발달과 사용에 지속적인 곤란을 나타냄</td></tr>
<tr><td>발화음 장애</td><td>발음의 어려움으로 인한 언어적 의사소통의 곤란</td></tr>
<tr><td>아동기-발생 유창성 장애</td><td>말더듬기로 인한 유창한 언어적 표현에 곤란</td></tr>
<tr><td>사회적 소통 장애</td><td>언어적·비언어적 의사소통 기술을 사회적 상황에서 적절하게 사용하지 못함</td></tr>
<tr><td colspan="2">자폐 스펙트럼 장애</td><td>사회적 상호작용과 의사소통에 심각한 곤란, 제한된 관심과 흥미 및 상동적 행동의 반복</td></tr>
<tr><td colspan="2">주의력 결핍/과잉행동 장애</td><td>주의집중의 곤란, 산만하고 부주의한 행동, 충동적인 과잉행동</td></tr>
<tr><td colspan="2">특정 학습장애</td><td>읽기, 쓰기, 수리적 계산을 학습하는 것의 어려움</td></tr>
<tr><td rowspan="3">운동장애</td><td>틱 장애</td><td>신체 일부를 갑작스럽게 움직이거나 소리를 내는 부적응적 행동의 반복</td></tr>
<tr><td>발달성 운동 조정 장애</td><td>운동발달이 늦고 동작이 현저하게 미숙함</td></tr>
<tr><td>정형적 동작 장애</td><td>특정한 패턴 행동을 아무런 목적 없이 반복함</td></tr>
</table>

★ 표 출처: 권석만b(2014). 이상심리학의 기초

6) 외상 후 스트레스 장애(posttraumatic stress disorder)

외상 후 스트레스 장애(PTSD)는 충격적인 외상 사건(예: 교통사고, 화재, 건물 붕괴, 지진, 강간, 폭행, 납치)이나 스트레스 사건을 경험한 이후에 부적응 증상을 나타내는 것과 관련이 있다. PTSD는 침투 증상, 외상 사건과 관련된 자극 회피, 외상 사건과 관련된 인지와 감정에 있어서 부정적 변화, 각성과 반응성의 현저한 변화의 증상들이 1개월 이상 나타나 일상생활에 심각한 기능의 문제를 보이는 경우를 말한다. 위의 유사한 심리적 증상들이 3일 이상, 1개월 이내로 나타나는 경우는 급성 스트레스 장애(acute stress disorder)로 볼 수 있다. 학교폭력 또한 충격적인 외상 사건으로 이를 경험한 학생의 경우 급성 스트레스 장애 또는 PTSD의 부정적인 심리증상이 나타날 수 있다.

7) 조현병(schizophrenia)

조현병은 이전에 정신분열증으로 불리었으며, 망상, 환각, 혼란스러운 언어를 특징으로 나타나는 매우 심각한 정신장애이다. 현실검증력이 손상되어 비현실적 지각과 비논리적 사고를 나타내며 혼란스러운 심리상태에 놓인다. 증상 초기에 적절한 치료를 받지 못하면 만성화되기 쉽기 때문에 초기 치료가 중요하다. 조현병에 대한 DSM-5의 진단기준은 〈표 3〉과 같다.

〈표 3〉 조현병의 진단기준

A. 다음 중 두 개 이상의 증상(1, 2, 3 중 하나는 반드시 포함)이 1개월 동안(성공적으로 치료되었을 경우에는 그 이하일 수도 있음) 상당 부분의 시간에 나타나야 한다.
  1. 망상
  2. 환각
  3. 혼란스러운 언어(예: 빈번한 주제 이탈이나 뒤죽박죽한 표현)
  4. 심하게 혼란스러운 행동이나 긴장증적 행동
  5. 음성 증상들(예: 감소된 정서표현이나 무의욕증)
B. 이러한 장해가 시작된 후 상당 부분의 시간 동안, 한 가지 이상의 주요한 영역(직업, 대인관계, 자기돌봄)의 기능수준이 장해의 시작 전보다 현저하게 저하되어야 한다(아동기나 청소년기에 시작될 경우에는 대인관계, 학업적 또는 직업적 기능에서 기대되는 수준에 이르지 못해야 한다).
C. 장해가 계속 진행되고 있다는 징후가 최소한 6개월 이상 지속되어야 한다. 이러한 6개월의 기간에는 기준 A를 충족시키는 증상들(즉, 활성기의 증상)을 나타내는 최소한 1개월과 더불어 전구기 또는 관해기의 증상이 나타나는 기간을 포함한다. 이러한 전구기나 관해기 동안 장해의 징후는 단지 음성증상만으로 나타나거나 기준 A에 열거된 증상 중 2개 이상의 증상이 약화된 형태(예: 기이한 신념, 비일상적인 지각경험)로 나타날 수 있다.
D. 분열정동장애와 정신증적 특성을 나타내는 우울 또는 양극성 장애의 가능성이 배제되어야 한다. 즉, (1) 주요 우울 삽화나 조증 삽화가 활성기 증상과 함께 동시에 나타난 적이 없어야 한다. (2) 만약 기분 삽화가 활성기 증상과 함께 나타났었다면, 그것은 활성기와 잔류기의 전체 기간 중 짧은 기간 동안에만 나타난 것이어야 한다.
E. 이러한 장애는 물질(예: 남용 물질, 치료약물)이나 다른 신체적 질병의 생리적 효과에 의한 것이 아니어야 한다.
F. 아동기에 시작하는 자폐 스펙트럼 장애나 의사소통 장애를 지닌 과거병력이 있을 경우 조현병 진단에 필요한 다른 증상이 더해서 현저한 망상과 환각이 1개월 이상 나타날 경우에만 조현병을 추가적으로 진단하게 된다.

★ *표 출처: 권석만(2013). 현대 이상심리학 2판*

'인천 초등학생 살해 사건'은 고교 자퇴생 김 양(17)의 치밀하고 주도면밀한 계획하에 이뤄진 범행이었다. 김 양은 완전범죄를 노리고 수사에 혼선을 주려 했으며, 범행 후에도 죄책감을 찾아볼 수 없었다. 김 양은 학교생활에 잘 적응하지 못했다. 수업시간에는 늘 책상에 엎드려 잠을 잤다. 공부에 별 흥미를 갖지 못했다.

김 양은 특가법상 미성년자 약취·유인 후 살인, 사체손괴·유기 혐의로 구속됐다. 김 양은 "목 졸라 살해했다"는 것을 인정했으나 범행동기에 대해서는 "기억나지 않는다"며 줄곧 모르쇠로 일관했다. 이런 와중에 김 양이 조현병(정신분열)으로 치료받은 전력이 알려졌다. 2011년부터 우울증과 환청·불안 증세 등 정신질환을 앓아왔다는 것이다. 최근까지 병원에서 조현병 상담과 약물치료를 받은 것이 확인됐다.

★ *시사저널(2017). 열일곱살 소녀는 왜 악마가 됐나. https://www.sisapress.com/news/articleView.html?idxno=167729*

8) 파괴적, 충동통제 및 품행장애

1 적대적 반항장애(ODD: oppositional defiant disorder)

적대적 반항장애는 과민성, 화, 반항, 분노가 주된 특징이다. 이 장애는 분노·과민한 기분, 논쟁적·반항적 행동, 보복적 양상이 적어도 6개월 이상 지속되어야 한다. 더불어 ① 자주 욱하고 화를 냄 ② 자주 과민하고 쉽게 짜증을 냄 ③ 자주 화를 내고 크게 분개함 ④ 권위자와의 잦은 논쟁, 아동이나 청소년의 경우는 성인과 논쟁 ⑤ 자주 적극적으로 권위자의 요구나 규칙을 무시하거나 거절함 ⑥ 자주 고의적으로 타인을 귀찮게 함 ⑦ 자주 자신의 실수나 잘못된 행동을 남의 탓으로 돌림 ⑧ 지난 6개월 안에 적어도 두 차례 이상 악의에 차 있거나 앙심을 품는 증상 중 적어도 4가지 이상의 증상이 존재한다. 이러한 증상은 형제나 자매가 아닌 적어도 한 명 이상의 다른 사람과의 상호작용에서 나타나야 한다. 이러한 행동 장해가 개인 자신에게, 또는 자신에게 직접적으로 관련 있는 가족, 또래집단 등에게 고통을 주며, 사회적, 학업적, 직업적, 또는 다른 중요한 기능 영역에서 부정적인 영향을 준다. 적대적 반항장애를 품행장애가 있는 일부 청소년에게 발달적 선행요인으로 보기도 한다.

2 품행장애(conduct disorder)

품행장애는 사람과 동물에 대한 공격, 재산 파괴, 사기 또는 절도, 중대한 규칙 위반 등 다른 사람의 기본적 권리나 사회적 규범을 위배하는 행위를 나타내는 경우를 말한다. 지난 12개월 동안에 〈표 4〉의 품행장애 진단기준에 제시된 15개 기준 중 3개 이상이 나타나야 한다. 그중 1개 이상의 기준은 지난 6개월 이내에 나타나야 한다. 품행장애는 높은 충동성과 공격성이 특징으로 나타나며, 반사회적, 공격적 또는 도전적 행위를 반복적이고도 지속적으로 행하기 때문에 대표적인 비행행동으로 볼 수 있다. 15세 이전에 품행장애가 나타나고 치료되지 않았을 경우 18세 이상의 성인이 되면 반사회성 성격장애로 진행될 가능성이 있기 때문에 적극적인 상담과 치료가 중요하다.

부산 여중생 집단폭행 사건이 보도되면서 소년법 개정에 대한 여론이 들끓고 있다. 잔인하고 용의주도한 1차 폭행에 이어, 2차 폭행의 그 끔찍한 범행 양상은 피해자가 공개한 상처의 사진들과 녹취록 등이 더해지면서 모두를 아연하게 만들었다. 5명의 여중생들이 피해학생을 인적이 드문 공장으로 끌고 가 철골자재, 소주병, 벽돌, 쇠파이프, 칼이나 담배 등을 사용해 폭행을 가했고, 심지어 피해학생을 조롱하며 사진을 찍기도 했다고 한다. 정신과적 평가를 해본다면 가해학생들에게 품행장애 가능성을 의심하기에 별다른 이견이 없을 것으로 보인다.

★ *출처: 정신의학신문-아는 의사(2019). 부산 여중생 집단 폭행사건, 가해자들은 사이코패스인가?. http://www.psychiatricnews.net/news/articleView.html?idxno=6266*

〈표 4〉 품행장애의 진단기준

다른 사람의 기본적 권리나 사회적 규범을 위배하는 행동패턴이 지난 12개월 동안에 다음의 15개 기준 중 3개 이상으로 나타나야 한다. 그중 1개 이상의 기준은 지난 6개월 이내에 나타나야 한다.

사람과 동물에 대한 공격
(1) 자주 다른 사람을 못살게 굴거나, 협박하거나 겁먹게 한다.
(2) 자주 싸움을 건다.
(3) 다른 사람에게 심한 신체 손상을 줄 수 있는 무기를 사용한다.
(4) 사람에게 신체적으로 잔인하게 대한다.
(5) 동물에게 잔인하게 대한다.
(6) 피해자가 보는 앞에서 도둑질을 한다(예: 노상강탈, 지갑 날치기, 강도, 무장강도).
(7) 다른 사람으로 하여금 강제로 성행위를 하게 한다.

재산 파괴
(8) 심각한 파괴를 일으킬 작정으로 고의로 불을 지른다.
(9) 다른 사람의 재산을 고의로 파괴한다(방화에 의한 것은 제외).

사기 또는 절도
(10) 다른 사람의 집, 건물 또는 자동차를 파괴한다.
(11) 물품이나 호의를 취득하거나 의무를 피하려고 자주 거짓말을 한다.
(12) 피해자와 마주치지 않고 사소한 것이 아닌 물건을 훔친다(예: 파괴하거나 침입하지 않고 물건을 사는 체하고 훔치기, 문서위조).

중대한 규칙 위반
(13) 부모가 금지하는데도 자주 외박을 하며, 이는 13세 이전부터 시작되었다.
(14) 부모나 대리 부모와 집에서 같이 살면서 최소한 두 번 이상 가출, 외박을 한다(또는 한 번 가출했으나 장기간 귀가하지 않음).
(15) 무단결석을 자주하며, 이는 13세 이전부터 시작했다.

★ 표 출처: 권석만(2013). 현대 이상심리학 2판

[3] 간헐적 폭발성 장애(intermittent explosive disorder)

간헐적 폭발성 장애는 공격적인 충동을 통제하지 못해서 심각한 행동폭발로 나타난다. 언어적 공격성이 나타날 수 있으며, 반복적인 행동폭발 동안 표현된 공격성의 정도는 심리사회적 스트레스 요인에 의해 나타나는 정도보다 심하게 드러난다. 공격성 폭발은 아주 친한 친구 또는 동료의 사소한 자극에 대한 반응으로 발생하기도 한다. 반복적인 공격적 행동폭발은 개인에게 심한 심리적 고통을 느끼게 하거나 직업적 또는 대인관계 상황에서 문제가 되거나 경제적 또는 법적 문제를 일으키기도 한다.

4 도벽증(kleptomania)

도벽증은 남의 물건을 훔치고 싶은 충동 조절 실패로 인한 반복적인 도둑질의 경우를 말한다. 개인적으로는 쓸모가 없는 물건임에도 훔치기 직전에의 긴장감이 고조되고 훔쳤을 때의 기쁨, 만족감을 느낀다. 이 장애로 인해 사회적, 직업적 기능에 손상을 경험할 수 있다.

5 방화증(pyromania)

방화증은 불을 지르고 싶은 충동 조절 실패로 인한 반복적인 방화행동을 말한다. 방화행동을 하기 전에 긴장감이나 정서적 흥분을 느끼고 불과 관련된 상황에 대한 매혹, 흥미, 호기심을 느끼게 된다.

Part 3.
학교폭력 예방을 위한 생활지도

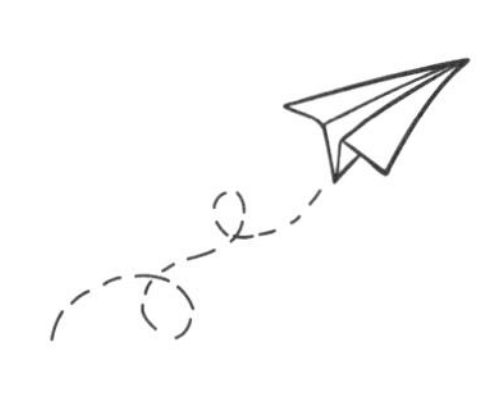

제6장. 생활지도 및 상담이론

1. 생활지도

생활지도(生活指導, guidance)는 학교, 가정, 지역사회에 적응하기 위해 필요한 자기이해와 자기지도를 할 수 있도록 학생을 돕는 과정이다(Miller, 1968). 즉, 학교 내외에서의 자기와 환경을 바르게 이해해 이를 바탕으로 다양한 문제를 스스로 해결하고, 건강한 사회 구성원으로 성장·발달할 수 있도록 생활에 필요한 지식, 기능, 태도, 가치 등의 습득에 조력하는 것을 생활지도라고 할 수 있다. 생활지도는 학교에서의 가르치는 차원과 지도하는 차원에 비중을 두고 있으며 안내하다, 이끌다, 지도하다 등의 넓은 뜻을 가지고 있다. 생활지도의 목적, 원리, 영역, 주요활동을 살펴보면 다음과 같다.

1) 생활지도의 목적

험프리스와 트랙슬러(Humphreys & Traxler, 1954)는 생활지도의 목표를 다음과 같이 제시했다(김충기, 2003).

① 학생의 정확한 자기이해를 돕는다.

② 학생 스스로의 노력으로 자기 능력과 흥미 등 기타 여러 가지 자질을 발견

하고 최대한으로 발전시키도록 돕는다.

③ 수시로 직면하는 자신의 문제를 정확히 파악하고 자력으로 해결할 수 있도록 돕는다.

④ 다양하고 복잡한 생활환경 속에서 각 개인이 현명하게 선택하고 적응할 수 있도록 돕는다.

⑤ 각 개인이 앞으로 보다 건전하게 성장하고 적응할 수 있는 영구적인 기초를 구축하도록 돕는다.

⑥ 각 개인이 신체적·지적·정서적·사회적으로 잘 조화되고 통합된 인생을 즐길 수 있도록 돕는다.

⑦ 학생 각 개인이 소속된 국가 사회에 공헌할 수 있도록 돕는다.

김충기(2003)는 종합적 생활지도 목표를 ① 전인으로서 인간발달의 형성 ② 민주시민으로서의 육성 ③ 학생 개인의 직결된 능력의 이해 및 발견 ④ 현명한 선택과 적응 ⑤ 문제해결능력의 신장으로 제시했다.

김계현 등(2013)은 학교상담과 생활지도의 목적을 ① 전인적 세계시민으로서의 성장 ② 예방 ③ 문제해결력의 신장 ④ 미래의 준비로 제시했다.

본 장에서는 생활지도의 목적을 ① 전인적 세계시민으로서의 성장 ② 개인의 능력 이해 및 발견 ③ 문제해결 능력의 신장 ④ 미래의 준비로 제시하고자 한다.

1 전인적 세계시민으로서의 성장

전인교육이란 인간성의 어느 특정한 부분만이 아니라 지·덕·체를 포함한 전면적인 교육을 뜻한다. 즉, 전인적 교육이란 학생들의 지적, 사회적, 정서적, 신체 및 도덕적인 발달을 모두 포함한다. 학교는 학생들의 지·덕·체 및 사회성을 고르게 발달시킬 수 있도록 지도해야 한다. 전인교육은 시민교육이라는 말로도 표현된다. 사회적 이익과 개인의 이익을 조화시킬 수 있는 태도를 가진 개인이 진정한 의미의 전인이며, 더 나아가 세계시민으로서의 세계화 교육은 생활지도의 중요한 활동이라고 볼 수 있다.

2 개인의 능력 이해 및 발견

생활지도는 자신의 능력을 발견할 뿐 아니라 정확히 이해할 수 있도록 해야 한다. 생활지도의 기본은 자신의 지적, 정서적, 사회적 문제들을 환경과의 상호 관계 속에서 현실적으로 파악할 수 있는 능력을 기르도록 조력하는 과정이다. 자신의 흥미, 능력, 소질을 발견하도록 하고, 이를 합리적으로 살려서 개인으로서 성장·발달하도록 도와야 한다. 학생에 대한 정확한 이해를 위해서는 과학적이고 객관적인 심리조사연구와 활동을 토대로 지속적인 관심과 노력이 필요하다.

3 문제해결 능력의 신장

우리는 일생을 살아가는 동안 질병, 의식주, 학업성취와 진학, 직업 선택, 교우관계, 이성 및 결혼, 성격 및 도덕성, 자녀 지도, 가치관 선택 등 수많은 문제에 직면하게 된다. 이러한 문제들을 어떻게 현명하게 처리하고 적응할 것인가에 대한 현명한 지혜가 필요하고 꾸준한 노력과 인내, 수용과 합리적인 사고와 대처 능력을 키워 가는 것이 필요하다(김충기, 2003).

4 미래의 준비

생활지도는 학생들의 미래 준비를 위한 지도이다. 새로운 직업이 출현하고, 기존 직업이 급속하게 변화하는 시대에 학생들은 자신의 미래를 준비하고 대비해야 한다. 즉, 정보화 시대에 창의적으로 자신의 역량을 개발하고 잠재능력을 향상해 직업인으로서의 준비, 건강한 가정 및 시민의 일원으로 살아가는 준비가 필요하다(김계현 등, 2013).

2) 생활지도의 원리

생활지도의 효과를 기대하려면 무엇보다도 그 계획에 있어서나 목표, 프로그램의 실시와 적용에 있어서 합리적이고 창의적이며 전문성이 있어야 한다. 김충기(2003)는 생활지도의 원리를 다음과 같이 9가지로 제시했다.

① 모든 학생을 그 대상으로 한다.
② 모든 연령층의 학생을 대상으로 한다.
③ 주로 개인의 존엄성과 개성 발달에 초점을 둔다.
④ 강제가 아니고 협동적 방향으로 이루어져야 하며, 학교교육의 통합된 일부가 되어야 한다.
⑤ 자아발견과 자기발전을 북돋아주고 자율적인 지도능력을 기본으로 삼는다.
⑥ 치료나 교정보다 예방에 역점을 두어야 한다.
⑦ 과학적 근거에 기초한 판단에 역점을 두고 있다.
⑧ 참되고 진정한 사랑에 기초한 지도를 중시한다.
⑨ 처벌보다 선도 내지 지도가 선행되어야 한다.

3) 생활지도 영역

교육은 전인적인 영역에 관심을 갖기 때문에 생활지도는 모든 영역에 관련되어 있다. 김충기(2003)는 생활지도의 영역을 교육지도, 직업지도, 성격지도, 건강지도, 사회성 지도, 여가선용지도, 도덕지도, 종교지도로 구분했다. 본 장에서는 생활지도 영역을 김충기(2013)의 구분을 토대로 교육지도, 진로지도, 성격지도, 건강지도, 사회성지도, 여가지도, 도덕성지도로 제시했다.

1 교육지도

입학 전 활동, 신입생 오리엔테이션(orientation), 학생에 관한 이해, 진학 및 진로지도 등으로 그 문제별 기능에 따라 교육에 관한 영역을 다룰 수 있다.

2 진로지도

생활지도 활동 중 진로지도는 큰 비중을 차지하고 있다. 수많은 직업을 계통별로 묶은 직업군을 지도하고, 발단단계별로 초등학교에서는 진로인식단계, 중학교에서는 진로탐색단계, 고등학교에서는 진로준비단계, 대학교에서는 진로전문화 단계로 구분해 지도할 수 있다. 자신에 대한 보다 정확한 이해, 직업세계에 대한 이해, 합리적인 의사결정능력, 정보탐색 및 활용 능력, 일과 직업에 대한 올바른 가치관 및 태도 형성 등 직업 적성지도, 의사결정, 진학지도와 정보 제공, 추후지도 및 기타 직업에 관한 제 문제지도를 포함한다.

3 성격지도

성격지도란 개인의 인성·심리적인 문제로서 정서적 불안, 욕구불만, 정신건강, 신경과민, 개인적 습관과 태도 등 개인적 부적응, 심리적 부적응 문제에 관한 지도를 말한다. 교과시간, 창의적 체험학습, 특별활동 시간 등을 활용해 이루어지는 인성교육을 포함한다.

4 건강지도

건강지도는 신체적 결함, 비만관리, 운동 부족, 위생관념, 영양식 등 주로 신체적 건강과 정서적 건강을 위한 지도를 말한다.

5 사회성지도

사회성지도란 대인관계를 통해 자기를 성장·성숙시킬 수 있는 방법을 지도하는 것이다. 인간존중의 습관형성, 의사전달 방법, 이성교제, 부모와 자녀와의 관계, 교우관계 등에 대한 지식 전달과 훈련을 통해 사회인으로서의 원만한 적응과 창의적인 활동을 전개해 잠재력을 향상시키는 방법을 지도한다.

6 여가지도

여가란 학업이나 노동 등의 업무나 수면, 휴식, 식사 등의 생명을 유지하기 위해 보내는 때 이외의 시간이며, 직접적인 만족을 보장받지 않더라도 자유롭게 추구되는 것이다. 여가지도는 주된 기능인 휴식, 즐거움, 개인적인 발달로, 학교나 사회에서 개인이 자유로운 시간을 유용하게 이용할 수 있도록 하는 지도이다.

7 도덕성지도

도덕은 사회를 이루고 살아가는 인간이 그들의 자연적·사회적·인간적 욕구와 욕망을 조화롭게 충족시키기 위해 지켜야 하는 행위의 규범이다. 도덕성을 기르고 정서를 순화시킴으로써 사회생활에 적응하는 건전한 인격을 갖추도록 하는 지도가 도덕성지도이다.

4) 생활지도의 주요 활동

생활지도 활동(guidance service)은 학생조사활동, 정보활동, 상담활동, 정치활동, 추수활동의 다섯 가지 주요 활동으로 구성된다. 이와 같은 활동의 전반적인 요점을 제시하면 다음과 같다(김충기, 2003).

1 학생조사활동

학생조사활동(student inventory service)은 학생이해활동(student appraisal service)이라고도 할 수 있다. 이는 학생들의 현재나 미래 활동에 대한 정확한 판단을 목적으로 학생에 관한 정보를 수집하는 과정으로, ① 사정과 필요의 인식 ② 필요한 결정과 판단의 인식 ③ 결정의 구체화 ④ 판단의 구체화 ⑤ 정보수집 ⑥ 정보의 분석과 해석 ⑦ 사정결과의 보고 ⑧ 평가와 피드백의 8단계를 거쳐 수행된다(Pietrofesa et al., 1980; 김충기, 2003, 재인용). 주로 표준화 검사, 비표준화 검사를 통해 학생의 인적사항을 파악함으로써 학생을 이해하고 생활지도에 이용할 수 있다.

2 정보활동

정보활동(information service)은 학생들이 필요로 하는 각종 정보와 자료를 제공해 학생들의 개인적 발달과 사회 적응에 도움을 주는 제공활동이다. 정보활동으로는 교육정보, 직업정보, 개인적·사회적 정보 등이 있다.

③ 상담활동

상담활동(counseling service)은 생활지도활동의 중핵적인 활동이다. 학생조사활동과 정보활동을 통해 수집하고 분석된 종합적인 자료와 정보를 근거로, 상담자와 내담자와의 관계에서 상담면접의 기술과 상호작용을 통해 목적 있는 전문적 대화를 전개하는 것이다.

④ 정치활동

정치활동(placement service)이란 상담의 결과를 통해 학생들을 적재적소에 배치하는 활동이다. 취업지도, 진학지도, 진급지도, 교과지도, 제반 적응지도 등에 있어서 자신과 진로를 정확하게 이해하고 자기 자신의 배치를 현명하게 선택할 수 있도록 조력하는 것이다.

⑤ 추수활동

추수활동(follow-up service)은 사후지도라고도 하며, 정치활동의 결과 학생들이 적재적소에 잘 적응하고 있는지 확인하고, 학업이나 취업 및 직무수행, 진학과정에서의 적응상태를 보살피며, 부적응에 대한 조력과 보다 나은 적응활동을 위해 재배치하는 활동이다.

2. 상담이론

생활지도의 활동 중 가장 중핵적인 활동은 상담활동이라고 볼 수 있다. 상담이란, 전문적으로 훈련받은 상담자가 도움을 받고 싶은 내담자와의 상호작용을 통해 문제의 예방, 해결 및 성장을 돕는 활동이다. 학교의 생활지도에서 이루어지는 상담은 학교 현장에서 교사가 학생과의 친밀한 관계를 형성해 학생들에게 발생할 수 있는 문제를 예방하고, 직면하고 있는 문제를 해결할 수 있도록 조력하며, 성장과 발달을 돕는 활동이라고 할 수 있다. 길을 찾아갈 때 방향을 알고 가는 것이 필요한 것처럼, 상담의 장면에서 상담 방향을 제시해 줄 수 있는 것이 상담이론이다. 본 장에서는 대표적인 상담이론의 인간관, 주요 개념, 상담목표, 상담기법을 간략하게 제시했다. 교사가 학생을 이해하기에 적합하다고 판단되는 이론을 충실히 공부해 학생을 만나게 될 때 학생은 더 많은 도움을 받을 수 있을 것이다.

1) 정신분석상담

정신분석상담은 프로이트(Freud, 1856-1939)에 의해 창시되었다. 프로이트는 체코슬로바키아에서 출생했으며 유년기에 오스트리아로 이주했다. 물리학·생리학·동물학 등 다방면의 전문적 공부를 했고, 신경과 의사로 활동했다. 정신건강이나 병리의 문제에 관해 과학적인 관점에서 원인을 탐색하고 해결책을 모색하고자 했다.

1 인간관

프로이트는 인간을 대부분 의식적이기보다는 무의식적으로 행동하는 존재, 어떤 행동이 인간의 마음 안에서 우연히 일어나는 것이 아니고 행동에는 반드시 그 원인이 있다는 결정론적 존재, 기본적인 생물학적 충동과 본능을 만족시키려고 하는 욕망에 의해 동기화되는 생물학적인 존재로 보았다.

2 주요개념

① 의식구조

가. 의식(consciousness)

의식은 개인이 항상 지각하고 있는 기억·사고·정서 경험 등을 아는 것으로, 우리의 의식구조상 적은 부분을 차지하고 있다.

나. 전의식(preconsciousness)

전의식은 평소에는 의식하지 못하나 주의를 기울이면 기억되는 것으로, 무의식의 내용을 의식으로 연결하는 교량 역할을 한다.

다. 무의식(unconsciousness)

무의식은 인간 정신의 심층에 잠재된 부분으로 의식구조상 가장 많은 부분을 차지하고 있으며, 자각하려는 노력에도 불구하고 쉽게 의식되지 않는 것이다. 인간의 행동을 결정하는 데 많은 영향을 미친다.

② 성격구조

가. 원초아(id)

원초아는 비논리적이고, 도덕관념이 없고, 본능적 욕구 만족을 추구하는 쾌락원리에 의해 지배를 받는다. 심리적 에너지의 최초 원천으로 본질적인 체계로서 본능을 포함하고 있다. 원초아는 대부분 인식되지 않으며, 무의식적이다.

나. 자아(ego)

자아는 성격의 조직적이고 합리적이며 현실지향적인 체계로서, 원초아의 맹목적 충동을 억제하고 통제하는 현실의 원리에 의해서 지배를 받는다. 자아는 의식과 무의식의 세계에 존재하며 약 1세경 원초아의 일부로부터 발달한다.

다. 초자아(superego)

초자아는 어떤 행위의 선과 악을 구분하는 도덕 원리에 의해 지배를 받는다. 초자아는 현실이 아닌 이상을 나타내며 완벽을 추구한다. 부모와 다른 사람들이 어린이에게 가르쳐 준 사회의 가치와 도덕의 내면화된 표상이므로, 그 사회의 전통적인 가치나 이상을 나타낸다. 의식과 무의식의 세계에 존재하며 약 3세경 이후 자아로부터 발달한다.

③ 불안

불안은 원초아, 자아, 초자아 사이의 갈등으로 인해 생기게 되며 행동을 동기화한다. 또한 위험에 대한 경고이기도 하다. 불안은 현실적 불안, 신경증적 불안, 도덕적 불안으로 나타난다.

가. 현실적 불안

실제적인 불안으로 자아가 일반적인 외부 요인에서 느껴지는 위험에 대한 불안이다. 예로, 눈길에서 미끄러지는 것에 대한 불안, 높은 곳에 서 있을 때 떨어지는 것에 대한 불안이다.

나. 신경증적 불안

개인의 내부에서 원초적인 욕구를 지나치게 억압하면 무의식의 원초아 세력이 강해져서 의식으로 침범하게 된다. 이러한 경우처럼 신경증적 불안은 자아가 원초아의 세력을 조절하지 못함으로써 강렬한 욕망과 감정을 통제할 수 없을 것 같은 두려움을 느끼게 되는 것이다.

다. 도덕적 불안

자아는 초자아와의 갈등으로 인해서 도덕적 규범이나 부모가 소중하게 여기는 것을 위배하는 것에 대한 두려움을 느낄 수 있는데 이것을 도덕적 불안이라고 한다.

④ 방어기제(defense mechanism)

우리는 대체적으로 타인이 공격해 오면 그대로 노출되어 무기력하게 공격당하지만은 않는다. 그 공격에 대해 방어하게 되는데, 방어기제는 심리적인 공격에서 비롯되는 불안을 감소하기 위해 무의식적으로 작동하는 자아의 기능이다. 방어기제는 무조건 병적행동으로 볼 수 없으며 일상생활에서 불편감이 생기지 않을 정도의 수준이라면 정상적인 행동으로 볼 수 있다. 방어기제들은 현실을 왜곡시키며, 무의식의 수준에서 일어나는 특징이 있다.

가. 억압(repression)

위협적이고 고통스러운 욕망이나 생각 또는 경험을 의식에서 무의식으로 몰아냄으로써 감정적 갈등이나 내외적인 스트레스를 처리한다. 죄책감이나 수치심을 느꼈던 일, 혹은 자존심에 상처가 됐던 일일수록 억압의 대상이 된다. 예로, 가정폭력·성폭력·학교폭력 등 감당하기 힘든 괴로웠던 사건을 기억하지 못하는 경우이다.

나. 투사(projection)

개인이 자신의 용납할 수 없는 생각, 감정 반응 등의 면을 타인의 탓으로 돌림으로써 감정적 갈등이나 내외적인 스트레스를 처리한다. 예로, 자신이 기분 나쁠 때 다른 사람이 웃는 것을 비웃는 것으로 생각하거나, 도끼병·피해망상·관계망상 등이 해당된다.

다. 치환(displacement)

치환은 대치라고도 불리며 강한 감정을 일으키는 상황을 겪은 이후, 보다 안전한 상황에 감정을 표출하는 것이다. 예로, 엄마에게 혼나고 길을 가다가 엉뚱하게 길에 있는 깡통을 발로 차는 행동이다.

라. 합리화(rationalization)

욕구 충족이 어려운 상황에서 그 이유를 받아들이기보다는 자신에게 유리하게 해석하는 것으로, 자신의 생각·행동 또는 감정의 진실한 동기를 숨김으로써 감정적 갈등이나 내외적인 스트레스를 처리한다. 합리화의 기제에는 신포도 기제와 단 레몬 기제가 있다. 자신이 바라던 것을 얻지 못했을 때, 신포도 기제는 그 상황을 평가절하하는 것이고, 단 레몬 기제는 과대평가하는 것이 해당된다. 예로, 공부를 열심히 했는데도 성적이 원하는 만큼 나오지 않았을 때 '이번 시험이 너무 어려웠다'라고 말하는 것은 신포도 기제로 볼 수 있으며, '이 성적이면 괜찮아'라고 말하는 것은 단 레몬 기제라고 볼 수 있다.

마. 부인(denial)

부인은 부정이라고도 하며, 위협적 현실을 인정하지 않고 거부하는 것을 말한다. 예로, 자녀가 심각한 병에 걸렸음에도 불구하고 부모가 인정하지 않는 것이 해당된다.

바. 승화(sublimation)

해로운 감정이나 충동을 사회적으로 용납될 수 있는 행동으로 변형시켜 표현함으로써 감정적 갈등이나 내외적인 스트레스를 처리하는 것을 말한다. 예로, 공격성이 강한 학생이 권투나 격렬한 운동을 함으로써 공격성을 긍정적으로 해소하는 것이 해당된다.

사. 동일시(identification)

자신보다 우월하거나 강하다고 생각하는 사람을 닮아 가거나 삶을 그대로 따라 하는 것을 말한다. 예로, 청소년들이 좋아하는 가수나 연예인의 머리모양이나 웃을 따라 하는 것이 동일시에 해당된다.

아. 반동형성(reaction formation)

용납할 수 없는 생각이나 감정 등을 정반대의 행동이나 생각·감정으로 대치한다. 예로, 우리나라 속담 중 '미운 놈 떡 하나 더 준다'가 해당된다.

자. 퇴행(regression)

현재가 만족스럽지 못하고, 어려움에 처했을 때 관심과 애정을 받았던 과거로 돌아가고자 하는 것이다. 예로, 동생이 태어나자 소변을 통제하지 못함으로써 부모의 관심을 끄는 행위가 해당된다.

⑤ 성격발달의 단계

프로이트는 심리성적 에너지, 리비도가 집중적으로 표출되고 만족을 얻는 신체부위의 변화에 따라 5단계인 구강기(Oral Stage, 생의 첫 1년), 항문기(Anal Stage, 1세에서 3세), 남근기(Phallic Stage, 3세에서 6세), 잠복기(Latency Stage, 6세에서 12세), 생식기(Genital Stage, 12세 이후로 사춘기의 시작에서부터 성인이 되기 직전)의 심리성적 발달단계를 제시했다.

3 상담 목표 및 상담자의 역할

프로이트의 정신분석 상담의 목표는 억압된 무의식적 갈등을 의식화해 성격구조를 수정하고, 본능의 충동에 따르지 않고 현실에 맞게 행동하도록 자아를 강화하는 것이다. 이를 위해 상담자는 내담자로 하여금 과거의 경험과 그때그때의 감정들을 자유롭게 표현할 수 있도록 격려한다. 꿈과 자유연상의 의미를 추론하고, 전이·저항을 다루며 해석함으로써, 내담자가 문제를 통찰하고, 자신에 대해 이해할 수 있도록 한다. 또한 내담자가 통찰을 통해 이해한 것을 현실 생활에 적용할 수 있도록 격려하는 역할을 한다.

4 상담기법

① 자유연상

내담자가 떠오르는 것을 그대로 표현하게 하는 기법으로 무의식적 소망, 동기,

갈등 등을 의식화하는 데 사용한다. 상담자는 내담자의 증상과 관련되어 보이는 무의식적 자료들을 끌어내어 해석하므로 의식하지 못했던 소망, 동기, 갈등을 통찰하도록 한다. 내담자가 편하게 자유연상을 할 수 있도록 정신분석 상담가들은 카우치(couch)라는 소파를 이용하고 있다.

② 해석

꿈, 자유연상, 저항, 상담관계에서 나타난 내담자가 자각하지 못하고 있는 행동의 의미를 내담자에게 해석해 주는 것을 말한다. 사전에 내담자와 상담자의 충분한 친밀감이 형성되었을 때 사용하는 것이 적절하고, 방어되고 있는 내용보다 방어를 먼저 다루는 것이 효과적이다. 예로, '저는 친구가 필요 없어요. 혼자서도 잘 지내고 있는 걸요'라는 내담자의 말에 '너는 혼자서도 잘 지낸다고 말하지만, 친구가 떠날지도 모른다는 두려움에 친구 사귀는 것을 꺼리는 것은 아닐까?'라는 반응이 해당된다.

③ 꿈의 분석

꿈에는 개인의 무의식적인 소망과 욕구, 두려움이 포함되어 있기 때문에 꿈을 무의식으로 가는 왕도라고 했다. 꿈을 해석해 내담자의 무의식적인 소망과 욕구, 두려움 등을 깨닫게 함으로써 내담자의 증상의 의미나 상태를 알게 한다. 내담자로 하여금 해결되지 않은 문제들에 대한 통찰을 얻게 하는 기법 중 하나이다.

④ 저항의 분석

저항은 내담자가 상담의 진전이라든지, 무의식적 내용 표현을 방해하는 모든 것을 말한다. 예로 지각, 결석, 과제 안 해오기, 무례한 행동, 중요하지 않은 얘기하기, 거부하기 등이 있다. 상담자는 내담자의 저항을 인식하면, 이에 대한 해석을 통해 내담자의 저항의 원인을 자각시키고 인식하도록 도와야 한다.

⑤ 전이의 분석

전이란 내담자가 부모나 중요한 타인과의 경험에서 느꼈던 감정과 갈등을 상담자에게 투사하는 현상이다. 전이는 내담자의 무의식이 의식화되는 것으로 전이 분석은 내담자로 하여금 과거의 영향이 어떻게 작용하는지 통찰하게 한다.

2) 행동주의 상담

행동주의 상담은 인간의 관찰·측정 가능한 행동에 초점을 두고 있다. 따라서 상담의 효과 및 진전 정도를 객관적으로 평가하는 것을 중요하게 보았다. 행동주의자들은 현재 나타나는 모든 행동이 과거의 학습에 의해서 이루어진 결과로 보았으며, 그 행동을 지속시키는 환경적인 자극이 있음을 강조했다.

행동주의 상담은 초기에 인간행동을 자극-반응 기제에 의해 설명했으나, 점차적으로 인지적인 부분을 포함하는 방향으로 발전했다. 파블로프(Pavlov)는 무조건자극과 무조건반응에 관해 조건자극과 무조건자극의 연합으로 조건자극에 대한 조건반응을 유발하는 고전적 조건형성을 연구했다. 다음으로 스키너(Skinner)는 스키너 상자실험을 통해 행동이 조작되어 가는 과정을 설명했다. 조작적 조건형성 과정에서 강화는 중요한 학습의 변인으로, 이전까지는 행동을 유발하는 자극에 학습의 주안점을 두었다면 스키너는 행동의 결과에 의해 특별한 행동을 조성하고 유지시키는 것에 주안점을 두었으며, 행동의 결과로서 얻는 강화를 강조해 학습이론을 전개했다. 반두라(Bandura)는 사회적 학습을 강조했으며, 사회적 관찰에 의한 학습·모델링·상징을 통한 대리적 학습을 제시했다. 모방의 주요 결정요인은 주의·동기·파지·동작의 재생산에 의해 이루어진다.

1 인간관

초기의 행동주의자들은 인간의 행동이 자연현상과 마찬가지로 일정한 법칙성을 지니고 있다고 가정했다. 인간의 행동은 여러 가지 변인들에 의해 결정되므로, 이 변인들과 행동을 지배하는 법칙을 밝혀낼 수 있다면 인간의 행동도 예언하고 수정할 수 있다는 입장이다. 따라서 행동주의 상담에서 바라보는 인간은 환경에 반응하는 중립수동적 존재이며, 인간의 행동은 유전과 환경의 상호작용으로 나타나고, 인간의 행동은 학습된 것이므로 수정 가능하다고 보았다.

2 주요개념

① 소거

무조건자극이 조건자극과 연합되지 않음으로써 조건자극을 주어도 조건반응이 더 이상 일어나지 않는 것을 말한다.

② 자극일반화

조건형성되었을 때의 조건자극과 비슷한 자극에 조건반응이 일어나는 것을 말한다. 어린아이가 벌에 쏘인 경험을 예로 들어서 설명하면 다음과 같다. 어린아이가 벌에 쏘이면(무조건자극) 아이는 울거나 소리를 지르는 행동(무조건반응)을 하게 된다. 이후, 벌을 보거나 비슷한 벌레(조건자극)를 보았을 때 고통으로 울게 된다면(조건자극) 벌과 유사한 반응을 하게 되므로 자극일반화되었다고 볼 수 있다. 속담 '자라 보고 놀란 가슴 솥뚜껑 보고 놀란다'와 비슷한 맥락이다.

③ 자극변별

자극변별은 자극일반화와 정반대의 현상을 말한다. 자극일반화에서 예를 든 어린아이가 성장하며 벌이 아닌 다른 벌레들에 의해서는 아무런 고통을 받지 않게 되고, 동시에 벌에 쏘이는 경험을 가끔 되풀이하게 되면서 벌과 다른 벌레에 대한 아이의 반응은 차이가 발생한다. 이렇게 벌과 다른 벌레에 대한 자극변별이 학습된다.

④ 강화

강화는 어떤 반응이 일어날 확률을 증가시키기 위해 자극과 자극 또는 반응과 자극을 짝짓는 것이다. 강화의 주요 개념에는 정적강화와 부적강화, 강화계획이 있다.

정적강화는 특정반응이 일어난 다음에 특정자극이 주어짐으로써 특정반응이 일어날 확률을 증가시키는 자극을 말한다. 예로, 학생이 숙제를 해왔을 경우 칭

찬해주는 자극을 줌으로써 숙제를 해오는 횟수를 증가시키는 것이다.

부적강화는 특정반응이 일어난 다음에 특정자극이 제거됨으로써 특정반응이 일어날 확률을 증가시키는 자극이다. 예로, 학생이 숙제를 해오면 화장실 청소를 면제해 줌으로써 숙제를 해오는 빈도를 증가시키는 것이다.

강화계획은 강화자극을 얼마나 많이, 얼마나 자주, 그리고 언제 사용하는가의 문제를 계획하는 것을 말한다. 시간에 따라 고정간격강화, 변동간격강화가 있으며, 비율에 따라 고정비율강화, 변동비율강화가 있다.

3 상담 목표 및 상담자의 역할

행동주의 상담의 목표는 내담자의 행동에 대한 이해와 평가를 바탕으로 체계적인 계획에 따라 행동변화를 유도하는 것이다. 즉, 내담자가 잘못 학습되었다고 생각되는 행동을 소거하거나, 바람직하고 효과적이라고 생각되는 행동의 학습에 도움이 되는 조건을 찾아내어 이러한 조건을 조성하려고 노력하는 것이다.

상담자는 내담자가 과거에 학습한 부적절한 행동습관을 파악하고 직접적이고 적극적인 개입을 통해 내담자의 행동변화를 조력한다. 이에 내담자와 협력관계를 맺고 적극적·지시적 역할을 하게 된다.

4 상담 기법

① 이완훈련

이완훈련은 두려움과 불안문제를 구성하는 자율적 각성의 경험을 감소시키는 전략이다. 특정한 이완행동에 참여하는 개인은 자율적 각성에 반대되는 신체반응을 하게 된다. 이완훈련은 근육의 긴장을 감소시키고 심장박동과 호흡을 느리게 하면서 손을 따뜻하게 한다. 이완훈련 절차로 점진적 근육이완, 횡경막 호흡, 주의집중 연습, 행동이완훈련이 있다(Miltenberger, 2001, 안병환 등 역, 2007).

② 체계적 둔감법

체계적 둔감법은 특정장소·사람·동물·물건 등에 대한 공포 및 불안을 극복시키기 위해 이완훈련과 함께 많이 사용되는 방법이다. 점진적 이완훈련을 받고, 불안 유발 자극의 위계목록을 만든 다음, 불안 장면에 대해 차례로 둔감화 훈련을 받게 된다. 예로, 뱀을 두려워하는 내담자에게 뱀에 대한 두려움의 낮은 수위부터 높은 수위까지 목록(예: 그림, 동영상, 우리에 있는 뱀, 실제로 봄, 실제로 만짐 등)을 만들게 하고, 점차적으로 낮은 수위부터 노출해 뱀에 대한 두려움을 줄이는 것을 말한다.

③ 혐오치료

문제행동을 유발하는 자극을 혐오스러운 성질의 것으로 바꾸어 습관적 반응을 줄이는 방법이다. 과거에는 혐오자극으로 전기충격의 극단적인 방법을 사용하기도 했다. 알코올중독자의 경우, 구토제가 혐오자극으로 쓰이기도 한다. 상담 장면에서는 자극 대신에 상담자의 지시에 따라 혐오스러운 장면이나 자극을 반복적으로 상상하도록 하는 방법이 될 수 있다.

④ 프리맥의 원리

프리맥의 원리는 더 좋아하는 활동을 통해 덜 좋아하는 활동을 강화하는 것이다. 예로, 축구를 좋아하는 학생이 과제를 하기 싫어할 때, 일정 과제를 하면 1시간 동안 축구를 할 수 있도록 해줌으로써 과제를 하게 하는 기법이다.

⑤ 타임아웃

타임아웃은 긍정적 강화를 받을 기회를 박탈하는 것으로, 수업시간에 떠드는 학생에게 잠시 벽을 보고 서 있도록 함으로써, 떠드는 행위를 정지시키는 것이다.

⑥ 행동 조성

바람직한 행동을 여러 단계로 나누어 강화시킴으로써, 점진적으로 바람직한 행동에 접근하도록 유도하는 방법이다.

⑦ 모델링

모델링은 내담자가 변화하고 싶은 특정 행동에 대해 다른 사람이 행동하거나 참여하는 것을 관찰한 후에 유사한 행동을 더욱 쉽게 수행하게 되는 것을 말한다. 영화 및 비디오 모델링을 통해서도 이루어질 수 있다.

⑧ 토큰 경제

토큰 경제는 구조화된 상담 환경 혹은 교육적 환경 내에서 드물게 나타나는 내담자의 바람직한 행동을 강화하고 바람직하지 않은 행동을 감소시키는 기법으로, 내담자가 바람직한 행동을 했을 때 주어지는 점수가 토큰이다. 내담자와 상담자가 합의해 제공하는 교환 강화물은 토큰을 지불함으로써만 얻을 수 있다.

⑨ 홍수법

홍수법은 개인이 연장된 기간 동안 충분한 강도로 두려움 자극에 노출되는 절차이다. 처음에 개인은 두려움 자극이 있을 때보다 높아진 불안을 경험하지만 시간이 지나면서 수동적 소거의 과정을 통해 불안수준이 감소한다. 예를 들어, 개에 대한 두려움이 있는 내담자가 상담자와 방에 앉아 긴 시간 동안 개와 함께 있게 된다. 함께하는 동안 개가 물거나 놀라게 하는 행동을 하지 않는 것을 통해 연장된 시간을 극복할 수 있고 더 이상 불안을 야기하지 않는다. 홍수법은 전문가에 의해서만 수행되는 것이 바람직하다(Miltenberger, 2001, 안병환 등 역, 2007).

3) 인간중심상담

인간중심상담은 로저스(Carl R. Rogers, 1902-1987)에 의해 체계화되었다. 그는 미국 일리노이주의 오크 파크에서 5남 1녀 중 넷째로 태어났다. 이 상담기법은 비지시적 상담으로 불리었다가 내담자 중심기법 이후, 인간중심상담으로 사용하게 되었다. 로저스는 공감적 이해, 무조건적 긍정적 존중, 일치성을 효과적인 심리치료의 필수요건으로 보았다.

□ 인간관

로저스는 인간 능력에 대해 낙관적 관점을 가졌다. 인간은 본질적으로 선하고 신뢰로운 존재라고 보았다. 또한, 인간은 자기실현화 경향성(self actualizing tendency)을 가지고 있기 때문에 더 나아지기 위해 노력하는 존재라고 보았다.

더불어 인간은 합리적, 건설적, 협동적인 미래지향적 존재라고 보았다.

[2] 주요 개념

① 유기체

개체는 각 요소가 조합된 하나의 유기체이다. 로저스는 인간을 생각, 행동, 신체, 감정 등이 조합된 유기체로 보았다. 따라서 인간은 독특한 개성, 무한한 잠재적 능력이 있다고 보았다.

② 자기

자기는 내담자가 외적 대상을 지각·경험하면서 의미를 부여하는 존재다. 로저스는 자기개념을 두 가지 기본 측면에서 실제적 자기(real self)와 이상적 자기(ideal self)로 구분했다. 실제적 자기는 내담자가 지각하는 자신의 현 실체이다. 이상적 자기는 개인적으로 최고의 가치를 부여하는 지각과 의미가 포함된 내담자가 가장 소유하고 싶은 자기개념이다. 자기는 개인의 전체적인 현상학적 장으로부터 분화된 부분이라고 할 수 있다.

③ 자기실현 경향성

로저스의 자기실현 경향성(self actualizing tendency)은 유기체를 유지하고 증진시키려는 방향을 말한다. 자기실현 경향성은 자아를 유지·향상·실현화시키는 경향성에 의해 동기화된다.

④ 가치의 조건화

인간은 실현 경향성을 가진 존재로서 긍정적 존중에 대한 욕구와 공감적으로 이해받고 싶은 욕구가 있다. 따라서 인간은 중요한 타인 또는 부모의 인정을 받고 싶어 한다. 그러한 과정 속에서 부모의 가치조건이 내면화된다. 그것이 자기개념을 형성하는 데 기초가 되기도 한다. 이렇게 형성된 자기개념과 유기체의 경험이 일치되면, 잠재력을 발견하고 실현하게 된다. 하지만 자기개념과 유기체의 경험이 불일치할 경우, 심리적 문제를 경험하고 심리적 부적응이 나타나게 된다.

⑤ 충분히 기능하는 사람

충분히 기능하는 사람(a fully functioning person)은 최적의 심리적 적응, 심리적 성숙, 완전한 일치, 경험에 완전히 개방되어 있는 사람을 말한다. 충분히 기능하는 사람은 자유롭고, 과정 지향적이며, 계속적으로 변화하는 사람으로, 인간중심 상담의 목표가 바로 이 충분히 기능하는 사람이다.

3 상담 목표 및 상담자의 역할

인간중심상담의 상담 목표는 가치의 조건화에 따른 왜곡된 지각과 감정을 수정해 개인의 자아실현 경향성을 발현하도록 분위기와 조건을 조성한다. 최종적으로는 충분히 기능하는 사람이 되도록 조력하는 것이다.

상담자는 상담 장면에서 조건화를 하지 않고 무조건적 긍정적 존중, 공감적 이해, 상담사의 일치성과 솔직성을 통해 내담자의 진정한 자기개념을 형성할 수 있도록 돕는다.

4 상담 기법

(1) 공감적 이해

공감적 이해(empathic understanding)는 내담자의 경험과 감정의 의미를 내담자가 된 것처럼 느끼고 이해하는 것이다. 로저스(Rogers, 1975)는 공감적 이해가 성격 변화를 촉진하는 데 가장 큰 영향을 미친다고 했다. 공감적 이해를 위해서는 진심에서 우러나는 무조건적 긍정적 존중이 선행되어야 한다.

(2) 무조건적 긍정적 존중

무조건적 긍정적 존중(unconditional positive regard)은 내담자가 나타내는 감정이나 행동 등을 판단 없이 그대로 수용(acceptance)해 내담자를 존중하는 것이다. 보통 무조건적 긍정적 수용이라고도 한다. 이는 내담자의 지위, 경제상황, 학력 등 어떠한 것과 상관없이 그냥 있는 그대로 그 사람을 인정하는 것이다.

(3) 일치성

일치성(congruence)은 상담자가 내담자와의 상담관계에서 경험하는 자신의 감정이나 태도를 숨기려 하지 않고 솔직하게 인정하고 표현하는 것이다. 상담실을 찾는 내담자는 유기체의 자기경험과 자기개념과의 불일치(incongruence) 상태에 놓여 있다. 이들은 작은 일에도 상처받을 수 있거나 불안한 상태이다. 상담자 또한 완전한 인간이라고 볼 수는 없기 때문에 충격적인 내담자의 사건에 대해 놀라고 당황하기도 하며, 실망하거나 조언하고 싶어 한다. 이때 내담자는 상담자의 기대에 맞추기 위해 자기를 조건화하게 되는 일이 발생할 수 있기 때문에 주의를 요한다.

4) 합리적정서행동상담

합리적정서행동상담은 임상심리학자인 엘리스(Ellis, 1913-2007)에 의해 발전된 인지행동상담 이론 중의 하나이다. 초기에는 합리적치료(Rational Therapy; RT)로 명명했다가 합리적정서치료(Rational-Emotive Therapy; RET)로 명명했다. 이후 최종적으로 합리적정서행동치료(Rational Emotive Behavior Therapy; REBT)로 명명했다.

1 인간관

합리적정서행동상담에서는 '모든 것은 생각하기에 달렸다'라는 기본 관점을 가지고 있다. 엘리스는 내담자의 비합리적인 사고경향이 인간의 선천적 성향과 사회환경적 조건으로 인해서 형성되어 있기 때문에 적극적이고 지시적인 개입이 필요하다고 보았다. 예로, 성적저하라는 동일한 스트레스 상황에서 한 학생은 좌절·낙담·절망감·자포자기할 수 있지만, 다른 한 학생은 좌절과 낙담 후 다른 학습 방법 찾기, 학원 다니기 등의 다른 기술 방법을 습득하고자 한다. 이때 첫 번째 학생은 성적저하라는 스트레스 사건을 극복 불가능한 파국적 사건으로 생각했기 때문에 절망할 수밖에 없다면, 두 번째 학생은 대처 가능한 부정적 사건 중의 하나 정도로만 생각했기 때문에 적응적인 대처 노력을 포기하지 않는 것이다.

2 주요 개념

① 비합리적 신념

사람들이 정서적 문제를 겪는 이유는 일상생활에서 겪는 구체적인 사건들 때문이 아니라 그 사건을 합리적이지 못한 방식으로 지각하고 받아들이기 때문이다. 사람들은 이와 같은 비합리적 신념을 스스로 계속 유지하고 확인함으로써 느끼지 않아도 될 불쾌한 정서를 만들어 내고 유지한다. 사람들이 가지고 있는 11가지 비합리적 신념은 다음과 같다(Ellis, 1989; 천성문 등, 2015, 재인용).

- 나는 내가 만나는 모든 사람에게 사랑이나 인정을 받아야 한다고 생각한다.
- 나는 완벽할 정도로 유능하고 합리적이며, 가치 있고 성공한 사람으로 인식되어야 한다.
- 나쁘고 사악하고 악랄한 사람들은 반드시 비난과 벌을 받아야 한다.
- 내가 원하는 대로 일이 되지 않는 것은 내 인생에서 큰 실패를 의미한다.
- 불행은 내가 통제할 수 없는 상황에 의해 발생하므로 이로 인한 슬픔과 고통은 통제할 수 없다.
- 위험하거나 두려운 일들이 내게 일어나 큰 해를 끼칠 것이 항상 걱정된다.
- 특정 난관이나 책임은 부딪쳐 해결하려 하기보다 피하는 것이 더 쉽다.
- 나는 다른 사람들에게 어느 정도는 의존해야 하며 나를 돌봐줄 수 있는 사람들이 주위에 있어야 한다.
- 과거의 영향은 결코 사라지지 않고 과거의 경험과 사건들은 현재 나의 행동을 결정한다.
- 나는 다른 사람들의 문제나 고통을 나 자신의 일처럼 아파해야 한다.
- 모든 문제에는 완벽한 해결책이 있으므로 그 해결책을 찾아야 한다. 그렇지 않으면 결국 큰 혼란이 생길 것이다.

합리적 신념과 비합리적 신념의 구분으로는 첫째, 융통성이다. '모든, 항상, 반드시, 꼭, 결코, 당연히 ~이어야만 한다'는 것은 비합리적 신념의 대표적인 예이다. 두 번째는 현실성이다. 신념이 현실적으로 타당하지 않으면 비합리적 신념으로 볼 수 있다. 세 번째는 기능적 유용성으로, 사람들이 가진 생각이 현실을 행복하게 사는 데 얼마나 도움이 되는지를 볼 수 있다.

② ABC 모델

심리 및 행동의 문제를 다음 [그림 1]처럼 나타낼 수 있다. 선행사건(activating event)이 발생했을 경우, 신념체계(belief system)에 따라 정서 및 행동의 결과(consequence)가 다르게 나타날 수 있다. 합리적인 신념을 가지고 사고하는 사람은 상황에 따른 적절한 정서와 그로 인한 행동 결과가 나타난다. 하지만 비합리적 신념을 가지고 사고하는 사람은 상황에 부적절한 정서와 그로 인한 부적절한 문제 행동으로 나타난다.

[그림 1] ABC 모델에 따른 정서 및 행동

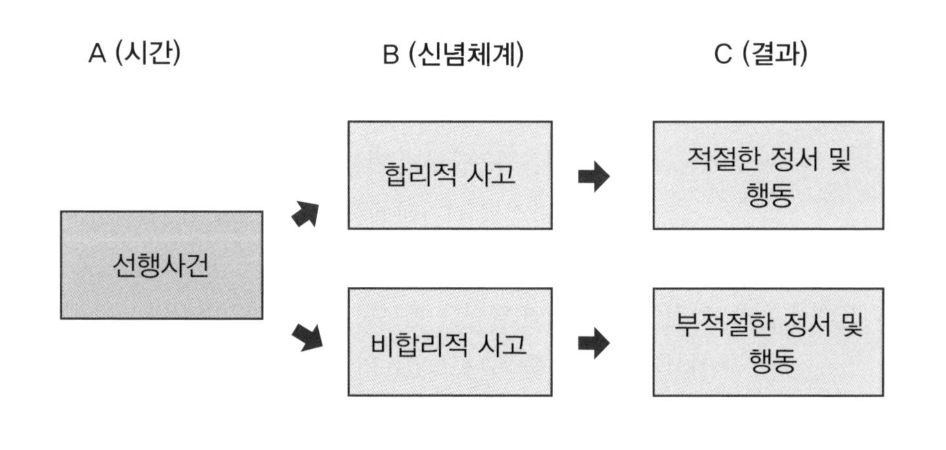

③ 상담 목표 및 상담자의 역할

합리적정서행동상담의 상담 목표는 내담자가 정서적 고통과 자기패배적인 행동을 줄여서 자신의 잠재능력을 효율적으로 발휘하고 나아가 더 행복한 존재가 되도록 돕는 것이다(권석만a, 2014).

이를 위해서 상담자는 내담자가 합리적으로 사고함으로써 적절한 감정을 느끼고 행복한 삶의 목표를 달성할 수 있도록 돕고, 적극적·지시적 역할을 한다.

④ 상담기법

① 비합리적 신념 논박하기

비합리적 신념 논박하기는 내담자의 비합리적 신념을 반박해, 사건에 대해 내담자가 느끼는 지각과 자기 진술을 자각하도록 하는 것이다. 대표적으로 소크라테스식 문답법으로서 다음과 같은 다섯 가지 유형의 질문을 통해서 내담자의 변화를 유도한다(Gandy, 1995; 권석만a, 2014, 재인용).

- 논리적 논박: 그런 신념이 타당하다는 논리적 근거는 무엇인가? 그렇게 생각하는 것은 논리적인 비약이 아닌가?
- 경험적 논박: 그런 신념이 타당하다는 사실적 또는 경험적 근거는 무엇인가? 그렇게 생각할 만한 현실적인 근거가 있는가?
- 실용적/기능적 논박: 그런 신념은 당신이 추구하는 목적을 달성하는 데 도움이 되는가? 당신의 기분을 좋게 만드는 데 도움이 되는가? 당신의 인간관계를 긍정적으로 만드는 데 어떤 도움이 되는가?
- 철학적 논박: 그런 신념이 과연 당신을 행복하게 하는가? 당신의 인생에 있어서 어떤 의미를 지니고 있는가?
- 대안적 논박: 이 상황에서 좀 더 타당한 대안적인 신념은 없는가? 당신의 삶을 효과적으로 만드는 합리적인 신념은 무엇인가?

② 합리적 정서 심상법

상담자는 내담자가 현재 정서 및 행동에 문제가 되고 있는 문제 상황을 떠올리도록 해 구체적이고 고통스러운 감정을 명명하게 하고, 이후 고통스러운 감정을 합리적인 수준의 건강한 부정적 정서를 바꿀 수 있도록 함으로써, 내담자의 건강한 정서와 그렇지 못한 정서를 구별하게 하고 적응적인 생각을 할 수 있도록 조력한다.

③ 수치심 깨뜨리기 연습

내담자들에게 수치심을 극복하기 위해 많은 사람들 앞에서 다양한 행동을 해보도록 하는 것이 수치심 깨뜨리기이다. 이 행동의 경우, 비도덕적이고 불법적이어서 다른 사람에게 피해를 주지 않는 수준에서 시도하는 것이 적절하다. 예를 들어, 거리에서 노래 부르기 등이 있다.

④ 역설적 과제

내담자들이 고치고 싶어 하는 문제를 역설적으로 해보도록 하는 것이다. 즉, 사람들 앞에서 발표를 꺼리는 내담자에게 많은 사람 앞에서 이야기해 보도록 하는 것이다. 역설적 기법은 전문적으로 훈련된 상담자에 의해서 실시되는 것이 바람직하다.

제7장. 학교폭력의 조기감지 및 평가방법

1. 학교폭력의 조기감지의 중요성

학교폭력은 직접적인 영향을 받는 가해학생, 피해학생뿐만 아니라 부모, 교사, 관련 학생 및 주변 관계자까지도 상처와 후유증을 남기게 된다. 따라서 학교폭력이 심화되기 전에 학교폭력의 징후를 조기감지하고 신속하고 적극적인 개입을 통해 예방하는 것이 최선의 방법이라고 할 수 있다.

학교폭력 조기감지란 학생들의 행동이나 교실 분위기 등을 보고 학교폭력이라고 느끼어 알게 되는 것이다. 학교폭력이 감지된 경우, 학교장에게 보고해야 하며(법률 제20조제4항), 학교장은 지체 없이 전담기구 또는 소속 교원으로 하여금 사실여부를 확인하도록 해야 한다(법률 제14조제3항). 학교는 학교폭력 예방을 위해 학교전담 경찰관과 협력한다(교육부 등, 2018).

하지만 피해학생, 가해학생은 자신이 학교폭력을 당하고 있다는 것을 쉽게 신고하거나 알리는 것을 주저할 수 있다. 교사는 적극적인 학생 관찰과 개인상담, 평가를 통해 학생들의 학급생활의 어려움과 적응 상태를 파악해 문제행동을 사전에 파악하고 개입하는 것이 중요하다.

피해학생, 가해학생 및 주변학생에 대한 관찰 및 학교폭력 조기감지에 따른 조사 요령은 다음과 같이 진행될 수 있다(교육부 등, 2018).

1 피해학생 관찰

피해학생이 학교폭력으로 신체적, 심리적 또는 정서적으로 어떠한 어려움을 겪고 있는지를 파악한다.

2 가해학생 관찰

가해학생이 특정학생 또는 다수의 학생을 어떠한 형태로 괴롭히고 있는지 확인한다. 그리고 가해학생이 반 내에서 다른 학생들과 어떤 관계를 형성하고 있는지 등을 파악한다.

3 주변학생 관찰

학교폭력과 관련해 피해를 입거나 가해하고 있는 학생들은 더 없는지, 학교폭력 사안에 어떻게 연루되어 있는지 확인한다. 또한 목격학생 및 주변학생들의 불안감 등에 관련한 심리상태는 어떠한지 등에 대해 파악한다.

4 학교폭력 조기감지에 따른 조사 요령

교사가 학교폭력 사안을 인지했을 때, 가해학생에게 교사가 학교폭력 사실을 알고 있다는 것을 너무 성급히 이야기하면 피해학생 및 주변학생들을 더 괴롭힐 위험이 있으므로 직접적으로 이야기하는 것보다는 신중한 접근이 필요하다. 가해학생이나 피해학생에 대해 학교생활이나 교우관계 등을 물어 보며, 최근 생활정도·적응정도를 확인한다. 반장, 회장 등의 학급 임원이나 학생회 임원에게 교실 분위기나 관련 학생들에 대해 자연스럽게 물어 본다. 학급 내 집단따돌림과 같은 학교폭력 사안을 교사가 인지하고 학생들 간의 관계구도를 파악하기 위해 검사, 진단 평가, 관찰법, 면접법 등의 다양한 평가방법을 활용할 수 있다.

2. 학교폭력 조기감지 및 평가방법

1) 검사, 진단 평가를 통한 학교폭력 조기감지

학교폭력 조기감지를 위한 검사, 진단 평가로는 학교폭력 실태조사, 또래 평정(peer rating)에 의한 사회 측정 검사, 또래 지명(peer nomination)에 의한 사회 측정 검사, 학교폭력 관련자 역할 질문지, 학급 단위 학교폭력 조기 감지 질문지, 학교폭력 조기감지를 위한 자기진단 체크리스트(교사용, 학부모용), 학생정서·행동특성검사 등을 활용할 수 있다.

1 학교폭력 실태조사

학교폭력 실태조사는 2012년부터 전국의 초등학교 4학년부터 고등학교 3학년 재학생을 대상으로 실시되고 있다. 주요 내용으로는 학교폭력 피해·가해·목격 경험, 예방교육 효과 등이 포함되며, 온라인 조사(학교폭력 실태조사 홈페이지, http://survey.eduro.go.kr)를 통해 실시된다.

2018년도부터는 조사체계의 한계를 극복하고, 최근 사이버폭력 증가 등 변화하는 학교폭력 양상에 적극 대응하며, 그간 운영하면서 제기된 학교현장의 부담 및 조사의 문제점 등을 개선하기 위해, 전수조사 2회에서 전수조사 1회(학년 초)와 표본조사 1회(학년 말)로 개편되었다. 전수조사는 학교폭력 발생률을 조사해 학교폭력 예방 및 신고를 위한 자료로 활용된다. 표본조사는 학교폭력 세부 실태 및 발생 메커니즘을 파악할 수 있는 조사를 통해 정책 수립 및 모니터링의 기초자료로 활용된다.

2 또래 평정(peer rating)에 의한 사회성 측정 검사

학급 아동 각각이 학급 구성원 각각에 대해 가지고 있는 선호의 정도를 인기아, 거부아, 무시아, 의문아, 평균아의 5단계로 평정하는 방법이다.

[3] 또래 지명(peer nomination)에 의한 사회성 측정 검사

학급 아동 각자에게 사회성을 알아보기 위해 다음과 같은 사회성 관련 예시를 제시하고 측정한다. '3년쯤 걸리는 긴 우주여행에 승무원으로 함께 떠나고 싶은 친구 세 사람을 학급 구성원 중에서 선택하시오', '자신의 생일파티에 초대하고 싶지 않은 세 사람을 학급 구성원 중에서 선택하시오'

[4] 학교폭력 관련자 역할 질문지

학교폭력과 관련이 있는 역할, 즉 가해학생, 동조학생, 강화학생, 방어학생, 방관학생, 피해학생 관련 질문을 묻고, 질문에 따른 학생을 지명하도록 하는 방법이다. 질문지 형식은 다음의 〈표 1〉과 같다.

[5] 학급 단위 학교폭력 조기감지 질문지

학급 단위 학교폭력 조기감지 질문지는 학교폭력 예측 요인을 기초로 5점 척도(친한 친구 수 제외)로 제작되었다. 질문지에 학생 개인이 답변한 내용을 가지고 직간접적인 요인을 나누어서 개인 점수와 평균 점수(학급, 학년)를 산출해 비교한 결과로 학생 개인상담, 학급 분위기 파악, 교사 본인의 지도력을 평가해 학급운영에 기초자료로 활용할 수 있다(문용린 등, 2012). 질문지 형식은 다음의 〈표 2〉와 같다.

〈표 1〉 또래 괴롭힘 역할 관련 질문지

지난 1년 동안 우리 반에서 어떤 친구가 괴롭힘을 당했던 상황을 생각해 보고 그때 우리 반 친구들 행동에 대해서 답해 주세요. 여학생은 여자 친구들에 대해서만, 남학생은 남자 친구들에 대해서만 이름에 표시하면 됩니다. 자신의 이름에는 표시하지 않으며 수에는 제한이 없으므로 한 사람의 이름을 여러 번 표시할 수 있습니다.

1. 누군가를 괴롭히는 일이 생길 때, 먼저 괴롭히는 행동을 시작한다.
2. 괴롭히는 아이들에게 그만하라고 말한다.
3. 다른 아이들도 괴롭히는 행동을 같이 하도록 끌어들인다.
4. 반 친구를 못살게 굴 새로운 방법을 찾는다.
5. 괴롭힘을 당하는 친구를 위로하거나 "괴롭힘을 당한 것에 대해서 선생님께 이야기해 보면 어떨까" 하고 말한다.
6. 괴롭히는 일이 생길 때 누구의 편도 들지 않는다.
7. 누군가 괴롭힘을 당하는 일이 생길 때 보통 그 자리에 없는 편이다.
8. 친구가 어떤 아이를 괴롭힐 때 '조수' 같은 역할을 한다.
9. 친구가 다른 아이를 괴롭힐 때 일을 도와주고, 가끔은 괴롭힐 만한 아이를 찾아내기도 한다.
10. 누군가 괴롭힘을 당하고 있어도 그것과 상관없이 지낸다.
11. 누군가 괴롭힘을 당하고 있으면 구경하려고 근처로 온다.
12. 다른 아이가 괴롭히기 시작하면 자신도 옆에서 같이 괴롭힌다.
13. 괴롭힘을 당하는 것을 보면서 웃는다.
14. 괴롭히는 행동을 그만하게 하기 위해 노력한다.
15. 친구가 어떤 아이를 괴롭힐 때 "본때를 보여 줘"라고 말하며 옆에서 거든다.

★ 표 출처: 차윤희(2005). 또래 괴롭힘 상황에서 학령기 아동의 역할과 사회적 이해

〈표 2〉 학급 단위 중심 학교폭력 조기 감지 질문지

영역	내용	질문내용
폭력적인 학교환경	신체폭력	우리 반에 친구를 때리는 아이가 있다
	따돌림	우리 반에 왕따가 있다
	언어폭력	나는 우리 반 친구에게 심한 욕이나 기분 나쁜 말을 한 적이 있다
		우리 반 친구가 듣기 싫어하는 별명을 부르거나 놀린 적이 있다
위험 행동 신호	비행	친한 친구 중에 노는 아이가 있다
		다른 친구에게 돈을 뺏거나 괴롭히라고 시키는 친구가 있다
		약물(본드, 가스) 또는 담배나 술을 하는 친구가 있다
		무단 결석하는 친구가 있다
	가해-피해 경험	나는 친구를 때린 적이 있다
		나는 친구에게 맞은 적이 있다
		나는 다른 아이를 따돌린 적이 있다
		나는 다른 아이에게서 따돌림을 받은 적이 있다
	인터넷 과다 사용	인터넷 때문에 숙제를 못 한 적이 있다
		인터넷을 많이 해서 부모님에게 혼난 적이 있다
		인터넷을 많이 해서 손, 목, 어깨, 허리가 아프다
		인터넷 사용 때문에 친구와 약속을 어긴 적이 있다
	폭력 매체 (영화·게임)	야한 영화, 동영상, 사진을 본 적이 있다
		내용이 좋은 영화보다 싸우고 부수고 스피디한 영화가 재미있다
성격문제	공격성 충동성 성향	나는 흥분을 잘 한다
		나는 고칠 점을 지적받으면 짜증이 난다
		내가 잘한 일에 대해 평가가 나쁘면 노발대발한다
		나는 몹시 속상할 때 누군가를 때리고 싶어진다
	스트레스	선생님에게 인정을 받지 못해서 스트레스를 받는다
		공부한 만큼 성적이 나오지 않아서 스트레스를 받는다
		학교에 있으면 스트레스를 받는다
		친구들의 인정을 받지 못해서 스트레스를 받는다

자아	자아 존중감	나는 나 자신을 사랑한다 나는 모든 일에 자신이 있는 편이다 나는 내가 할 수 있는 일에 최선을 다한다 나는 친구들에게 인기가 있다
교사관계	교사의 지도 및 교사 선호도	담임선생님이 나를 인정하고 신뢰한다고 느낀다 나는 어려운 일을 당하면 선생님에게 말하겠다 나는 담임선생님을 존경한다 담임선생님은 우리 반 아이들을 차별 없이 공평하게 대해 주신다
가정	부모와의 관계	부모님은 나의 걱정이나 두려움을 함께 나누어 준다 나는 부모님과 사소한 일이라도 이야기를 자주 한다 부모님은 자신의 생각이나 느낌을 나에게 이야기하신다 나는 부모님을 존중한다
교우관계	사회적 기술	내가 먼저 말을 꺼내서 나는 친구를 쉽게 사귄다 나는 어려운 일이 있을 때 친구나 선생님에게 도움을 청한다 책상을 깨끗하고 단정하게 유지한다 학급 회의에 적극적으로 참여한다
	학급 선호도	즐겁게 느낀다 우리 반에 소속된 것을 만족하게 생각한다 우리 반 친구들은 내 이야기를 잘 들어준다 우리 반 친구들은 어려운 친구를 잘 도와준다
	친한 친구 수	과학 시간에 세 명씩 조를 만든다면, 함께 조가 되고 싶은 친구 세 명의 이름은 무엇인가 내가 힘든 일을 당했을 때 말하고 싶은 친구는 몇 명인가

★ 표 출처: 문용린 등(2013). 학교폭력 예방과 상담, '장맹배, 학급 내 학교폭력 조기 감지 및 상담 방법'

6 학교폭력 조기감지를 위한 자기진단 체크리스트(교사용, 학부모용)

학교폭력 조기감지를 위한 자기진단 체크리스트로 교사용과 학부모용이 있다. 그중 다음의 〈표 3〉과 같은 교사용 학교폭력 조기감지를 위한 체크리스트로 교사는 학급 내 학교폭력 실태를 확인해 조기에 감지할 수 있다. 담임교사가 체크한 문항의 수가 평균 7개 이하일 경우에는 그 학급을 저위험 집단으로 분류할 수 있고, 평균 7개 이상에 해당될 경우에는 고위험 집단으로 분류할 수 있다(박명진, 2006; 김종운, 2013, 재인용).

〈표 3〉 학교폭력 조기감지를 위한 체크리스트

다음 중 학급 내에서 발생하는 문제에 체크해 주세요.
____ 학생들이 수업 시간을 엄수하지 않는다.
____ 학생들 간에 언어폭력이나 신체폭력이 일어나고 있다.
____ 학교규칙을 위반하는 학생이 있다.
____ 결석을 자주 하는 학생이 있다.
____ 학교 물건을 파손하는 학생이 있다.
____ 물건을 도둑맞는 경우가 종종 있다.
____ 학생들 간에 힘 싸움이 있다.
____ 옷이 자주 망가지는 학생이 있다.
____ 안색이 안 좋고 평소보다 기운이 없어 보이는 학생이 자주 있다.
____ 친구가 시키는 그대로 따르는 학생이 있다.
____ 주변의 학생이 험담을 해도 반발하지 않는 학생이 있다.
____ 성적이 갑자기 떨어지는 학생이 있다.
____ 비싼 옷이나 운동화 등을 자주 잃어버리는 학생이 있다.
____ 몸에 다친 상처나 멍 자국이 발견되고, 물어보면 그냥 넘어졌다거나 운동하다 다쳤다고 말하는 경우가 있다.
____ 교과서나 일기장에 '죽어라' 또는 '죽고 싶다' 같은 폭언이나 자포자기 식의 표현이 있다.

★ 표 출처: 박명진, 2006; 김종운, 2013, 재인용

⑦ 학생정서·행동특성검사

학생정서·행동특성검사는 초등학교 1학년과 4학년, 중학교 1학년, 고등학교 1학년 대상이다. 초등학교는 학부모가 질문에 응답하며, 중·고등학교는 학생이 직접 참여한다. 초등학생은 CPSQ-II를 실시하며, 개인 성격특성, 위험문항, 외부요인, 정서행동문제, 기타 요인을 측정한다. 개인 성격특성으로는 성실성, 자존감, 개방성, 타인이해, 공동체의식, 사회적 주도성 부문을 측정하고, 위험문항으로는 학교폭력 피해를, 외부요인으로는 부모자녀관계를 측정한다. 정서행동

문제요인으로는 집중력부진, 불안·우울, 학습·사회성 부진, 과민·반항성을, 기타요인으로는 전반적 삶의 질, 상담경험, 지원 선호도를 측정한다.

중·고등학생은 AMPQ-Ⅲ를 실시하며, 개인 성격특성, 위험문항, 정서행동 문제요인 및 기타요인을 측정한다. 개인성격특성으로는 성실성, 자존감, 개방성, 타인이해, 공동체의식, 사회적 주도성을 측정하고, 위험문항으로는 학교폭력 피해, 자살 관련한 사항을 측정한다. 정서행동 문제요인으로는 심리적 부담, 기분문제, 불안문제, 자기통제 부진을 측정하고, 기타요인으로는 전반적 삶의 질, 상담경험, 지원 선호도를 측정하게 된다.

학생정서·행동 총점이 기준점수 이상인 관심군의 경우는 학교 내 지속관리 및 전문기관 의뢰 등 2차 조치가 이루어진다. 검사 결과 자살위험 및 학교폭력 피해문항 응답학생은 담당교사(상담, 생활지도, 자살예방관리 등)에게 연계하고 심층평가 및 필요한 조치가 이루어질 수 있도록 하고 있다.

〈표 4〉 학생정서·행동특성검사

초등학생	
CPSQ-II(Child Personality and Mental Health Screening Problems Screening Questionnare, Second Version)	
유형	내용
개인 성격 특성	내적: 성실성, 자존감, 개방성 외적: 타인이해, 공동체의식, 사회적 주도성
위험 문항	학교폭력피해
외부 요인	부모자녀관계
정서 행동 문제 요인	집중력부진: 주의력결핍, 과잉행동장애(ADHD), 품행장애
	불안·우울: 불안장애, 우울증, 심리적 외상 반응, 신체화 성향, 강박 성향
	학습·사회성부진: 언어장애 및 사회적 의사소통장애, 학습장애, 지적장애, 자폐스펙트럼장애, 강박성향 등
	과민·반항성: 우울증, 기분조절장애, 반항장애, 품행장애
기타	전반적 삶의 질, 상담경험, 지원 선호도
황준원 등(2016), 교육부	

중고등학생	
AMPQ-III(Adolescent Peronality and Mental Health Problems Screening Questionnaire, Third Version)	
유형	내용
개인 성격 특성	내적: 성실성, 자존감, 개방성 외적: 타인이해, 공동체의식, 사회적 주도성
위험 문항	학교폭력피해
	자살관련: 자살사고, 자살계획
정서 행동 문제 요인	심리적 부담: 자해, 자살, 학교폭력피해, 피해의식, 관계사고, 반항경향, 폭식
	기분문제: 우울증, 기분조절장애, 조울증 등의 기분장애, 신체화 성향, 강박 성향
	불안문제: 시험 및 사회적 상황 등에 대한 공포증, 강박성향, 심리적 외상 반응, 환청, 관계사고
	자기통제부진: 학습부진, 주의력결핍 과잉행동장애, 품행장애, 인터넷 또는 스마트폰 중독
기타	전반적 삶의 질, 상담경험, 지원 선호도
황준원 등(2016), 교육부	

[그림 1] **학생정서·행동특성검사 관리 흐름도**

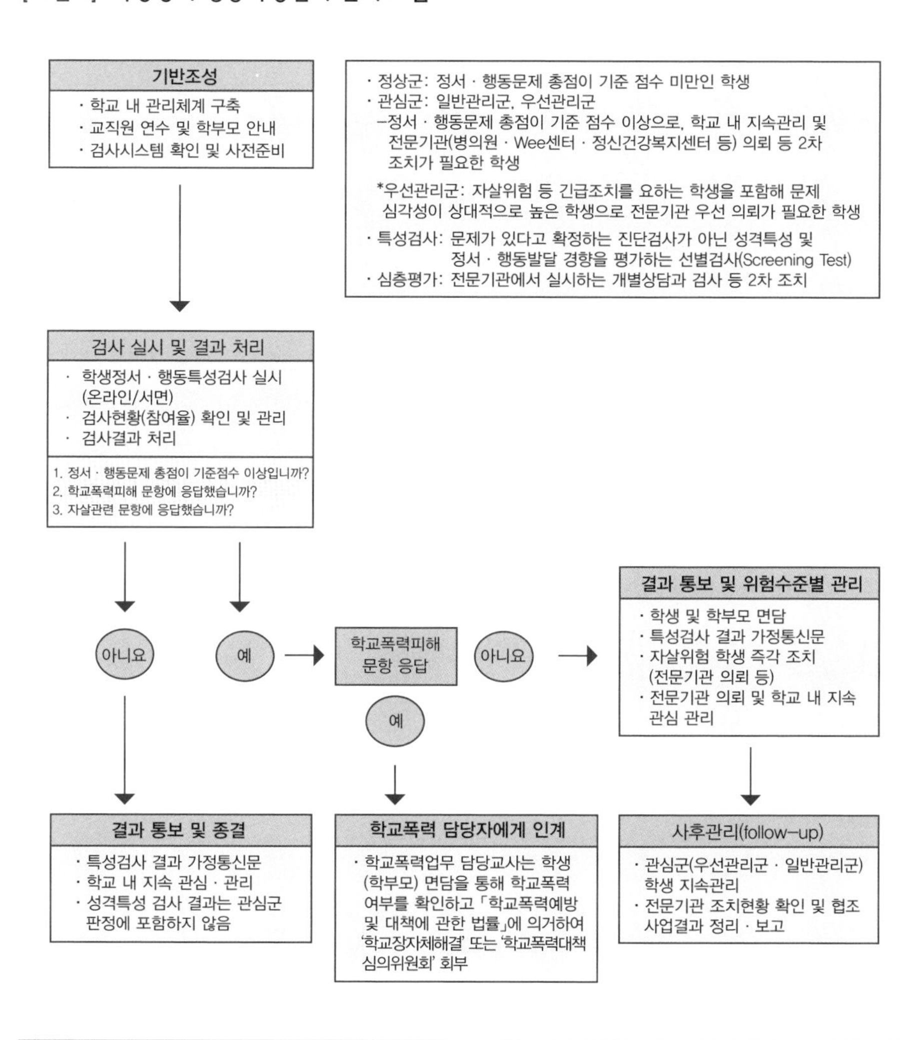

★ *그림 출처: 교육부 학생건강정책과 등(2020). 2020 학생정서·행동특성검사 및 관리 매뉴얼*

학교폭력 피해 관련에 분명히 응답한 학생자료는 학교폭력 담당자에게 인계하고, 학교폭력업무 담당교사는 학생(학부모) 면담을 통해 학교폭력 여부를 확인하고 「학교폭력예방 및 대책에 관한 법률」에 의거하여 '학교장자체해결' 또는 '학교폭력대책심의위원회'에 회부 조치를 한다.

2) 관찰을 통한 학교폭력 조기감지

학교폭력과 관련된 문제행동의 징후는 가정과 학교에서 관심을 갖고 관찰하면 나타나는 여러 가지 정서와 행동으로 나타난다. 학교폭력이 더 심화되기 전에 예방 및 개입이 중요하다. 이에 학생들의 행동을 주의 깊게 살펴보고 학생의 작은 변화에도 민감하게 반응하고 대처할 필요가 있다.

[1] 피해학생 조기감지 단서

학교폭력 피해학생을 조기감지할 수 있는 단서로 특히 학교 및 가정에서 발견할 수 있는 단서들은 다음과 같다(교육부 등, 2018; 김광수, 2013). 단, 피해학생의 단서들은 징후의 여부를 결정짓는 필수 요소가 아니기 때문에 징후를 파악한 후, 충분한 관찰과 면담 후 피해 여부의 판단이 필요하다.

〈표 5〉 피해학생의 징후

관찰 주체	피해학생의 징후
가정	● 늦잠을 자고, 몸이 아프다 하며 학교 가기를 꺼린다. ● 성적이 갑자기 혹은 서서히 떨어진다. ● 안색이 안 좋고 평소보다 기운이 없다. ● 학교생활 및 친구관계에 대한 대화를 시도할 때 예민한 반응을 보인다. ● 갑자기 짜증이 많아지고 가족이나 주변 사람들에게 폭력적인 행동을 한다. ● 멍하게 있고, 무엇인가에 집중하지 못한다. ● 밖에 나가는 것을 힘들어하고, 집에만 있으려고 한다. ● 쉽게 잠에 들지 못하거나 화장실에 자주 간다. ● 학교나 학원을 옮기는 것에 대해서 이야기를 꺼낸다. ● 용돈을 평소보다 많이 달라고 하거나 스마트폰 요금이 많이 부과된다. 또한 스마트폰을 보는 자녀의 표정이 불편해 보인다.

가정	〈사이버폭력 피해 징후〉 ● 불안한 기색으로 정보통신기기를 자주 확인하고 민감하게 반응한다. ● 단체 채팅방에서 집단에게 혼자만 반복적으로 심리적 공격을 당한다. ● 용돈을 많이 요구하거나 온라인 기기의 사용요금이 지나치게 많이 나온다. ● 부모가 자신의 정보통신기기를 만지거나 보는 것을 극도로 싫어하고 민감하게 반응한다. ● 온라인에 접속한 후, 문자메시지나 메신저를 본 후에 당황하거나 정서적으로 괴로워 보인다. ● 사이버상에서 이름보다는 비하성 별명이나 욕으로 호칭되거나 야유나 험담이 많이 올라온다. ● SNS의 상태글귀나 사진 분위기가 갑자기 우울하거나 부정적으로 바뀐다. ● 컴퓨터 혹은 정보통신기기를 사용하는 시간이 지나치게 많다. ● 잘 모르는 사람들이 자녀의 이야기나 소문을 알고 있다.
학교	● 특정 아이를 빼고 이를 둘러싼 아이들이 이유를 알 수 없는 웃음을 짓는다. ● 교복 등에 낙서나 욕설이나 비방이 담긴 쪽지가 붙어 있다. ● 평상시와 달리 수업에 집중하지 못하고 불안해 보인다. ● 교과서가 없거나 필기도구가 없다. ● 자주 준비물을 챙겨 오지 않아 야단을 맞는다. ● 교과서와 노트, 가방에 낙서가 많다. ● 코피나 얼굴에 생채기가 나 물어보면 괜찮다거나 별일 아니라고 한다. ● 종종 무슨 생각에 골몰해 있는지 정신이 팔려 있는 듯이 보인다. ● 지우개나 휴지, 쪽지가 특정 아이를 향한다. ● 자주 점심을 먹지 않거나, 점심을 혼자 먹을 때가 많고 빨리 먹는다. ● 친구들과 어울리기보다 교무실이나 교과전담실로와 선생님과 어울리려 한다. ● 자기 교실에 있기보다 이 반, 저 반 다른 반을 떠돈다. ● 친구들과 자주 스파링 연습, 격투기 등을 한다. ● 같이 어울리는 친구가 거의 없거나, 소수의 학생과 어울린다. ● 교실 안보다 교실 밖에서 시간을 보내려 한다. ● 자주 지각을 하거나 무단결석을 한다. ● 자신의 집과 방향이 다른 노선의 버스를 탄다. ● 다른 학생보다 빨리 혹은 아주 늦게 학교에서 나간다. ● 학교 성적이 급격히 떨어진다. ● 이전과 달리 수업에 흥미를 보이지 않는다. ● 수련회, 수학여행 및 체육대회 등 학교행사에 참여하지 않는다. ● 작은 일에도 예민하고 신경질적으로 반응한다.

2 가해학생 조기감지 단서

학교폭력 가해학생을 조기감지할 수 있는 단서로, 학교 및 가정에서 발견할 수 있는 단서들은 다음과 같다(교육부 등, 2014, 2018). 단, 가해학생의 단서들은 징후의 여부를 결정짓는 필수 요소가 아니기 때문에 징후를 파악한 후, 충분한 관찰과 면담 후 피해와 가해 여부의 판단이 필요하다.

〈표 6〉 가해학생의 징후

관찰 주체	가해학생의 징후
가정	• 부모와 대화가 적고, 반항하거나 화를 잘 낸다. • 친구관계를 중요시하며 귀가시간이 늦거나 불규칙하다. • 다른 학생을 종종 때리거나, 동물을 괴롭히는 모습을 보인다. • 과도하게 자존심이 강하다. • 성미가 급하고, 충동적이며 공격적이다. • 자신의 문제 행동에 대해서 이유와 핑계가 많다. • 옷차림이나 과도한 화장, 문신 등 외모를 과장되게 꾸며 또래 관계에서 위협감을 조성한다. • 폭력과 장난을 구별하지 못해 갈등상황에 자주 노출된다. • 평소 욕설 및 친구를 비하하는 표현을 자주한다. • SNS상에 타인을 비하, 저격하는 발언을 거침없이 게시한다.
학교	• 친구들이 자신에 대해 말하는 걸 불편해한다. • 교사가 질문할 때 다른 학생의 이름을 대면서 그 학생이 대답하게 한다. • 교사의 권위에 도전하는 행동을 종종 나타낸다. • 자신의 문제 행동에 대해서 이유와 핑계가 많다. • 성미가 급하고, 충동적이다. • 화를 잘 내고, 공격적이다. • 친구에게 받았다고 하면서 비싼 물건을 가지고 다닌다. • 자기 자신에 대해 과도하게 자존심이 강하다. • 작은 칼 등 흉기를 소지하고 다닌다. • 등·하교 시 책가방을 들어주는 친구나 후배가 있다. • 손이나 팔 등에 종종 붕대를 감고 다닌다.

3) 면접법

면접법은 관련 학생과 면대면으로 만나서 질문하고 학교폭력 관련 사실을 확인하고 도움을 줄 수 있는 방법이다. 기존에 정보를 수집한 검사, 진단 평가, 관찰한 내용을 기초로 하면 더욱 구체화될 수 있다. 학교폭력의 상황을 가장 직접적으로 확인할 수 있는 방법이면서도 교사의 질문과 태도에 따라 면접 대상자의 저항이 생길 수도 있기 때문에 주의를 기울여야 한다.

① 학교폭력 피해학생 면접

피해학생에게 피해사실을 알리지 않고 혼자서 해결하려고 하면 할수록 상황이 더 어렵고 힘들어질 수 있다는 것을 인지시킨다. 신고하는 것은 자신을 지키는 정당한 행동임을 안내하고, 신고방법, 신고 이후의 진행 절차 등을 안내하고 현재의 피해상황을 벗어날 수 있도록 돕는다.

◐ 피해학생 면접 시 질문 예시

- 누가 괴롭힘을 했는가?
- 얼마나 자주 괴롭힘을 당했는가?
- 주로 어디에서 괴롭힘을 당했는가?
- 어떤 형태로 괴롭힘을 당했는가?
- 괴롭히는 학생들이 주로 요구하는 것은 무엇이었는가?
- 괴롭힘을 벗어나기 위해 도움을 요청한 사람이 있는가? 있다면 누구인가? 어떤 도움을 받았는가?
- 현재 어떤 도움이 필요한가?
- 어떤 변화를 원하나?
- 변화를 위해 노력한 것은 무엇이었는가?
- 지금부터 변화를 위해 필요한 것은 무엇이라고 생각하는가?

[2] 학교폭력 가해학생 면접

가해학생이 학교폭력을 행하는 원인을 알고, 그 원인을 해결할 수 있는 방안을 찾아본다. 자신의 행동이 타인에게 미치는 영향과 「학교폭력예방 및 대책에 관한 법률」 및 청소년 관련 법률에 제시된 징계 및 처벌 등에 대해 안내한다. 보복 및 협박 시 징계 수위가 가중될 수 있음을 알린다. 도움을 받을 수 있는 방법을 안내한다.

◐ 가해학생 면접 시 질문 예시

- 괴롭힌 학생은 누구인가?
- 괴롭힌 이유는 무엇 때문인가?
- 얼마나 자주 괴롭혔는가? 주로 어디에서 괴롭혔는가?
- 괴롭히기 직전에 드는 생각은 무엇인가?
- 괴롭히고 나서 이후의 느낌과 생각은 무엇인가?
- 본인에게 어떤 도움이 필요한가?
- 도움을 요청한 사람이 있는가? 있다면 도움을 준 사람은 누구인가? 어떤 도움을 받았는가?
- 본인은 어떻게 변화하기를 원하나?
- 변화를 위해 노력한 것은 무엇인가?
- 변화를 위해 지금부터 어떤 노력이 필요한가?

[3] 학교폭력 목격학생 면접

학교폭력을 목격하고도 묵인했을 경우, 사태가 더 악화될 수 있다는 것을 알려 준다. 학교폭력을 신고하는 행위는 고자질이 아니라, 가해학생의 행동을 막을 수 있고, 피해학생이 고통에서 벗어날 수 있도록 도와주는 것이며, 더 이상의 피해가 발생되는 것을 예방할 수 있는 행위임을 알려 준다. 비밀 보장에 대해 안내해 준다.

◐ **목격학생 면접 시 질문 예시**

- 피해학생은 누구인가?
- 가해학생은 누구인가?
- 언제 발생했는가? 장소는 어디인가?
- 얼마나 자주 발생했는가?
- 어떤 식의 괴롭힘이 있었는가?
- 함께 목격한 학생들이 있었는가?
- 이 문제를 해결하기 위한 도움이 필요하다면 무엇인가?
- 이 이야기를 하면서 가장 걱정되는 것이 있다면 무엇인가? 그 부분을 해결하기 위해 도움이 필요하다면 어떤 것인가?

3. 학교폭력 조기감지에 따른 사전 개입 및 예방

학교폭력 가해나 피해의 징후가 보이더라도, 학생들이 직접적으로 표현하지 않으므로 알기 힘들고, 섣불리 개입했다가 오히려 가해학생에 대한 선도 및 예방적 개입의 기회를 놓칠 수 있으며, 피해학생이 가중된 심리적·신체적 피해를 입을 우려가 있다. 따라서 교사나 부모가 학교폭력 관련 문제 행동을 감지했을 경우 신중하고 체계적인 사전 대처와 예방 활동이 중요하다. 학교폭력 사전 감지, 사전 대처 및 예방 기법 중에 REST(Recognition, Exploration, Screen, Teaching) 대응법을 살펴보면 다음과 같다(김광수, 2013; 조정실, 차명호, 2010).

1) 인식(Recognition) 단계

인식 단계는 어떤 현상이 일어나고 있는가를 교사와 학부모가 인식하는 단계이다. 학교 및 가정, 또래 관계 등에서 어떠한 일이 일어나고 있으며, 어떤 단서

행동을 보이는가를 인식할 필요가 있다. 이를 위해서는 앞에서 살펴본 바와 같이 조사나 관찰 등을 통해서 학교폭력 단서를 파악할 필요가 있으며, 교사나 부모는 가해 및 피해학생의 단서를 의식하고 있어야 한다.

2) 탐색(Exploration) 단계

탐색 단계는 인식 단계에서 인식한 단서행동을 세밀하게 탐색하는 단계이다. 단서행동이 더욱 심각해지거나 빈번해지는 현상이나 징후행동의 양과 빈도가 증가하는 정도를 탐색할 필요가 있다. 교사나 학부모가 학교폭력의 단서를 발견한 후에 보복이나 제삼자를 통한 괴롭힘 등과 같은 문제의 확대 없이 해결할 수 있는 방법에 대해 주의를 기울일 필요가 있다. 이를 위해 특정 행동이 어떻게 변화되어가는지를 주의 깊게 살펴보아야 한다. 탐색 단계에서 교사나 학부모가 주의해야 할 사항으로는 눈치채지 않게 관망하기, 주변 친구에게 캐묻지 않기, 사실 확인을 위해 바로 가해자·피해자·교사의 삼자대면을 하지 않기, 피해학생을 보호하고 폭력을 절대 용인하지 않겠다는 단호한 해결의지를 보여 주며 학생들에게 신뢰를 심어 주기 등이 있다.

3) 스크린(Screen) 단계

스크린 단계는 사태가 심각한 상황으로 발생하기 전에 단서를 중심으로 사전 대응을 하는 단계이다. 단서행동의 변화하는 양상을 따라 학교와 가정에서 수용되는 행동과 수용되지 않는 행동을 구분하고 특정행동에 대한 입장을 전달하고 이에 대한 대안행동을 제공할 필요가 있다. 학생들의 저항이나 반항 행위에 권위나 성적 등을 내세워 대응하는 대칭적인 방법을 지양하고, 수용적인 태도를 통해 학생들과 신뢰관계를 구축하고자 노력하는 비대칭적인 방법을 사용하는 것이 중요하다. 교사의 구체적인 대응방법으로 신뢰관계 형성하기, 문제해결 의사 표시하기, 초기 괴롭힘 발견 시 명확한 대처와 사실 조사하기, 피해학생에게 신뢰감 심어 주고 신변 보호하기, 반 전체를 대상으로 학교폭력에 관한 교육하기 등을 들 수 있다. 또한 집단따돌림 행동이 발생했을 시에는 반 아이들이 눈치채지 않게 관망하며 무기명 설문 등을 통해 따돌림 사실을 확인할 필요가 있다. 집단따돌림 단서와 사실을 발견했을 때, 교사는 이 사실을 가해학생 및 피해학생의 부모에게 알려야 한다. 명백한 가해학생과 가해학생의 부모님에게는 재발 방지 각서를 작성하게 해 가해학생은 심리적 부담과 책임을 갖고 행동할 수 있도록 한다. 부모가 자녀에 대한 철저한 관리·감독을 할 수 있도록 해야 한다. 더불어 집단따돌림으로 인해 피해의 심각성과 그것이 학급이나 개개인의 삶에 미치는 파괴적 결과에 대해서 반 전체 학생 대상으로 교육을 실시해 사전에 큰 사건을 예방하고 학교폭력 대처 능력을 향상시킬 필요가 있다.

피해단서를 발견한 학부모의 경우, 자녀의 불안과 두려움을 이해하고, 자녀와 지지적이고 공감적인 대화를 할 필요가 있다. 자녀가 피해 사실에 대해 알리고 싶어 하지 않고 부인할 경우 이를 일단 수용하며, 이러한 폭력 문제에 대한 부모의 적극적 문제해결 의지를 보여 주어 신뢰감을 형성하는 것이 필요하다. 피해 사실이 분명할 경우, 교사에게 알려서 더 이상의 피해가 발생하지 않도록 개입을 요청하고, 자녀와 여행이나 여가활동 등 가족이 함께하는 시간을 통해 가족이 지지나 지원자가 된다는 믿음을 갖게 할 필요가 있다.

4) 예방적 교육(Teaching) 단계

예방적 교육 단계는 학교나 가정에서 공개적으로 폭력행동에 대해 교육을 시키는 단계이다. 폭력에 대한 관점과 바람직한 수용행동을 육성하고 책임지는 자세를 가르칠 필요가 있다. 학교폭력 예방 교육을 통해 어떠한 식의 폭력이라도 정당하지 않으며, 폭력행동은 다른 학생이 행복권을 파괴하는 행위임을 인식시킨다. 더불어 폭력행동을 하지 않겠다는 다짐과 이에 대한 책임질 수 있는 행동 각서를 반 학생들에게 작성하게 할 수 있다. 학생들 사이에서 나와 다른 것이나 나릅 특이한 행동, 약점 등에 대한 수용, 존중, 인정의 자세를 갖도록 하며, 다른 사람과 원만한 관계를 맺고 유지하는 방법을 갖도록 조력할 필요가 있다. 이를 위해 심리교육, 집단상담, 지도 등을 통해 건강한 자아와 건강한 관계, 건강한 학급 공동체를 만들어 나가도록 조력할 필요가 있다.

제8장. 학교폭력 예방프로그램

학교폭력이 없는 안전하고 행복한 학교환경을 조성하고, 학교폭력의 근본적인 해결을 위해서는 예방적 측면의 접근이 필요하다. 이를 위해 국내외에서는 다양한 정책을 마련했고, 각 실정에 맞는 학교폭력 예방프로그램을 개발·운영하고 있다. 이에 외국의 학교폭력 예방 정책과 프로그램을 살펴보고, 국내의 학교폭력 예방프로그램의 일부를 소개하고자 한다. 본 장에 소개된 프로그램은 대표적인 프로그램의 일부이다. 학교에서는 학교의 실정에 맞는 다양한 프로그램을 확인하고 개발·운영하고자 하는 노력이 필요하다.

1. 외국의 학교폭력 예방프로그램

1 노르웨이

노르웨이의 경우, 1982년 남학생 3인의 자살사건이 계기가 되어 교육연구부에서 실시한 설문조사를 시작으로 학교폭력에 대한 국가 과제화 및 체계적 대응시스템을 갖추어, 2000년도 정부에서는 모든 초·중등학교에 올베우스 프로그램을 보급하기로 결정했다. 그 후 효과성이 널리 인정된 올베우스와 ZERO 프로그램은 전세계 각국에서 벤치마킹되어 집단따돌림이나 학교폭력 예방프로그램의 선두주자로 보급·활용되고 있다(정진희, 2009; Olweus & Limber, 2010; 김성곤 등, 2013, 재인용). 노르웨이는 학교폭력을 어려운 상황에 놓여 있는 친구에 대한 공감·배려·타인에 대한 존중 등의 가치의식 부족의 문제로 파악하고, 인간존중을 기반으로 한 근본적 가치를 인식해 바람직한 학교환경을 조성하는 것을 학교폭력 예방과 해결을 위한 정책의 목적으로 제시하고 있다. 이러한 목적을 위한 목표는 학생들이 보다 적극적이고 능동적인 방향으로 학생들의 친구 관계를 증진하고, 학교를 행복하고 즐거운 환경으로 만들기 위해 실질적인 노력을 하도록 하는 것이다(박효정, 2012; 여성가족부, 2012; 김성곤 등, 2013, 재인용).

노르웨이는 학교폭력을 청소년기의 단순한 통과의례가 아닌 중대한 국가적 과제로 인식해, 이를 연구하고 체계적인 대응 프로그램을 개발한 세계 최초의 국가이다. 이는 1982년 말, 노르웨이 북부 출신인 10~14세의 소년 3명이 학교폭력에 견디다 못해 자살을 해 사회적 파장을 초래한 것에서 시작된다. 중요한 점은 이 사건에 대한 노르웨이의 국가적 대응이다. 사건을 은폐하기 급급하거나 여론무마용의 단발적 정책을 언론에 선전하는 것이 아니라, 1983년 가을부터 학교폭력 예방 및 근절을 위해 국가와 학교 수준에서 다양한 정책과 교육 프로그램을 개발하고 적용했다(김영광, 2013).

올베우스 프로그램(Olweus Bullying Prevention Program; OBPP)의 개발자는 베르겐(Bergen) 대학의 단 올베우스(Dan Olweus)이다. 그는 베르겐 프로젝트로 알려진 학교폭력 대응 정책을 수행하면서 이 프로그램을 처음 사용했다(김영광, 2013).

OBPP를 구성하는 요소는 학교, 학급, 개인, 지역사회 수준으로 나누어 볼 수 있다. 아래는 미국 학교에서 실시하는 것을 중심으로 구성한 것이다(김영광, 2013).

◐ 학교 수준의 요소

- 학교폭력 조정위원회(Bullying Prevention Coordinating Committee; BPCC) 설립
- BPCC 구성원의 전문성을 위한 교육
- 올베우스 설문조사 실시(3~12학년)
- 교직원 회의
- 학교폭력에 관한 학교 규칙 도입
- 학교의 감독 체계 검토 및 개선

- 프로그램 도입을 위한 전교 수준의 행사 개최
- 학부모의 참여

◐ 학급 수준의 요소

- 학교폭력에 관한 학교 지침 알리기
- 학교폭력을 주제로 한 정기적 학급회의 개최
- 학급별 학부모들과의 모임

◐ 개인 수준의 요소

- 학생의 활동 감독
- 학교폭력 현장 적발 시 학교의 직원이 즉시 개입할 것을 보장
- 학교폭력 관련 학생과 면담(가해학생과 피해학생을 개별적으로)
- 학교폭력 관련 학생의 학부모와 면담

◐ 지역사회 수준의 요소

- 지역사회 구성원의 BPCC 참여
- 학교의 프로그램 수행을 지원하기 위한 학교와 지역사회의 파트너십 구축
- 지역사회에 반학교폭력 메시지와 성공적 사례 전파

OBPP는 1983년 10월 초부터 베르겐 지역에 소재하는 42개 학교(초등 28개, 중등 14개)의 112개 학급, 2천 500여 명의 학생에게 적용되었다. 대책이 도입된 뒤에 2년 사이에 학교폭력이 50% 이상 감소되는 효과가 나타났다. 이 결과는 조사대상인 모든 학년(초등학교 4학년에서 중학교 3학년까지)과 남녀 학생 모두에게서 나타났다. 효과로 시설물 파괴, 싸움, 도둑질, 음주, 무단결석 등 일반적인 반사회적 행동이 줄어들었으며, 학급의 사회적 환경도 뚜렷이 개선되었다. 질서와 규율이 개선되었고, 긍정적인 상호관계가 증가했으며, 학습과 학교에 대한 태도가 긍정적으로 변화했다. 동시에 학교생활에 대한 학생들의 만족도가 증가했다(김영광, 2013).

더불어 ZERO 프로그램, 가치교육 프로젝트(Values in School) 또한 노르웨이의 대표적인 학교폭력 예방프로그램이다.

2 미국

미국연방정부나 주 정부단위의 대응에서는 불링(bullying)이라는 단어를 주로 사용한다. 불링은 힘의 불균형을 수반하는 청소년 사이에서 나타나는 타인에 의한 원치 않는 공격적인 행동을 의미한다. 불링에 대한 예방 및 대처 활동 및 교육은 다양한 차원에서 접근 가능하며, 현재 미국 내 운영되는 불링 예방 프로그램은 필요에 따라 다음의 접근 방향을 채택하고 있다(모상현, 2023).

① 범학교 차원(school-wide approach)의 예방과 개입 접근

예방 대책의 방향을 가해자나 피해자와 같은 관계된 개인에 대한 대처가 아니라 모든 학생들을 위한 안전하고 배려하며 존중하는 학습 환경을 만들기 위한 방향을 설정하고 있다. 학생뿐만 아니라 학교 내 교사, 행정가 교직원 등 모두를 대상으로 이루어지게 되며, 학교는 범학교 차원 접근 방향을 각 학군에서 채택한 예방 및 개입 계획 내 구체적인 프로그램, 상호작용 철학, 교육과정 또는 기본 프로토콜들에 반영하여 운영하게 된다. 불링에 대한 교육과 개입에 대한 역할극 등을 활용하여 방관자·목격자의 역할을 활성화하고 권한을 부여하는 것이 효과적으로 알려져 있다.

② 표적 개입(target intervention)

직접적인 학교폭력에 관련된 가해자 혹은 피해자를 대상으로 이루어지며, 신체적, 관계적으로 이미 피해 및 가해의 경험이 있는 학생들을 대상으로 공감, 분노 관리, 갈등해결전략과 같은 사회적 기술을 가르치는 것으로 일대일 또는 소그룹의 형태로 수행된다.

③ 불링 관련 행동차원 개입(behaviorally-based bullying intervention)

불링 관련 행동차원 개입은 피해자나 방관자가 불링의 상황에 놓여 있을 때,

가해자에게 그 상황을 멈추라고 말할 수 있도록 행동하는 것을 교육받게 된다. 또는 유사한 상황에 놓여있을 때, 그 폭력 현장을 벗어나서 어른들에게 도움을 요청할 수 있는 행동 중심의 기술을 습득하여 적절한 대응을 할 수 있도록 학습하게 된다. 또한, 방관자들도 무의식적으로 불링의 상황에서 웃거나 가해자의 행동을 응원하는 것처럼 보일 수 있는 행동을 방지할 수 있게 된다.

④ 다수준 접근(multi-tiered approach)

불링을 접근할 때 각 학생들의 해당 문제에 대한 위험성 수준을 판단하여 차별적으로 예방교육이나 대처교육을 단계별로 실시하게 된다. 가장 낮은 1수준은 학교의 모든 학생들을 위한 대규모로 실시되는 보편적 활동 프로그램이다. 다음의 2수준에서는 학교 내 보편적인 전략이 효과적이지 않은 약 10~15%의 일부 학생들을 대상으로 소규모 그룹의 특별 교육을 제공하는 방식이다. 3수준에서는 특정기술이나 영역의 추가 교육이 필요한 약 5%를 위한 집중적인 일대일 프로그램을 운영한다.

3 일본

1980년 동경에서는 중학생에 의한 불량조직인 '우성회(憂誠会)'라는 폭력단이 결성되어 일본 전역을 놀라게 했다. 당시 급증하던 학교폭력은 1985년경에 진정되었으나 당시까지 없었던 양상의 이지메가 부상하는 등 새로운 문제가 대두되었다(김영광, 2013).

일본은 학교폭력 문제를 해결하기 위해 정부뿐만 아니라 각 지방자치 단체와 학교, 가정, 지역사회와 관계기관이 연결되는 '행동연계'의 시스템을 구축해 종합적이고 체계적으로 학교폭력 문제해결에 나섰다. '행동연계'를 위한 지역의 관계기관(교육센터, 교육상담소, 경찰, 소년감별소, 보호관찰소, 아동상담소, 정신보건복지센터, 보건소 등) 보호회, 아동위원, 민간단체 등의 네트워크를 구성하고 있다. 또한 문부성이 배부한 자료를 통해 교직원들에게 학교폭력 문제를 이해시키고 예방하도록 연수강좌를 실시하고 있다. 이와 더불어 학교카운슬러를 배치하고 임상심리사와 비상근으로 근무하고 있으며 청소년 단체지도자, 교직경험자 등이 교실상담원으로 배치되어 적극적으로 활동하고 있다(한소은, 2006).

2. 국내의 학교폭력 예방프로그램

1) 교육부의 학교폭력 예방교육

교육부는 2018년 학교폭력 예방교육 추진계획(2018. 2)을 통해서 [그림 1]과 같이 모든 아이의 안전하고 행복한 학교생활문화 지원의 비전을 제시했다. 단위학교 국가수준 프로그램 적용 확대 및 자율적 예방교육 강화, 사이버폭력 예방을 위한 정보윤리교육 활성화, 지속가능한 학교폭력 예방교육 지원체제 기반 구축의 추진전략을 통해, 단위학교 맞춤형 예방교육 역량 강화, 예방교육 질 제고를 위한 예방프로그램 다양화, 사이버폭력 예방 및 치유지원 강화에 대한 구체적인 계획을 제시했다. 구체적인 내용은 다음과 같다.

1 단위학교 맞춤형 학교폭력 예방교육 강화

- 국가수준 학교폭력 예방 '어울림 프로그램' 적용 확대
- 시도 및 단위학교 맞춤형 예방교육 운영의 자율성 강화
- 체험형 언어폭력 예방교육 활성화를 위한 언어문화개선 선도학교 운영
- 학생 주도 또래활동 활성화를 위한 또래상담학교 운영

2 학교폭력 예방교육 프로그램 다양화

- 국가수준 학교폭력 예방 '어울림 프로그램' 개선
- 보편적 예방교육 다양화를 위한 또래활동 프로그램 개발·적용
- 언어문화개선 및 언어폭력 예방활동 자료 개발·보급
- 사이버폭력 예방교육 및 정보윤리교육 자료 개발·보급

3 사이버폭력 예방 및 치유 지원 강화

- 정보윤리 인식 제고를 위한 사이버폭력 예방 선도학교 운영
- 사이버폭력 예방·상담 거점센터 운영 내실화
- 사이버폭력 예방·치유 현장 상담지원단 구축·시범운영
- 사이버폭력 예방·치유 가족 지원 사업 확대 〈여가부 협업〉
- 사이버폭력 예방을 위한 범부처 협의체 운영

4 학교폭력 예방교육 지원체제 구축

- 학교폭력 예방교육 데이터베이스 구축·운영
- 중앙 및 시도단위 학교폭력 예방교육 컨설팅단 구축·운영
- 단위학교 지원을 위한 교원의 학교폭력 예방교육 역량 강화

2018년도 교육부에서 발표한 학교폭력 예방교육 계획을 통해 일회적 예방활동 중심을 교육과정 기반 체계적 예방교육으로 변화, 획일적 예방교육 중심에서 학생 중심 맞춤형 예방교육으로, 국가주도 예방교육에서 지역주도 예방교육으로의 변화를 꾀하고자 했다.

[그림 1] **교육부의 학교폭력 예방교육 정책 비전 및 주요 과제**

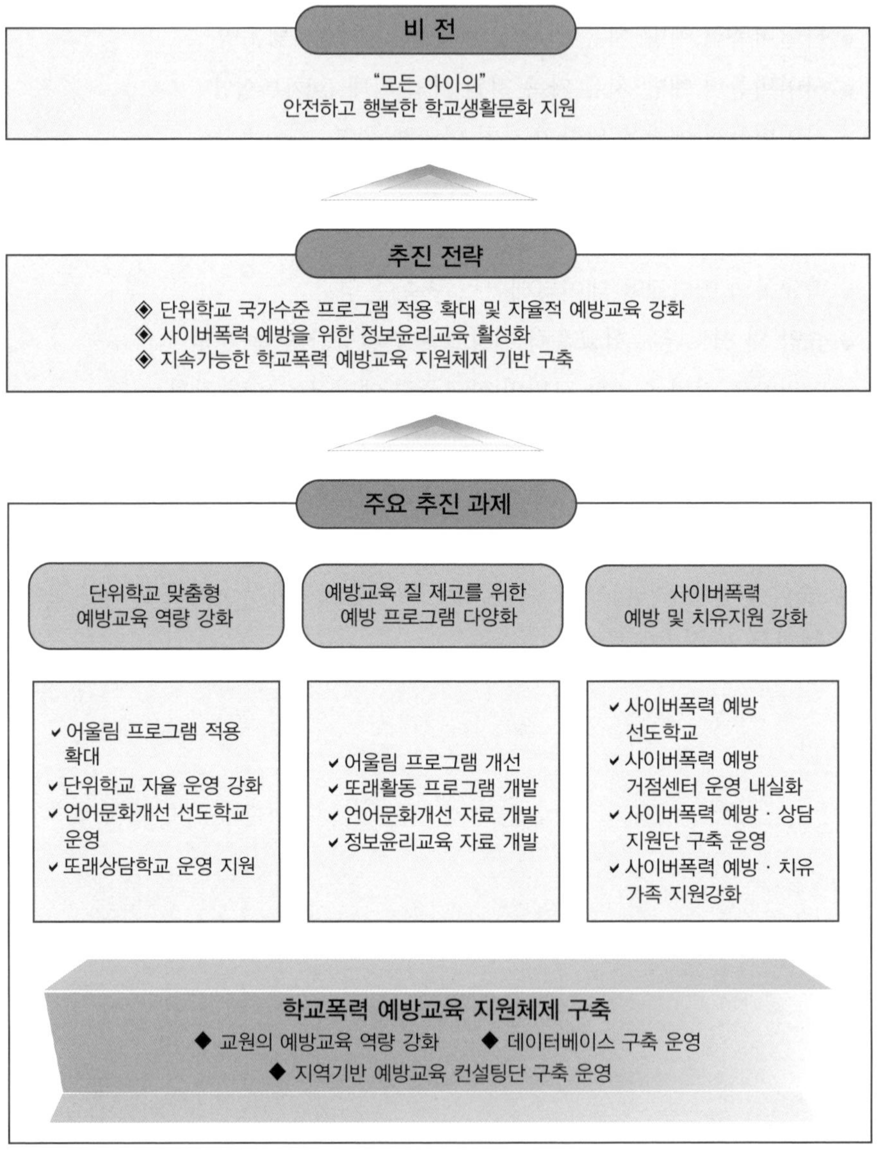

★ *그림 출처: 교육부(2018). 2018년 학교폭력 예방교육 추진 계획(안)*

2) 어울림 프로그램

어울림 프로그램은 초·중등학교 학생들의 학교폭력을 근본적으로 예방하기 위하여, 교육부와 시도교육청이 공동으로 개발한 단위학교 중심의 학교폭력 예방프로그램이다.

2013년 '학교폭력 예방 표준 프로그램(어울림) 기본 계획안'의 수립으로 학생 눈높이에 맞는 학교폭력 예방교육 실시가 중점이 되면서 국가수준의 체험형 예방교육 프로그램(어울림)을 개발·보급하였다. 제3차 학교폭력 예방 및 대책 기본

[그림 2] **어울림 체계도**

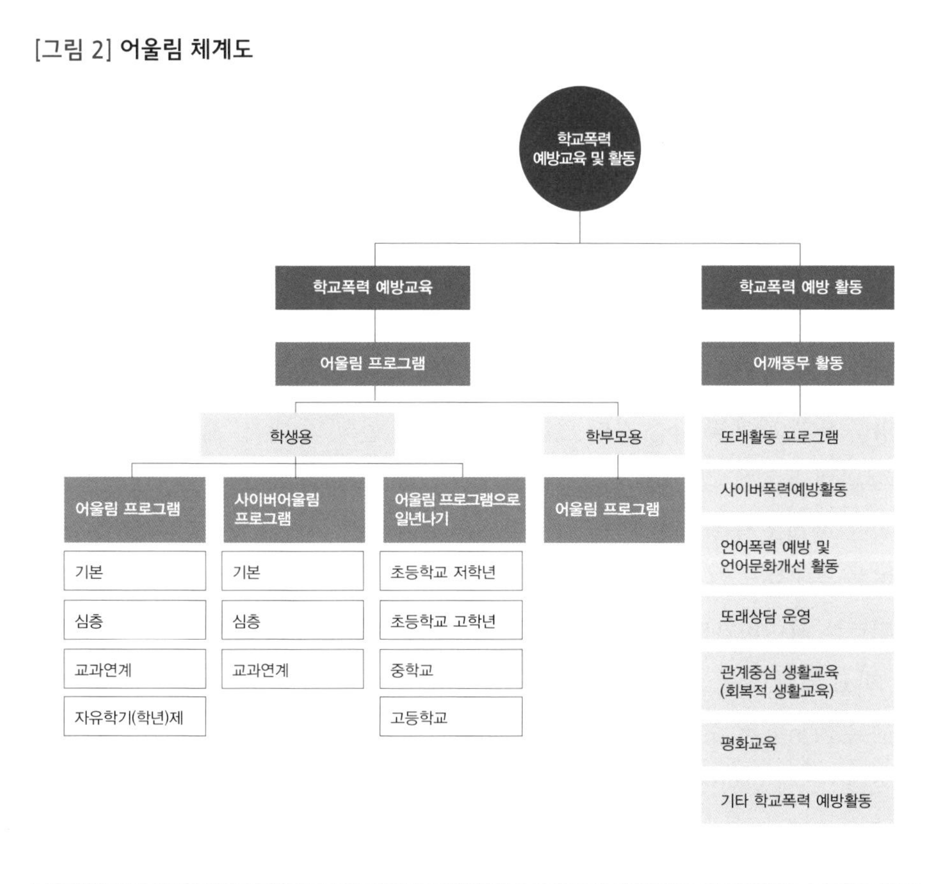

★ *그림 출처: 학교폭력예방교육지원센터 www.stopbullying.re.kr*

계획(2015~2019)을 토대로 단위학교 특성에 맞는 다양한 체험형 학교폭력 예방교육 및 활동을 위해 어울림 프로그램 적용학교와 어깨동무 활동 적용학교에 대한 지원이 확대되었다. '제4차 학교폭력 예방 및 대책 기본계획(2020~2024)'에 따라 단위학교별 교과 교육과정 내 어울림(사이버어울림) 프로그램을 관련 교과 및 창의적 체험활동 시간에 학급별 11차시 내외 편성하여 실시하도록 권장하였으며, 어깨동무 활동은 학년별 30차시 이상 학교 상황을 반영하여 탄력적으로 운영하도록 하고 있다(성윤숙, 2023).

어울림 프로그램은 개인 역량강화를 위해서 보편적 예방교육과 선별적 예방교육으로 구별된다. 보편적 예방교육은 사회·정서적 역량 향상이 중심이다. 모든 학생을 대상으로 학급단위로 진행되며, 교과 및 창의적 체험활동 시간에 학급별 11차시 내외로 운영할 수 있다. 이때, 어울림 기본 프로그램, 사이버어울림 기본 프로그램이 활용된다. 선별적 예방교육은 문제유형별 대처가 중심이 된다. 관심군의 학생이 주 대상이다. 필요에 따라 학급단위로 운영할 수 있다. 교과와 창의적 체험활동 시간을 활용할 수 있다.

어울림 기본 프로그램의 구성이 2012~2019년도까지는 3단계(기본, 심화, 심층), 4수준(초저, 초고, 중학교, 고등학교)의 개인기반 사회·정서적 역량 함양 중심이었다면, 2020년 개정은 2단계(기본, 심층) 5수준(초1~2, 초3~4, 초5~6, 중, 고)의 구성으로 공동체성에 기반한 타인의 이해 조망 등 공감 역량 강화와 의사소통, 감정조절 역량 함양을 위한 단계별 학습 강화 그리고 학교폭력 인식 및 대처, 제도 개선을 반영한 보완의 특징을 갖는다.

학교 문화조성을 위한 어깨동무 활동은 관계중심 예방교육으로 공동체 역량 강화를 중심으로 운영된다. 학급 단위로는 또래활동 프로그램이 운영되고, 학교 단위로는 사이버폭력 예방·언어문화개선 교육 주간, 캠페인, 공모전, 동아리 활동, 학교 특색 활동 등을 실시할 수 있다.

교육부(2020)는 초등학생 학교폭력 피해율 및 사이버폭력 비중 증가 등 학교폭력 유형·추세 변화에 대응하는 맞춤형 예방교육·활동 강화를 위해 2019개정 누리과정, 초등 학년군별 예방교육 프로그램을 실시해 학교폭력 예방을 위한 유아·초등학생의 사회·정서역량을 함양하고, 학생의 인터넷윤리 함양 및 디지털 리터

〈표 1〉 **어울림 프로그램 소개**

구분		기본 프로그램	심층 프로그램	교과연계 프로그램
목적		일반 학생들 대상으로 기본적 수준의 예방교육	학교폭력 가·피해 우 려가 높은 관심군 학생 대상 예방교육	교과 교육과정과 연계 한 학교폭력 예방교육
어울림 프로그램	프로그램 구성	6대 역량	4대 문제유형	교과목 중심 • 중학교 ◦ 국어, 도덕, 사회 ◦ 영어Ⅰ,기술·가정,체육 • 고등학교 ◦ 국어, 통합사회 ◦ 영어Ⅰ,기술·가정,체육
	학교급 체계	• 초등학교 ◦ 1~2학년군 ◦ 3~4학년군 ◦ 5~6학년군 • 중학교 • 고등학교	• 초등학교 ◦ 저학년(초저) ◦ 고학년(초고) • 중학교 • 고등학교	• 중학교 • 고등학교
	차시	각 3차시(총 90차시)	각 2차시(총 32차시)	각 1~5차시(총 307차시)
사이버 어울림 프로그램	프로그램 구성	8대 역량	6대 문제유형	교과목 중심 • 중학교 ◦ 국어, 도덕, 사회 ◦ 영어, 기술·가정, 체육 • 고등학교 ◦ 국어, 윤리, 통합사회 ◦ 영어, 기술·가정, 체육
	학교급 체계	• 초등학교 ◦ 저학년(초저) ◦ 고학년(초고) • 중등 (중학교·고등학교)	• 초등학교 • 중등 (중학교·고등학교)	• 중학교 • 고등학교
	차시	각 2~3차시 (총 71차시)	각 2~3차시 (총 32차시)	각 1~5차시 (총 266차시)

★ *그림 출처: 학교폭력예방교육지원센터 www.stopbullying.re.kr(2023년 발췌)*

러시 역량강화를 위한 교육 실시 계획을 발표했다. 또한, 피해학생 동의를 전제로, 피·가해학생이 상호 감정을 이해하도록 돕는 프로그램인 관계 회복프로그램 개발·보급을 위한 노력이 진행되고 있다.

어울림 프로그램 기본 프로그램은 공감, 의사소통, 갈등해결, 감정조절, 자기존중감, 학교폭력 인식 및 대처의 6모듈로 구성되어 있다. 각 모듈은 타인의 이해 및 정서적 공감, 의사소통 기술 및 타협과 설득, 갈등상황 인식을 통한 합리적 대처, 소속감과 자신감, 정서 인식 및 부정적 정서의 조절능력 향상을 위한 내용으로 구성되어 있다. 또한 각 모듈의 프로그램 내용은 구체적인 학교폭력 사례를 활용하고, 학교폭력의 경향성 및 원인 등을 반영해 학교폭력 예방에 실질적으로 도움이 되는 내용으로 이루어져 있다. 각 모듈의 프로그램 구성은 역할극 및 토론, 미술이나 음악 활동, 게임 등 체험활동 방법, 또래중재 및 자치법정 활동, 집단상담 방법 등 다양한 방법 중 학교급별 특성 및 학생의 흥미와 동기를 고려해 선택적으로 활용할 수 있도록 되었다. 학생용 프로그램의 경우 단위학교에서 교과시간, 창의적 체험활동 시간 등에서 다양하게 활용할 수 있는 형태로 개발되었다(박효정 등, 2016).

[그림 3] **어울림 프로그램 모듈**

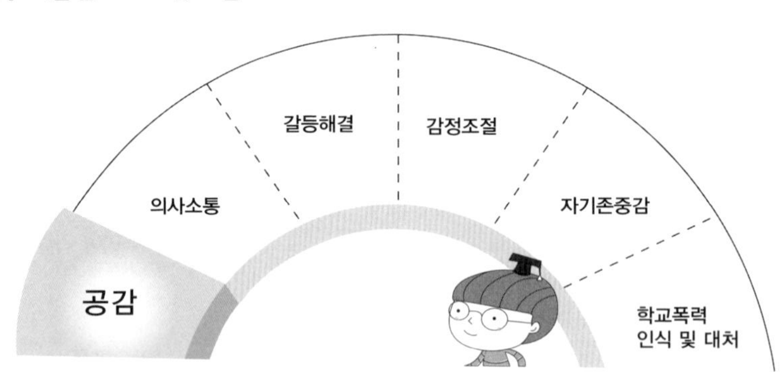

★ *그림 출처: http://stopbullying.kedi.re.kr/main.do*

3) 또래상담 프로그램

또래상담 프로그램은 여성가족부 소속의 한국청소년상담복지개발원에서 개발하고 운영하고 있다. 현재는 교육부와 협업을 통해 또래활동 중심의 학교폭력 예방 및 교우관계 개선을 통한 건전한 학교문화 조성을 선도하기 위한 운영학교를 확대하고 있다. 학교폭력 가해자의 보복과 피해자 신상 노출에 대한 두려움으로 학교폭력 조기발굴에 대한 어려움이 있으며, 청소년기에는 또래집단의 영향력이 가장 크므로 교실에서 함께 생활하는 또래상담자의 상담 및 지원 활동을 통해 학교폭력 조기 발견 및 예방시스템 구축을 도모하고 있다.

[1] 프로그램 구성

또래상담자 훈련 프로그램은 크게 자질 훈련과 기술훈련으로 구성되어 있다. 자질 훈련은 주로 로저스(Rogers) 인간중심이론에서 소개하고 있는 존중, 공감, 진실성에 기초하고 있다. 기술훈련은 청소년이 상담적 방법으로 친구를 도울 수 있도록 대화하는 방법 및 대화 도중 발생하는 정서적인 문제를 처리하는 방법, 그리고 대화 연속선에서 상담의 기법을 쉽게 활용하고 도울 수 있는 개입방법 등을 제공하기 위한 목적으로 구성되었다. 또한 또래상담을 통해 청소년들이 발달과정과 생활의 어려움을 해결하는 데 도움이 되도록 또래가 지지자 역할하는 데 목표를 두고 있다는 점도 고려해 도움주기 활동을 중요한 근간으로 삼고 있다(한국청소년상담원).

또래상담은 세 가지 정신을 가지고 있는데, 첫 번째, 먼저 다가가 친한 친구가 되어주는 친한 친구 되기(Friendship)이다. 두 번째, 친구의 고민을 진심으로 들어주고 대화하는 친구 되기(Counselorship), 마지막으로 자기리더십·공동체리더십을 발휘해 친구를 돕는 도움주는 친구 되기(Leadership)이다.

<표 2> 또래상담자 훈련 프로그램 구성

내 용	회기별 세부내용
1부. 들어가기	1. 들어가기
2부. 친한 친구 되기(Friendship)	2. 친한 친구 되기 3. 나의 친구관계 살펴보기 4. 친구에게 다가가기
3부. 대화하는 친구 되기(counselorship)	5. 대화하는 친구 되기 6. 대화 잘 이끌어가기 7. 잠하둘셋 기법
4부. 도움 주는 친구 되기(Leadership)	8. 도움 주는 대화 배우기 9. 대화 종합 연습 10. 도움 되는 활동 찾기
5부. 마무리	11. 평가 및 마무리

[2] 프로그램 운영

또래상담 프로그램 운영을 위해 학교 단위별 창·체활동으로 '친구사랑 동아리'를 개설해 〈표 3〉과 같이 또래상담 활동과 학교폭력 예방활동의 형태로 운영된다. 운영절차는 〈표 4〉와 같이 또래상담반을 구성하고, 지도교사를 대상으로 한 교육을 통해 지도교사를 양성해 이들이 또래상담자를 교육하게 되며, 또래상담 활동을 취지에 맞게 진행하게 된다.

<표 3> 친구사랑 동아리(또래상담반) 운영(안)

【① 또래상담 활동(안)】

영역	활동내용
교육과정	창·체 동아리활동/창·체 자율 동아리
교육	기초·심화교육, 사례지도
상담활동	대면·채팅·문자 상담, 친구와 점심 먹기 등 도움이 필요한 친구 대상 상담
문제해결	또래 및 선후배 간 중재, 멘토-멘티 활동
연계	위기사례 상담전문가, 교사 연계

【② 학교폭력 예방 활동(안)】

영역	활동내용
교육과정	창·체 동아리활동/창·체 봉사활동
캠페인	또래상담 활동 주간(9월) 활동, 사랑의 우체통, 사과 Day, 프리허그 Day 등
심리극	학교폭력 예방 심리극, UCC 등
홍보	상담 소식지 발간, 우수사례 공모전 등
연합활동	타학교 또래상담 동아리, 지역청소년 상담복지센터와 연합 활동

★ *표 출처: 교육부(2018). 2018년 학교폭력 예방교육 추진 계획(안)*

<표 4> 또래상담반 운영절차

또래상담반(동아리) 구성	▶	지도교사 교육 참여	▶	또래상담자 교육	▶	또래상담반(동아리) 운영	▶	활동 관리
또래상담 동아리/봉사활동반 운영계획 수립 및 또래상담자 선발	▶	또래상담 지도교사 교육이수	▶	또래 상담자 교육 (기초·심화 등)	▶	또래상담자 활동 (또래지지, 조력, 문제해결, 공감·배려문화조성 등)	▶	또래상담자 활동 및 상담사례 관리

★ *표 출처: 교육부(2018). 2018년 학교폭력 예방교육 추진 계획(안)*

[그림 4] **또래상담 활동 포스터**

"우리는 친구, 함께 행복한 학교를 만들어 갑니다"

또래상담

★ *그림 출처: 여성가족부(2014). 2013 학교폭력 예방 또래상담 사업 결과보고집*

4) 모두가 행복한 교실 프로그램

법무부에서는 '법사랑 사이버랜드' 사이트에 '모두가 행복한 교실 프로그램'을 통해 흥미와 교육을 접목한 학교폭력 예방프로그램을 개발·운영하고 있다. 이 사이트에서 초등학교 저학년을 대상으로 하는 '서로 배려하는 친한 친구', 초등, 중·고등을 대상으로 하는 '행복나무 프로그램', 중학생을 대상으로 하는 '마음모아 톡톡'의 학교폭력 예방프로그램이 운영되고 있다.

〈표 5〉 서로 배려하는 친한 친구 프로그램 주요구성

구분	회기	제목	발생장소	발생시간	폭력유형
역할극	1-1	내 친구를 지켜줘요	복도	하교 시간	신체
	2-1	예쁜 말로 대화해요	운동장	수업 시간	언어
	3-1	함께하면 더 좋아요	교실	쉬는 시간	관계
	4-1	친구 사이에도 예의가 필요해요	놀이터	하교 이후	관계
	5-1	힘든 친구를 위해 용기를 내요	교실	수업 시간	언어/관계
구분	회기	제목	역할극과 연계		
놀이 활동	1-2	보물 지키기	내 친구를 지켜줘요		
	2-2	예쁜 말 세탁기	예쁜 말로 대화해요		
	3-2	징검다리 건너기	함께하면 더 좋아요		
	4-2	매너왕의 풍선	친구 사이에도 예의가 필요해요		
	5-2	친구를 구해라	힘든 친구를 위해 용기를 내요		

★ *표 출처: 법무부 사이버랜드. https://www.lawnorder.go.kr*

Ⅰ 서로 배려하는 친한 친구

'서로 배려하는 친한 친구' 프로그램은 약자로 '친친'이라고 칭하는데, 초등학교 저학년을 대상으로 개발되었다. 주 구성 내용은 괴롭힘의 의미와 심각성을 인식하고, 대처할 수 있는 방법을 제시하고 있다. 대부분의 활동은 역할극과 놀이 활동을 통해 운영된다.

2 마음모아 톡톡

'마음모아 톡톡' 프로그램은 학교폭력 문제를 외면하고 싶은 마음, 방관하고 싶은 마음, 모른 척하고 싶은 마음을 활짝 열고 서로 마음을 모아 학교폭력 문제에 대응하자는 의미를 가지며, 중학교 학생을 대상으로 개발되었다.

학교폭력의 의미와 처리절차, 심각성을 인식하며 학교폭력에 대한 대처의 중요성과 실천을 제시하고 있다. 활동 구성내용은 다음의 〈표 6〉에 제시된 것처럼 신체폭력, 관계적 공격성, 언어폭력, 사이버폭력을 다루고 있으며, 다양한 활동을 통해 진행되는 프로그램이다.

효과적인 학교폭력 예방프로그램 운영을 위해서는 정부, 학교, 지역사회 및 가정의 연계와 실천이 중요하다. 학교폭력 예방프로그램의 개발·운영과 관련해 첫째, 학교폭력에 대한 모든 아동들의 이해, 자각 촉진, 인간존중 의식과 행동 증진, 둘째, 피해자의 회복과 성장을 지원하는 전문 체계적 개입, 셋째, 가해자의 책임 있는 행동과 전환적 변화를 촉진하는 전문 체계적 개입, 넷째, 방관자의 변화와 긍정적 또래집단의 역동과 기능을 강화하는 체계적 개입 등(김왕준, 2013)이 중요한 기본 요소이다.

〈표 6〉 마음모아 톡톡 프로그램 주요구성

차시	역할극 제목	배경장소	괴롭힘 유형
1	친구를 일부러 다치게 하면 안 돼요	교실	외현적 공격성(신체폭력)
2	다 같이 사이좋게 놀아요	교실	관계적 공격성
3	미운 말은 아파요	교실	외현적 공격성(언어폭력)
4	뒷담화는 그만!	교실	사이버폭력
5	[선택1] 나는 미키마우스가 아니에요 [선택2] 나는 반쪽이가 아니에요	복도	외현적 공격성(언어폭력)
차시	활동 제목	활동내용	
6	평화로운 교실 상상해 보기	학교폭력 예방 UCC 시청하기 제작 계획	
7	퀴즈로 풀어보는 학교폭력	학교폭력 관련 스피드 퀴즈 등	
8	표현을 통해 익히는 평화로운 교실	학교폭력 예방 다섯 고개 삼행시 짓기	
9	평화로운 교실을 만드는 이야기	학교폭력 예방 이야기 만들기 관련 골든벨	
10	상상한 평화로운 교실 실행하기	학교폭력 예방 UCC 발표하기 평가하기	

★ *표 출처: 법무부 사이버랜드. https://www.lawnorder.go.kr*

Part 4. 학교폭력 개입 및 대처

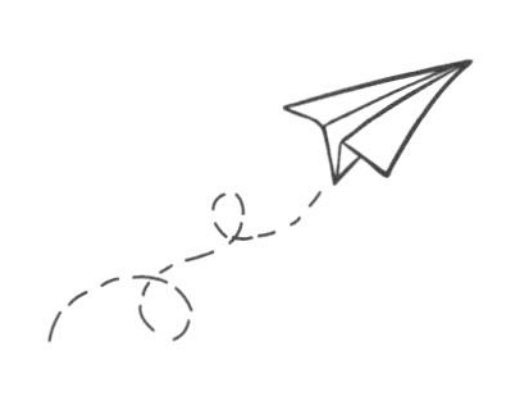

제9장. 학교폭력에 대한 법적 조치

학교폭력 문제를 단순한 청소년 일탈행위의 수준이라고 보기에는 그 정도가 범죄행위에 부합하는 심각성이 대두되었고, 이를 해결하고자 2004년 학교폭력예방 및 대책에 관한 법률이 제정되었다. 2005년 교육과학기술부에서도 '학교폭력 예방 및 대책 5개년 기본 계획'을 수립했다. 2012년, 2023년에는 정부의 종합적 '학교폭력근절 종합대책'과 2014년에는 '제3차 학교폭력예방 및 대책 기본계획'이 발표되었다. 2015년에는 '인성교육진흥법'이 제정되었다.

2019년에는 학교폭력예방 및 대책에 관한 법률 일부가 개정되었다. 법이 개정되고 다양한 대책이 발표되고 있는 시점에서 학교폭력 문제를 둘러싸고 학생과 교사들에게 다양한 법적 지식과 문제해결 능력, 법적 사고력 등이 요청된다. 학교폭력에 대한 법적 조치를 이해하고 적용하는 것은 학생들이 무엇이 학교폭력이고 어떠한 처벌을 받게 된다는 것을 인지하게 되고, 학교폭력 불감증을 해결할 수 있는 방법이 될 수도 있으며, 교사, 가정, 지역사회, 전문가들은 각 기관의 역할 및 기능을 알고 적절하게 대응할 수 있는 방향성을 제시할 수 있다.

본 장에서는 학교폭력예방 및 대책에 관한 법률(약칭: 학교폭력예방법)[시행 2020. 3.1.] [법률 제16441호, 2019.8.20, 일부개정]을 중심으로 학교폭력에 대한 법적 조치를 살펴보고자 한다.

1. 학교폭력예방 및 대책에 관한 법률의 개관

1) 목적

이 법은 학교폭력의 예방과 대책에 필요한 사항을 규정함으로써 피해학생의 보호, 가해학생의 선도 · 교육 및 피해학생과 가해학생 간의 분쟁조정을 통해 학생의 인권을 보호하고 학생을 건전한 사회구성원으로 육성함을 목적으로 한다(법 제1조).

2) 정의

'학교폭력'이란 학교 내외에서 학생을 대상으로 발생한 상해, 폭행, 감금, 협박, 약취·유인, 명예훼손·모욕, 공갈, 강요·강제적인 심부름 및 성폭력, 따돌림, 사이버 따돌림, 정보통신망을 이용한 음란·폭력 정보 등에 의해 신체·정신 또는 재산상의 피해를 수반하는 행위를 말한다(법 제2조).

◐ 따돌림

학교 내외에서 2명 이상의 학생들이 특정인이나 특정집단의 학생들을 대상으로 지속적이거나 반복적으로 신체적 또는 심리적 공격을 가하여 상대방이 고통을 느끼도록 하는 일체의 행위를 말한다.

◐ 사이버 따돌림

인터넷, 휴대전화 등 정보통신기기를 이용하여 학생들이 특정 학생들을 대상으로 지속적·반복적으로 심리적 공격을 가하거나, 특정 학생과 관련된 개인정보 또는 허위사실을 유포하여 상대방이 고통을 느끼도록 하는 일체의 행위를 말한다.

◐ **학교**

「초 · 중등교육법」 제2조에 따른 초등학교·중학교·고등학교·특수학교 및 각종 학교와 같은 법 제61조에 따라 운영하는 학교를 말한다.

◐ **가해학생**

가해자 중에서 학교폭력을 행사하거나 그 행위에 가담한 학생을 말한다.

◐ **피해학생**

학교폭력으로 인해 피해를 입은 학생을 말한다.

◐ **장애학생**

신체적·정신적·지적 장애 등으로 「장애인 등에 대한 특수교육법」 제15조에서 규정하는 특수교육을 필요로 하는 학생을 말한다.

3) 다른 법률과의 관계

학교폭력의 규제, 피해학생의 보호 및 가해학생에 대한 조치에 있어서 다른 법률에 특별한 규정이 있는 경우를 제외하고는 이 법을 적용한다. 제2조제1호 중 성폭력은 다른 법률에 규정이 있는 경우에는 이 법을 적용하지 아니한다(법 제5조).

4) 해석 · 적용의 주의의무

이 법을 해석 · 적용함에 있어서 국민의 권리가 부당하게 침해되지 아니하도록 주의해야 한다(법 제3조).

2. 학교폭력예방 및 대책을 위한 관련 조직 및 기능

1) 기본계획의 수립

교육부장관은 법 제6조에 근거하여 이 법의 목적을 효율적으로 달성하기 위해 학교폭력의 예방 및 대책에 관한 정책 목표 · 방향을 설정하고, 이에 따른 학교폭력의 예방 및 대책에 관한 기본계획(이하 "기본계획"이라 한다)을 제7조에 따른 학교폭력대책위원회의 심의를 거쳐 수립 · 시행해야 한다. 기본계획은 다음 아래의 사항을 포함하여 5년마다 수립해야 한다. 이 경우 교육부장관은 관계 중앙행정기관 등의 의견을 수렴해야 한다.

- ◐ 학교폭력의 근절을 위한 조사 · 연구 · 교육 및 계도
- ◐ 피해학생에 대한 치료 · 재활 등의 지원
- ◐ 학교폭력 관련 행정기관 및 교육기관 상호 간의 협조 · 지원
- ◐ 제14조제1항에 따른 전문상담교사의 배치 및 이에 대한 행정적 · 재정적 지원
- ◐ 학교폭력의 예방과 피해학생 및 가해학생의 치료 · 교육을 수행하는 청소년 관련 단체 또는 전문가에 대한 행정적 · 재정적 지원
- ◐ 그 밖에 학교폭력의 예방 및 대책을 위해 필요한 사항

2) 국가 및 지방자치단체

국가 및 지방자치단체는 법 제4조에 근거하여 학교폭력을 예방하고 근절하기 위해 조사 · 연구 · 교육 · 계도 등 필요한 법적 · 제도적 장치를 마련하여야 하고, 청소년 관련 단체 등 민간의 자율적인 학교폭력 예방활동과 피해학생의 보호 및 가해학생의 선도 · 교육활동을 장려해야 한다. 청소년 관련 단체 등 민간이 건의한 사항에 대해는 관련 시책에 반영하도록 노력해야 한다.

3) 교육감

교육감은 법 제11조, 법 제11조의 2에 따라 다음과 같은 임무를 갖는다.

[1] 전담부서 설치 · 운영

교육감은 시 · 도교육청 및 교육지원청에 학교폭력의 예방과 대책을 담당하는 전담부서로 과 · 담당관 또는 팀을 둔다. 전담부서는 다음의 업무를 수행한다(시행령 제8조).

◐ 학교폭력 예방과 근절을 위한 대책의 수립과 추진에 관한 사항
◐ 학교폭력 피해학생의 치료 및 가해학생에 대한 조치에 관한 사항
◐ 학교폭력 피해학생과 가해학생 간의 관계 회복을 위해 필요한 조치에 관한 사항
◐ 그 밖에 학교폭력의 예방 및 대책과 관련하여 교육감이 정하는 사항

[2] 학교폭력 조치 사항

◐ 관할 구역 안에서 학교폭력이 발생한 때에는 해당 학교의 장 및 관련 학교의 장에게 그 경과 및 결과의 보고를 요구할 수 있다.
◐ 관할 구역 안의 학교폭력이 관할 구역 외의 학교폭력과 관련이 있는 때에는 그 관할 교육감과 협의해 적절한 조치를 취해야 한다.
◐ 학교의 장으로 하여금 학교폭력의 예방 및 대책에 관한 실시계획을 수립 · 시행하도록 해야 한다.
◐ 제17조제1항제8호에 따른 전학의 경우 그 실현을 위해 필요한 조치를 취하여야 하며, 제17조제1항제9호에 따른 퇴학처분의 경우 해당 학생의 건전한 성장을 위해 다른 학교 재입학 등의 적절한 대책을 강구해야 한다.
◐ 관할 구역에서 학교폭력이 발생한 때에 해당 학교의 장 또는 소속 교원이 그 경과 및 결과를 보고함에 있어 축소 및 은폐를 시도한 경우에는 「교육공무원법」 제50조 및 「사립학교법」 제62조에 따른 징계위원회에 징계의결을 요구해야 한다.

◐ 관할 구역에서 학교폭력의 예방 및 대책 마련에 기여한 바가 큰 학교 또는 소속 교원에게 상훈을 수여하거나 소속 교원의 근무성적 평정에 가산점을 부여할 수 있다.
◐ 교육감은 학교폭력의 실태를 파악하고 학교폭력에 대한 효율적인 예방대책을 수립하기 위해 학교폭력 실태조사를 연 2회 이상 실시하고 그 결과를 공표해야 한다.
◐ 학교폭력 등에 관한 조사, 상담, 치유프로그램 운영 등을 위한 전문기관을 설치 · 운영할 수 있다.

③ 학교폭력 조사 · 상담 등

교육감은 학교폭력 예방과 사후조치 등을 위해 다음 각 호의 조사 · 상담 등을 수행할 수 있다.
◐ 학교폭력 피해학생 상담 및 가해학생 조사
◐ 필요한 경우 가해학생 학부모 조사
◐ 학교폭력 예방 및 대책에 관한 계획의 이행 지도
◐ 관할 구역 학교폭력서클 단속
◐ 학교폭력 예방을 위해 민간 기관 및 업소 출입 · 검사
◐ 그 밖에 학교폭력 등과 관련하여 필요로 하는 사항

4) 학교폭력대책위원회

① 기능

학교폭력의 예방 및 대책에 관한 아래와 관련된 사항을 심의하기 위해 국무총리 소속으로 학교폭력대책위원회(이하 '대책위원회'라 한다)를 둔다(법 제7조).
◐ 학교폭력의 예방 및 대책에 관한 기본계획의 수립 및 시행에 대한 평가
◐ 학교폭력과 관련하여 관계 중앙행정기관 및 지방자치단체의 장이 요청하는 사항

◐ 학교폭력과 관련하여 교육청, 제9조에 따른 학교폭력대책지역위원회, 제10조의2에 따른 학교폭력대책지역협의회, 제12조에 따른 학교폭력대책심의위원회, 전문단체 및 전문가가 요청하는 사항

2 구성

◐ 위원장 2명을 포함하여 20명 이내의 위원으로 구성한다.

◐ 위원장은 국무총리와 학교폭력 대책에 관한 전문지식과 경험이 풍부한 전문가 중에서 대통령이 위촉하는 사람이 공동으로 되고, 위원장 모두가 부득이한 사유로 직무를 수행할 수 없을 때에는 국무총리가 지명한 위원이 그 직무를 대행한다.

3 운영

대책위원회의의 운영은 다음과 같다(시행령 제3조).

◐ 위원장은 회의를 소집하고, 그 의장이 된다.

◐ 회의는 반기별로 1회 소집한다. 다만, 재적위원 3분의 1 이상이 요구하거나 위원장이 필요하다고 인정하는 경우에는 수시로 소집할 수 있다.

◐ 위원장이 회의를 소집할 때에는 회의 개최 5일 전까지 회의 일시 · 장소 및 안건을 각 위원에게 알려야 한다. 다만, 긴급히 소집하여야 할 때에는 그러하지 아니하다.

◐ 대책위원회의 회의는 재적위원 과반수의 출석으로 개의(開議)하고, 출석위원 과반수의 찬성으로 의결한다.

5) 학교폭력대책지역위원회

1 기능

지역의 학교폭력 문제를 해결하기 위해 시 · 도에 학교폭력대책지역위원회(이하 '지역위원회'라 한다)를 둔다. 특별시장 · 광역시장 · 특별자치시장 · 도지사 및

특별자치도지사는 지역위원회의 운영 및 활동에 관하여 시·도의 교육감(이하 '교육감'이라 한다)과 협의해야 하며, 그 효율적인 운영을 위해 실무위원회를 둘 수 있다.

그 기능은 다음과 같다.

◐ 기본계획에 따라 지역의 학교폭력 예방대책을 매년 수립한다.

◐ 해당 지역에서 발생한 학교폭력에 대해 교육감 및 지방경찰청장에게 관련 자료를 요청할 수 있다.

◐ 교육감은 지역위원회의 의견을 들어 제16조제1항제1호(학내외 전문가에 의한 심리상담 및 조언)부터 제3호(치료 및 치료를 위한 요양)까지나 제17조제1항제5호(학내외 전문가에 의한 특별 교육이수 또는 심리치료)에 따른 상담·치료 및 교육을 담당할 상담·치료·교육 기관을 지정해야 한다.

2 구성

지역위원회는 위원장 1인을 포함한 11인 이내의 위원으로 구성한다. 위원장은 특별시·광역시·특별자치시·도·특별자치도(이하 '시·도'라 한다)의 부단체장(특별시의 경우에는 행정(1)부시장, 광역시 및 도의 경우에는 행정부시장 및 행정부지사를 말한다)으로 한다(시행령 제5조).

지역위원회의 위원은 학식과 경험이 풍부하고 청소년보호에 투철한 사명감이 있는 사람으로서 다음 각 호의 어느 하나에 해당하는 사람 중에서 특별시장·광역시장·특별자치시장·도지사·특별자치도지사(이하 '시·도지사'라 한다)가 교육감과 협의해 임명하거나 위촉한다.

◐ 해당 시·도의 청소년보호 업무 담당 국장 및 시·도교육청 생활지도 담당 국장

◐ 해당 시·도의회 의원 또는 교육위원회 위원

◐ 시·도 지방경찰청 소속 경찰공무원

◐ 학생생활지도 경력이 5년 이상인 교원

◐ 판사·검사·변호사

◐ 「고등교육법」 제2조에 따른 학교의 조교수 이상 또는 청소년 관련 연구기

관에서 이에 상당하는 직위에 재직하고 있거나 재직하였던 사람으로서 학교폭력 문제에 대한 전문지식이 있는 사람

- ◐ 청소년 선도 및 보호 단체에서 청소년보호활동을 5년 이상 전문적으로 담당한 사람
- ◐ 「초 · 중등교육법」 제31조제1항에 따른 학교운영위원회(이하 '학교운영위원회'라 한다)의 위원 또는 법 제12조제1항에 따른 학교폭력대책심의위원회(이하 '심의위원회'라 한다) 위원으로 활동하고 있거나 활동한 경험이 있는 학부모
- ◐ 그 밖에 학교폭력 예방 및 청소년 보호에 대한 지식과 경험이 있는 사람

6) 학교폭력대책지역협의회

1 기능

학교폭력예방 대책을 수립하고 기관별 추진계획 및 상호 협력 · 지원 방안 등을 협의하기 위해 시 · 군 · 구에 학교폭력대책지역협의회(이하 '지역협의회'라 한다)를 둔다.

2 구성

지역협의회는 위원장 1명을 포함한 20명 내외의 위원으로 구성한다. 지역협의회의 위원장은 시 · 군 · 구의 부단체장이 된다.

지역협의회의 위원은 학식과 경험이 풍부하고 청소년보호에 투철한 사명감이 있는 사람으로서 다음의 어느 하나에 해당하는 사람 중에서 시장 · 군수 · 구청장이 해당 교육지원청의 교육장과 협의해 임명하거나 위촉한다.

- ◐ 해당 시 · 군 · 구의 청소년보호 업무 담당 국장(국장이 없는 시 · 군 · 구는 과장을 말한다) 및 교육지원청의 생활지도 담당 국장(국장이 없는 교육지원청은 과장을 말한다)
- ◐ 해당 시 · 군 · 구의회 의원
- ◐ 해당 시 · 군 · 구를 관할하는 경찰서 소속 경찰공무원
- ◐ 학생생활지도 경력이 5년 이상인 교원

◐ 판사 · 검사 · 변호사
◐ 「고등교육법」 제2조에 따른 학교의 조교수 이상 또는 청소년 관련 연구기관에서 이에 상당하는 직위에 재직하고 있거나 재직하였던 사람으로서 학교폭력 문제에 대해 전문지식이 있는 사람
◐ 청소년 선도 및 보호 단체에서 청소년보호활동을 5년 이상 전문적으로 담당한 사람
◐ 학교운영위원회 위원 또는 심의위원회 위원으로 활동하거나 활동한 경험이 있는 학부모
◐ 그 밖에 학교폭력 예방 및 청소년보호에 대한 지식과 경험을 가진 사람

7) 학교폭력대책심의위원회

1 기능

학교폭력의 예방 및 대책에 관련된 사항을 심의하기 위해 교육지원청에 학교폭력대책심의위원회(이하 '심의위원회'라 한다)를 둔다. 다만, 심의위원회 구성에 있어 대통령령으로 정하는 사유가 있는 경우에는 교육감의 보고를 거쳐 둘 이상의 교육지원청이 공동으로 심의위원회를 구성할 수 있다(법 제12조).

심의위원회는 학교폭력의 예방 및 대책 등을 위해 다음의 사항을 심의한다.

◐ 학교폭력의 예방 및 대책
◐ 피해학생의 보호
◐ 가해학생에 대한 교육, 선도 및 징계
◐ 피해학생과 가해학생 간의 분쟁조정
◐ 그 밖에 대통령령으로 정하는 사항

2 구성 및 운영

심의위원회는 10명 이상 50명 이내의 위원으로 구성하되, 전체 위원의 3분의 1 이상을 해당 교육지원청 관할 구역 내 학교(고등학교를 포함한다)에 소속된 학생의

학부모로 위촉해야 한다(법 제13조).

심의위원회의 위원은 다음의 어느 하나에 해당하는 사람 중에서 해당 교육장이 임명하거나 위촉한다.

1. 해당 교육지원청의 생활지도 업무 담당 국장 또는 과장(법 제12조제1항에 따라 조례로 정하는 기관의 경우 해당 기관 소속의 공무원 또는 직원으로 한다)

1의2. 해당 교육지원청의 관할 구역을 관할하는 시 · 군 · 구의 청소년보호 업무 담당 국장 또는 과장

2. 교원으로 재직하고 있거나 재직했던 사람으로서 학교폭력 업무 또는 학생생활지도 업무 담당 경력이 2년 이상인 사람

2의2. 「교육공무원법」 제2조제2항에 따른 교육전문직원으로 재직하고 있거나 재직했던 사람

3. 해당 교육지원청 관할 구역 내 학교(고등학교를 포함한다)에 소속된 학생의 학부모

4. 판사 · 검사 · 변호사

5. 해당 교육지원청의 관할 구역을 관할하는 경찰서 소속 경찰공무원

6. 의사 자격이 있는 사람

6의2. 「고등교육법」 제2조에 따른 학교의 조교수 이상 또는 청소년 관련 연구기관에서 이에 상당하는 직위에 재직하고 있거나 재직했던 사람으로서 학교폭력 문제에 대해 전문지식이 있는 사람

6의3. 청소년 선도 및 보호 단체에서 청소년보호활동을 2년 이상 전문적으로 담당한 사람

7. 그 밖에 학교폭력 예방 및 청소년보호에 대한 지식과 경험이 풍부한 사람

심의위원회의 위원장은 다음의 어느 하나에 해당하는 경우에 회의를 소집해야 한다.

◐ 심의위원회 재적위원 4분의 1 이상이 요청하는 경우

◐ 학교의 장이 요청하는 경우

◐ 피해학생 또는 그 보호자가 요청하는 경우

◐ 학교폭력이 발생한 사실을 신고받거나 보고받은 경우
◐ 가해학생이 협박 또는 보복한 사실을 신고받거나 보고받은 경우
◐ 그 밖에 위원장이 필요하다고 인정하는 경우

심의위원회의 업무를 효율적으로 수행하기 위해 필요하면 심의위원회에 소위원회를 둘 수 있다.

3 심의위원회 위원의 제척 · 기피 및 회피

심의위원회의 위원은 피해학생과 가해학생에 대한 조치를 요청하는 경우와 분쟁을 조정하는 경우 다음의 어느 하나에 해당하면 해당 사건에서 제척된다(시행령 제26조).

◐ 위원이나 그 배우자 또는 그 배우자였던 사람이 해당 사건의 피해학생 또는 가해학생의 보호자인 경우 또는 보호자였던 경우
◐ 위원이 해당 사건의 피해학생 또는 가해학생과 친족이거나 친족이었던 경우
◐ 그 밖에 위원이 해당 사건의 피해학생 또는 가해학생과 친분이 있거나 관련이 있다고 인정하는 경우

학교폭력과 관련하여 심의위원회를 개최하는 경우 또는 분쟁이 발생한 경우 심의위원회의 위원에게 공정한 심의를 기대하기 어려운 사정이 있다고 인정할 만한 상당한 사유가 있을 때에는 분쟁당사자는 심의위원회에 그 사실을 서면으로 소명하고 기피신청을 할 수 있다. 심의위원회는 기피신청을 받으면 의결로써 해당 위원의 기피 여부를 결정해야 한다. 이 경우 기피신청 대상이 된 위원은 그 의결에 참여하지 못한다. 심의위원회의 위원이 제척사유에 해당하는 경우에는 스스로 해당 사건을 회피할 수 있다.

7) 전담기구

학교의 장은 교감, 전문상담교사, 보건교사 및 책임교사(학교폭력문제를 담당하는 교

사를 말한다), 학부모 등으로 학교폭력문제를 담당하는 전담기구(이하 '전담기구'라 한다)를 구성해야 한다. 전담기구는 학교폭력에 대한 실태조사(이하 '실태조사'라 한다)와 학교폭력 예방 프로그램을 구성 · 실시하며, 학교의 장 및 심의위원회의 요구가 있는 때에는 학교폭력에 관련된 조사결과 등 활동결과를 보고해야 한다.

3. 피해학생의 보호 및 가해학생에 대한 조치

1) 피해학생의 보호

① 피해학생의 보호조치

심의위원회는 피해학생의 보호를 위해 필요하다고 인정하는 때에는 피해학생에 대해 다음 각 호의 어느 하나에 해당하는 조치(수 개의 조치를 병과하는 경우를 포함한다)를 할 것을 교육장에게 요청할 수 있다(법 제16조). 다만, 학교의 장은 피해학생의 보호를 위해 긴급하다고 인정하거나 피해학생이 긴급보호의 요청을 하는 경우에는 제1호(학내외 전문가에 의한 심리상담 및 조언), 제2호(일시보호) 및 제6호(그 밖에 피해학생의 보호를 위해 필요한 조치)의 조치를 할 수 있다. 이 경우 학교의 장은 심의위원회에 즉시 보고해야 한다.

〈표 1〉 피해학생의 보호조치

제1호. 학내외 전문가에 의한 심리상담 및 조언
제2호. 일시보호
제3호. 치료 및 치료를 위한 요양
제4호. 학급교체
제5호. 삭제 〈2012.3.21.〉
제6호. 그 밖에 피해학생의 보호를 위하여 필요한 조치

2 피해학생의 보호조치 전, 후의 사항

◐ 심의위원회는 피해학생의 보호 조치를 요청하기 전에 피해학생 및 그 보호자에게 의견진술의 기회를 부여하는 등 적정한 절차를 거쳐야 한다.

◐ 피해학생의 보호 조치에 따른 요청이 있는 때에는 교육장은 피해학생의 보호자의 동의를 받아 7일 이내에 해당 조치를 해야 한다.

◐ 피해학생의 보호조치 등 보호가 필요한 학생에 대해 학교의 장이 인정하는 경우 그 조치에 필요한 결석을 출석일수에 산입할 수 있다.

◐ 피해학생이 전문단체나 전문가로부터 제1호부터 제3호까지의 규정에 따른 상담 등을 받는 데에 사용되는 비용은 가해학생의 보호자가 부담해야 한다. 다만, 피해학생의 신속한 치료를 위해 학교의 장 또는 피해학생의 보호자가 원하는 경우에는 「학교안전사고 예방 및 보상에 관한 법률」 제15조에 따른 학교안전공제회 또는 시 · 도교육청이 부담하고 이에 대한 구상권을 행사할 수 있다.

◐ 학교의 장 또는 피해학생의 보호자는 필요한 경우 「학교안전사고 예방 및 보상에 관한 법률」 제34조의 공제급여를 학교안전공제회에 직접 청구할 수 있다.

2) 가해학생에 대한 조치

1 가해학생에 대한 조치

심의위원회는 피해학생의 보호와 가해학생의 선도 · 교육을 위해 가해학생에 대해 〈표 2〉의 가해학생에 대한 조치(수 개의 조치를 병과하는 경우를 포함한다)를 할 것을 교육장에게 요청하여야 하며, 각 조치별 적용 기준은 대통령령으로 정한다. 다만, 퇴학처분은 의무교육과정에 있는 가해학생에 대해는 적용하지 아니한다.

〈표 2〉 **가해학생에 대한 조치**

가해학생에 대한 조치
제1호. 피해학생에 대한 서면사과
제2호. 피해학생 및 신고 · 고발 학생에 대한 접촉, 협박 및 보복행위의 금지
제3호. 학교에서의 봉사
제4호. 사회봉사
제5호. 학내외 전문가에 의한 특별 교육이수 또는 심리치료
제6호. 출석정지
제7호. 학급교체
제8호. 전학
제9호. 퇴학처분

[2] 가해학생에 대한 조치 전, 후의 사항

◐ 가해학생에 대한 조치에 따라 심의위원회가 교육장에게 가해학생에 대한 조치를 요청할 때 그 이유가 피해학생이나 신고 · 고발 학생에 대한 협박 또는 보복 행위일 경우에는 같은 항 각 호의 조치를 병과하거나 조치 내용을 가중할 수 있다.

◐ 가해학생에 대한 조치 제2호(피해학생 및 신고 · 고발 학생에 대한 접촉, 협박 및 보복행위의 금지)부터 제4호(사회봉사)까지 및 제6호(출석정지)부터 제8호(전학)까지의 처분을 받은 가해학생은 교육감이 정한 기관에서 특별교육을 이수하거나 심리치료를 받아야 하며, 그 기간은 심의위원회에서 정한다.

◐ 학교의 장은 가해학생에 대한 선도가 긴급하다고 인정할 경우 우선 가해학생에 대한 조치 제1호(피해학생에 대한 서면사과)부터 제3호(학교에서의 봉사)까지, 제5호(학내외 전문가에 의한 특별 교육이수 또는 심리치료) 및 제6호(출석정지)의 조치를 할 수 있으며, 제5호(학내외 전문가에 의한 특별 교육이수 또는 심리치료)와 제6호(출석정지)는 병과조치할 수 있다. 이 경우 심의위원회에 즉시 보고하여 추인을 받아야 한다.

◐ 심의위원회는 가해학생에 대한 조치를 요청하기 전에 가해학생 및 보호자에게 의견진술의 기회를 부여하는 등 적정한 절차를 거쳐야 한다.

◐ 가해학생에 대한 조치에 따른 요청이 있는 때에는 교육장은 14일 이내에 해당 조치를 해야 한다.

③ 가해학생에 대한 조치별 적용 기준

가해학생에 대한 조치의 적용 기준은 다음 각 호의 사항을 고려해 결정하고, 그 세부적인 기준은 교육부장관이 정하여 고시한다(시행령 제19조).

◐ 가해학생이 행사한 학교폭력의 심각성 · 지속성 · 고의성
◐ 가해학생의 반성 정도
◐ 해당 조치로 인한 가해학생의 선도 가능성
◐ 가해학생 및 보호자와 피해학생 및 보호자 간의 화해의 정도
◐ 피해학생이 장애학생인지 여부

4. 행정심판 및 분쟁조정

1) 행정심판

교육장의 피해학생의 보호(법 제16조제1항) 및 가해학생에 대한 조치(법 제17조제1항)에 대해 이의가 있는 피해학생 또는 그 보호자는 「행정심판법」에 따른 행정심판을 청구할 수 있다. 또한, 교육장의 가해학생에 대한 조치(법 제17조제1항)에 대해 이의가 있는 가해학생 또는 그 보호자는 「행정심판법」에 따른 행정심판을 청구할 수 있다(법 제17조의2).

2) 분쟁조정

심의위원회는 법 제18조에 근거하여 학교폭력과 관련하여 분쟁이 있는 경우에는 그 분쟁을 조정할 수 있다. 분쟁의 조정기간은 1개월을 넘지 못하고, 학교폭력과 관련한 분쟁조정에는 다음의 사항을 포함한다.

◐ 피해학생과 가해학생 간 또는 그 보호자 간의 손해배상에 관련된 합의조정

◐ 그 밖에 심의위원회가 필요하다고 인정하는 사항

① 분쟁조정의 신청

피해학생, 가해학생 또는 그 보호자 중 어느 한쪽은 분쟁사건에 대한 조정권한이 있는 심의위원회 또는 교육감에게 다음 각 호의 사항을 적은 문서로 분쟁조정을 신청할 수 있다.

◐ 분쟁조정 신청인의 성명 및 주소
◐ 보호자의 성명 및 주소
◐ 분쟁조정 신청의 사유

② 분쟁조정의 개시

심의위원회 또는 교육감은 분쟁조정의 신청을 받으면 그 신청을 받은 날부터 5일 이내에 분쟁조정을 시작해야 하고, 분쟁당사자에게 분쟁조정의 일시 및 장소를 통보해야 한다.

통지를 받은 분쟁당사자 중 어느 한쪽이 불가피한 사유로 출석할 수 없는 경우에는 심의위원회 또는 교육감에게 분쟁조정의 연기를 요청할 수 있다.

[그림 1] **분쟁조정의 흐름**

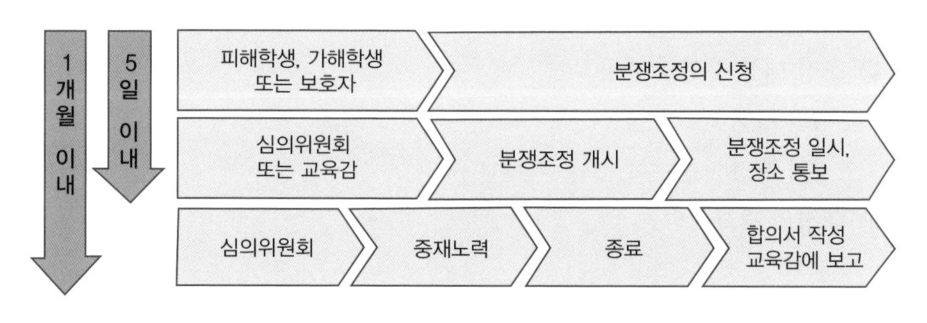

★ *그림 출처: 교육부 등(2018). 학교폭력 사안처리 가이드북*

3 분쟁조정의 거부 · 중지 및 종결

심의위원회 또는 교육감은 다음 각 호의 어느 하나에 해당하는 사유가 발생한 경우에는 분쟁조정의 개시를 거부하거나 분쟁조정을 중지할 수 있다.

◐ 분쟁당사자 중 어느 한쪽이 분쟁조정을 거부한 경우

◐ 피해학생 등이 관련된 학교폭력에 대해 가해학생을 고소 · 고발하거나 민사상 소송을 제기한 경우

◐ 분쟁조정의 신청내용이 거짓임이 명백하거나 정당한 이유가 없다고 인정되는 경우

심의위원회 또는 교육감은 다음의 어느 하나에 해당하는 사유가 발생한 경우에는 분쟁조정을 끝내야 한다.

◐ 분쟁당사자 간에 합의가 이루어지거나 심의위원회 또는 교육감이 제시한 조정안을 분쟁당사자가 수락하는 등 분쟁조정이 성립한 경우

◐ 분쟁조정 개시일부터 1개월이 지나도록 분쟁조정이 성립하지 아니한 경우

4 분쟁조정의 결과 처리

심의위원회 또는 교육감은 분쟁조정이 성립하면 다음의 사항을 적은 합의서를 작성하여 분쟁당사자와 피해학생 및 가해학생이 소속된 학교의 장에게 각각 통보해야 한다.

◐ 분쟁당사자의 주소와 성명

◐ 조정 대상 분쟁의 내용

- 분쟁의 경위
- 조정의 쟁점(분쟁당사자의 의견을 포함한다)

◐ 조정의 결과

합의서에는 심의위원회가 조정한 경우에는 분쟁당사자와 조정에 참가한 위원이, 교육감이 조정한 경우에는 분쟁당사자와 교육감이 각각 서명 날인해야 한다. 심의위원회의 위원장은 분쟁조정의 결과를 교육감에게 보고해야 한다.

5. 의무, 보호 및 벌칙에 대한 사항

1) 학교폭력 예방교육

학교의 장은 법 제15조에 근거하여 학생의 육체적·정신적 보호와 학교폭력의 예방을 위한 학생들에 대한 교육(학교폭력의 개념·실태 및 대처방안 등을 포함해야 한다)을 학기별로 1회 이상 실시하여야 하고, 학교폭력의 예방 및 대책 등을 위한 교직원 및 학부모에 대한 교육을 학기별로 1회 이상 실시해야 한다. 교육장은 학교폭력 예방교육 프로그램의 구성과 운용계획을 학부모가 쉽게 확인할 수 있도록 인터넷 홈페이지에 게시하고, 그 밖에 다양한 방법으로 학부모에게 알릴 수 있도록 노력해야 한다.

교직원에 대한 학교폭력 예방교육은 학교폭력 관련 법령에 대한 내용, 학교폭력 발생 시 대응요령, 학생 대상 학교폭력예방 프로그램 운영 방법 등을 포함해야 한다.

학부모에 대한 학교폭력 예방교육은 학교폭력 징후 판별, 학교폭력 발생 시 대응요령, 가정에서의 인성교육에 관한 사항을 포함해야 한다.

2) 장애학생의 보호

누구든지 장애 등을 이유로 장애학생에게 학교폭력을 행사해서는 아니 되며, 심의위원회는 학교폭력으로 피해를 입은 장애학생의 보호를 위해 장애인전문 상담가의 상담 또는 장애인전문 치료기관의 요양 조치를 학교의 장에게 요청할 수 있다(법 제16조의 2).

3) 학교폭력의 신고의무

법 제20조에 따른 학교폭력의 신고의무는 다음과 같다. 학교폭력 현장을 보거나 그 사실을 알게 된 자는 학교 등 관계 기관에 이를 즉시 신고해야 한다. 학교폭력 신고를 받은 기관은 이를 가해학생 및 피해학생의 보호자와 소속 학교의 장에게 통보해야 하며, 통보받은 소속 학교의 장은 이를 심의위원회에 지체 없이 통보해야 한다.

누구라도 학교폭력의 예비 · 음모 등을 알게 된 자는 이를 학교의 장 또는 심의위원회에 고발할 수 있다. 다만, 교원이 이를 알게 되었을 경우에는 학교의 장에게 보고하고 해당 학부모에게 알려야 한다.

4) 학생보호인력의 배치

국가 · 지방자치단체 또는 학교의 장은 학교폭력을 예방하기 위해 학교 내에 학생보호인력을 배치하여 활용할 수 있다.

5) 비밀누설 금지

학교폭력의 예방 및 대책과 관련된 업무를 수행하거나 수행하였던 자는 그 직무로 인해 알게 된 비밀 또는 가해학생 · 피해학생 및 제20조에 따른 신고자 · 고발자와 관련된 자료를 누설하여서는 아니 된다. 이를 위반한 자는 법 제22조에 따라 1년 이하의 징역 또는 1천만 원 이하의 벌금에 처한다.

심의위원회의 회의는 공개하지 아니한다. 다만, 피해학생 · 가해학생 또는 그 보호자가 회의록의 열람 · 복사 등 회의록 공개를 신청한 때에는 학생과 그 가족의 성명, 주민등록번호 및 주소, 위원의 성명 등 개인정보에 관한 사항을 제외하고 공개해야 한다.

6) 벌칙 및 과태료

학교폭력의 예방 및 대책과 관련된 업무를 수행하거나 수행하였던 자는 그 직무로 인해 알게 된 비밀 또는 가해학생 · 피해학생 및 신고자 · 고발자와 관련된 자료를 누설하여서는 아니 된다. 이를 위반한 자는 법 제22조에 따라 1년 이하의 징역 또는 1천만 원 이하의 벌금에 처한다.

심의위원회는 가해학생이 특별교육을 이수할 경우 해당 학생의 보호자도 함께 교육을 받게 해야 한다. 이에 따른 심의위원회의 교육 이수 조치를 따르지 아니한 보호자에게는 300만원 이하의 과태료를 부과한다.

6. 사법처리 절차

학교폭력에 연루된 경우 학교폭력예방법 만이 아니라 다음과 같은 다양한 사법적 조치를 받을 수 있다(교육부 등, 2018).

1) 학교폭력대책심의위원회 조치와 사법적 조치(민·형사상 책임)와의 관계

학교폭력이 발생한 경우에, 학교폭력예방법에 따라 심의위원회에서 가해학생 및 피해학생에게 취하는 조치와 별도로 학교폭력 사안에 대해 사법적 조치를 취할 수 있다. 가해학생은 학교폭력예방법에 의한 선도·교육 조치를 받은 경우에도, 형법 또는 소년법에 따라 형사상의 처벌의 대상이 될 수 있으며, 가해학생에 대한 심의위원회의 요청에 따른 학교장의 조치 또는 형사상의 처벌과는 별도로, 가해학생의 폭력행위로 인해 발생한 손해에 대한 배상을 가해학생 및 그 보호자, 학교장 및 교사 등을 상대로 청구할 수 있다.

2) 형사처벌의 대상이 될 수 있는 학교폭력 사안

1 피해학생 및 보호자가 고소할 수 있는 사안

가해학생의 학교폭력 행위가 형법상의 상해, 폭행, 감금, 협박, 약취·유인, 명예훼손·모욕, 공갈, 강요 등에 해당하는 경우에 학교폭력예방법상의 조치와 별도로, 고소가 가능하다.

2 피해학생의 고소 없이도 형사사법 처리되는 사안

피해학생이 가해학생의 폭력 행위로 사망한 경우 또는 피해학생이 한쪽 시력을 상실하거나 중환자실에 입원할 정도의 중상해를 입은 경우에는, 피해학생의 고소 없이도 가해학생에 대한 형사사법절차가 시작될 수 있다.

3 교사, 학교장 등이 고발할 수 있는 사안

가해학생의 학교폭력 행위가 형사처벌 대상이 될 경우 교사, 학교장 등은 고발할 수 있다. 단, 학교폭력행위가 친고죄 혹은 반의사불벌죄에 해당할 경우는 고소권자의 고소 처벌의사가 있는 경우에만 형사처벌이 가능하다.

3) 소년법상의 처리절차

소년사법처리의 대상은 나이에 따라 달라질 수 있다. 만 14세가 되지 아니한 자의 행위는 형사처벌을 할 수 없다. 만 10세 이상인 자에게는 보호처분을 할 수 있다. 만 10세 미만인 자에게는 형사처벌은 물론 보호처분도 할 수 없다.

4) 학교폭력 사안에 대한 민사처리절차

학교폭력으로 인해 치료비 등 손해가 발생한 경우에, 그에 대한 민사상의 손해배상청구가 가능하다. 모든 학교폭력 사안에 대해 민사처리가 가능하며, 민사 소송에 의한 손해배상청구는 치료비와 정신적 손해에 대한 배상청구로 이루어진다.

7. 학교폭력 예방 및 대책에 관한 법률 주요 개정

교육부(2019)는 학교폭력 사안별 상황을 고려해, 학교의 교육적 해결기능을 회복하고 학생 간 관계회복에 집중할 수 있도록 하며, 현행 제도가 교사의 교육적 해결의지를 약화시키고 가·피해자 간 소송을 부추기는 등 부작용이 발생됨에 따라 학교의 교육력 회복을 위한 제도개선 요구에 따라 2019년 학교폭력 예방 및 대책에 관한 법률을 일부 개정했다고 밝혔다. 아래 내용은 교육부(2019)에서 발표한 학교폭력 예방 및 대책에 관한 법률 주요 개정내용이다.

1) 학교폭력 예방 및 대책에 관한 법률 개정 취지

1 학교폭력대책자치위 심의건수 증가로 교원 및 학교의 업무부담이 증가했다.
2 학교폭력 처리의 전문성이 부족하다. 이에, 교육지원청에 학교폭력대책심의위원회 설치 및 학교폭력대책자치위원회 기능 이관이 필요하다.
3 경미한 학교폭력 사안의 경우에도 학교폭력대책자치위원회 심의대상이 되어 교육적 해결이 곤란하다. 이에, 일정요건에 해당하는 학교폭력 사안에 대해 학교자체 해결할 수 있는 제도가 필요하다.
4 피해학생과 가해학생에 대한 재심절차 폐지가 필요하다.

2) 학교폭력 예방 및 대책에 관한 법률 주요 개정내용

개정된 학교폭력 예방 및 대책에 관한 법률 주요 개정내용을 신구조문으로 대비해 교육부(2019)에서 제시한 것은 아래 표와 같다.

<표 3> 신구조문 대비표

조항	현행	개정안
12조	제12조(학교폭력대책자치위원회의 설치·기능) ① 학교폭력의 예방 및 대책에 관련된 사항을 심의하기 위해 학교에 학교폭력대책자치위원회(이하 "자치위원회"라 한다)를 둔다. 다만, 자치위원회 구성에 있어 대통령령으로 정하는 사유가 있는 경우에는 교육감의 보고를 거쳐 둘 이상의 학교가 공동으로 자치위원회를 구성할 수 있다.	제12조(학교폭력대책심의위원회의 설치·기능) ① --「지방교육자치에 관한 법률」 제34조 및 「제주특별자치도 설치 및 국제자유도시 조성을 위한 특별법」 제80조에 따른 교육지원청(해당 시·도 조례로 정하는 기관으로 한다. 이하 같다)에 학교폭력대책심의위원회(이하 "심의위원회"라 한다)를-----. 다만, 심의위원회 ---교육감-----------------------교육지원청이 공동으로 심의위원회를---------------.
13조	제13조(자치위원회의 구성·운영) ① 자치위원회는 위원장 1인을 포함하여 5인 이상 10인 이하의 위원으로 구성하되, 대통령령으로 정하는 바에 따라 전체위원의 과반수를 학부모전체회의에서 직접 선출된 학부모대표로 위촉하여야 한다. 다만, 학부모전체회의에서 학부모대표를 선출하기 곤란한 사유가 있는 경우에는 학급별 대표로 구성된 학부모대표회의에서 선출된 학부모대표로 위촉할 수 있다.	제13조(심의위원회의 구성·운영) ① 심의위원회는 10명 이상 50명 이내의 위원으로 구성하되, 전체위원의 3분의 1 이상을 해당 교육지원청 관할 구역 내 학교(고등학교를 포함한다)에 소속된 학생의 학부모로 위촉하여야 한다.

13조의2	〈신 설〉	제13조의2(학교의 장의 자체해결) ① 제13조제2항제4호 및 제5호에도 불구하고 피해학생 및 그 보호자가 심의위원회의 개최를 원하지 아니하는 다음 각 호에 모두 해당하는 경미한 학교폭력의 경우 학교의 장은 학교폭력 사건을 자체적으로 해결할 수 있다. 이 경우 학교의 장은 지체 없이 이를 심의위원회에 보고해야 한다. 1. 2주 이상의 신체적·정신적 치료를 요하는 진단서를 발급받지 않은 경우 2. 재산상 피해가 없거나 즉각 복구된 경우 3. 학교폭력이 지속적이지 않은 경우 4. 학교폭력에 대한 신고, 진술, 자료제공 등에 대한 보복행위가 아닌 경우 ② 학교의 장은 제1항에 따라 사건을 해결하려는 경우 다음 각 호에 해당하는 절차를 모두 거쳐야 한다. 1. 피해학생과 그 보호자의 심의위원회 개최 요구 의사의 서면 확인 2. 학교폭력의 경중에 대한 제14조제3항에 따른 전담기구의 서면 확인 및 심의 ③ 그 밖에 학교의 장이 학교폭력을 자체적으로 해결하는 데에 필요한 사항은 대통령령으로 정한다.
14조	제14조(전문상담교사 배치 및 전담기구 구성) ① (생 략) ② 전문상담교사는 학교의 장 및 자치위원회의 요구가 있는 때에는 학교폭력에 관련된 피해학생 및 가해학생과의 상담결과를 보고해야 한다. ③ 학교의 장은 교감, 전문상담교사, 보건교사 및 책임교사(학교폭력문제를 담당하는 교사를 말한다) 등으로 학교폭력문제를 담당하는 전담기구(이하 "전담기구"라 한다)를 구성하며, 학교폭력 사태를 인지한 경우 지체 없이 전담기구 또는 소속 교원으로 하여금 가해 및 피해 사실 여부를 확인하도록 한다. 〈신설〉	제14조(전문상담교사 배치 및 전담기구 구성) ① (현행과 같음) ② ----------------------------심의위원회의---. ③ ---, 학부모 등으로---구성한다. 이 경우 학부모는 전담기구 구성원의 3분의 1 이상이어야 한다. ④ 학교의 장은 학교폭력 사태를 인지한 경우 지체 없이 전담기구 또는 소속 교원으로 하여금 가해 및 피해 사실 여부를 확인하도록 하고, 전담기구로 하여금 제13조의2에 따른 학교의 장의 자체해결 부의 여부를 심의하도록 한다.

17조 의2	제17조의2(재심청구) ① 학교의 장이 제16조제1항 및 제17조제1항에 따라 내린 조치에 대해 이의가 있는 피해학생 또는 그 보호자는 그 조치를 받은 날부터 15일 이내 또는 그 조치가 있음을 알게 된 날부터 10일 이내에 지역위원회에 재심을 청구할 수 있다. ② 학교의 장이 제17조제1항제8호와 제9호에 따라 내린 조치에 대해 이의가 있는 학생 또는 그 보호자는 그 조치를 받은 날부터 15일 이내 또는 그 조치가 있음을 알게 된 날부터 10일 이내에 「초·중등교육법」 제18조의3에 따른 시·도학생징계조정위원회에 재심을 청구할 수 있다. ③ 지역위원회가 제1항에 따른 재심청구를 받은 때에는 30일 이내에 이를 심사·결정하여 청구인에게 통보해야 한다. ④ 제3항의 결정에 이의가 있는 청구인은 그 통보를 받은 날부터 60일 이내에 행정심판을 제기할 수 있다. ⑤ 제1항에 따른 재심청구, 제3항에 따른 심사 절차 및 결정 통보 등에 필요한 사항은 대통령령으로 정한다.	제17조의2(행정심판) ① 교육장이--「행정심판법」에 따른 행정심판을---------------. ② 교육장이 제17조제1항에--------------------------------------가해학생-------------------「행정심판법」에 따른 행정심판을---------------. ③ 제1항 및 제2항에 따른 행정심판청구에 필요한 사항은 「행정심판법」을 준용한다. 〈삭 제〉 〈삭 제〉
19조	제19조(학교의 장의 의무) 학교의 장은 교육감에게 학교폭력이 발생한 사실 및 제16조, 제16조의2, 제17조, 제17조의2 및 제18조에 따른 조치 및 그 결과를 보고하고, 관계 기관과 협력하여 교내 학교폭력 단체의 결성예방 및 해체에 노력해야 한다.	제19조(학교의 장의 의무) ① 학교의 장은 제16조, 제16조의2, 제17조에 따른 조치의 이행에 협조해야 한다. ② 학교의 장은 학교폭력을 축소 또는 은폐하여서는 아니 된다. ③ 학교의 장은 교육감에게 학교폭력이 발생한 사실과 제13조의2에 따라 학교의 장의 자체해결로 처리된 사건, 제16조, 제16조의2, 제17조 및 제18조에 따른 조치 및 그 결과를 보고하고, 관계 기관과 협력하여 교내 학교폭력 단체의 결성예방 및 해체에 노력해야 한다.

21조 의2	〈신 설〉	제21조의2(「지방교육자치에 관한 법률」에 관한 특례) 교육장은 「지방교육자치에 관한 법률」 제35조에도 불구하고 이 법에 따른 고등학교에서의 학교폭력 피해학생 보호, 가해학생 선도·교육 및 피해학생과 가해학생 간의 분쟁조정 등에 관한 사무를 위임받아 수행할 수 있다.

★ 표 출처: 교육부 (2019). 학교폭력 예방 및 대책에 관한 법률 주요 개정내용

제10장. 학교폭력 예방 및 대책을 위한 정책

학교와 사회의 변화에 따라 학교폭력 정책도 변화하고 있다. 본 장에서는 2012년과 2023년에 발표된 학교폭력 근절 종합대책, 초등학교 맞춤형 학교폭력 대책과 학교폭력 예방 및 대책 기본계획을 토대로 한 정책을 제시하고자 한다.

1. 2012년 학교폭력 근절 종합대책

정부는 "학교폭력은 학교에만 맡겨둘 것이 아니라, 우리 사회 전체가 함께 나서서 해결해야 한다"는 의지를 가지고 2012년 2월 '학교폭력 근절 종합대책'을 최종 확정하여 발표했다. 학교폭력 근절 종합대책은 학교폭력의 근본적인 원인으로 지목되고 있는 인성교육이 형식화된 교육현실에 대해 반성하고, 7대 실천 정책을 수립했다.

[그림 1] **학교폭력 근절 7대 실천 정책**

목표	학교폭력 없는 행복한 학교		
직접대책	'사소한 괴롭힘도 범죄'라는 인식하에 철저히 대응		
	학교장과 교사의 역할 및 책임 강화		
	대처 권한 부족 및 학교폭력 은폐	➡	대처 권한 및 역할 대폭 강화 은폐 시 엄정 조치로 책무성 확보
	신고 · 조사체계 개선 및 가해 · 피해학생에 대한 조치 강화		
	신고 번호 분산 체계적 대응체계 부재 처벌 및 보호조치 미흡	➡	신고 체계 일원화 조사 · 지원가능 체계화 가해 · 피해 학생 조치 강화
	또래활동 등 예방교육 확대		
	건전한 또래문화 미형성	➡	학생 간의 자율적 갈등 해결 학교 단위 예방교육 체계화
	학부모 교육 확대 및 학부모의 책무성 강화		
	참여 부족, 무관심 책무성 미흡	➡	학부모 교육 · 자원봉사 확대
근본대책			
	교육 전반에 걸친 인성교육 실천		
	학업 성취 수준은 높으나 인성, 사회성은 낮은 수준	➡	바른생활습관, 학생생활규칙 준수 등 실천적 인성교육 추진
	가정과 사회의 역할 강화		
	민관의 유기적 대응 미흡 가정의 교육기능 약화	➡	민관 협력체계 강화 가정의 교육기능 회복
	게임 · 인터넷 중독 등 유해요인 대책		
	교육적 시각에서 심의 · 규제 기능 미흡	➡	게임 · 인터넷 심의 · 규제 및 예방 · 치유교육 확대

1) 학교장과 교사의 역할 및 책임 강화

[I] 학교장의 역할 및 책무성 강화

① 가해학생 즉시 조치

학교장이 필요하다고 판단하는 경우, 가해학생에 대해 즉시 출석정지 조치하고 별도의 시설에서 교육을 받도록 할 수 있다.

② 학교폭력대책자치위원회 운영 활성화

학교장은 학교폭력대책자치위원회를 분기별로 1회 정기 개최하여 학내 폭력 실태 점검 및 교육 방안을 논의해야 한다.

③ 학교폭력 은폐 시 엄중 조치

학교에서 학교폭력을 은폐하려는 사실이 발각된 경우, 학교장 및 관련교원에 대해 4대 비위(금품수수, 성적조작, 성폭력범죄, 신체적 폭력) 수준에서 징계한다.

2 담임의 역할 강화 및 생활지도 여건 조성

① 복수담임제 도입 등 담임의 역할 강화

담임교사는 매학기 1회 이상 학생과 1:1면담을 실시하고, 면담 결과를 학부모에게 통지해야 하는 등 담임교사의 역할이 강화되었고, 학급의 학생수가 과다한 경우 생활지도 업무부담이 클 수 있으므로, 담임교사를 추가 배치할 수 있도록 복수담임제도를 도입한다.

② 학생생활지도 기록관리 도입

학교폭력 가·피해 학생의 학교폭력(게임중독 등 포함) 관련 사실, 상담, 치료 등에 관한 사항을 개인별로 누적 기록·관리하고, 생활지도 자료로 활용할 수 있다.

③ 학교폭력 관련 징계사항 학교생활기록부 기재

학교폭력대책자치위원회의 조치사항을 학교생활기록부에 기재하고, 기재된 내용은 학생이해와 지도에 활용하고 상급학교 진학 시 자료로 제공한다.

④ 생활지도에 전념할 수 있는 환경조성

학교별 생활지도전담팀 운영, 행정업무경감, 법률상담지원 등 다각적인 지원책을 마련하여 교사가 수업과 생활지도에 전념할 수 있도록 한다.

⑤ 상담인력 확충(전문상담교사, Wee 클래스 확충)

전문상담인력 배치 및 Wee 클래스 구축을 추진한다.

3 교원 양성-임용-연수 단계에서 생활지도 역량 강화

① 교원양성과정

2012년도부터 교사자격증을 받기 위해서는 교직소양 분야에 '학교폭력 예방 및 대책' 과목을 반드시 이수하도록 하여, 예비교원들의 학교폭력 대처 역량을 높인다.

② 교원임용개선

신규로 교사를 채용할 경우, 학생에 대한 이해, 학교폭력 상황 문제해결 능력 등을 검증하기 위한 교직 적성 심층면접 등을 실시한다.

③ 교원연수개선

각종 자격연수 및 직무연수에 학교폭력 예방 관련 교과목을 대폭 반영한다.

2) 신고-조사체계 개선 및 가·피해학생에 대한 조치 강화

1 117 학교폭력신고센터 설치 및 조사 기능 강화

① 신고센터 설치 및 원스톱지원센터 운영

교과부·여가부·경찰청이 각각 운영하던 학교폭력신고전화를 경찰청 '117'로 통합하고, 교과부와 여가부의 협조를 받아 경찰청이 24시간 운영하는 '117학교폭력신고센터'를 광역단위로 확대·설치하며, 학교폭력신고센터는 접수된 학교폭력 사안의 경중을 판단하여 경찰청 또는 학교폭력 원스톱지원센터(Wee센터, CYS-Net)로 사건을 이송· 처리한다.

② 학교폭력 조사 기능 강화

학교폭력 사안조사가 보다 심층적으로 이루지고, 신속한 사안 해결을 위해 시·도교육청과 학교폭력 원스톱지원센터(Wee센터, CYS-Net)에는 학교폭력에 관한 전문조사 인력을 배치한다.

2 학교폭력 은폐 방지를 위한 제도개선

① 국가수준의 학교폭력 데이터 수집·분석체계 구축

매년 초4~고3 학생 대상으로 학교폭력 실태 전수조사를 실시한다.

② 학교폭력 관련 정보공개 개선

정확한 실태조사를 위해 교과부·한국교육개발원이 직접 조사를 주관하며, 조사결과를 바탕으로 시·도교육청, 경찰청과 공조하여 학교폭력 위험지역(학교)을 집중 지도·관리한다.

3 피해학생에 대한 우선적 보호와 치유 지원

① 피해학생 보호 및 치유 지원

학교폭력 사안을 해결하는 데 있어 피해학생이 최우선적으로 보호받고 신속하게 치유될 수 있도록 관련 제도를 개선한다.

◐ 사안이 중대한 경우 피해학생은 경찰동행 보호를 받을 수 있고, 필요시 경찰이 가해학생을 감독하게 된다.

◐ 「학교폭력 예방 및 대책에 관한 법률」 제16조 피해학생에 대한 보호 조치 중 '전학 권고'를 삭제한다.

◐ 피해학생 또는 피해학생 보호자가 요청하는 경우, 상급학교 진학 시 피해학생과 가해학생이 동일학교로 배정되지 않도록 조치한다.

피해학생의 심리적 고통을 조기에 경감하고 피해자가 가해자가 되는 악순환에 빠지지 않도록 심리상담을 의무적으로 받도록 하고, 교육지원청은 피해학생의 의료·법률문제도 원활하게 해결할 수 있도록 지원한다. 자치단체 등과 연계하여 피해학생을 일시 보호할 수 있는 쉼터, 피해학생보호센터를 마련하여 피해학생 치유프로그램을 운영한다.

② 피해학생 先치료지원-後처리시스템 마련

학교폭력대책자치위원회에서 조치가 결정된 학교폭력 사안에 대해서는 가해학생 측의 경제적 사정과 관계없이 학교안전공제회가 피해학생의 심리상담·일시보호·치료를 위한 요양에 소요된 비용을 우선 부담한 후 가해학생 부모에게 구상권을 행사한다.

[그림 2] **학교안전공제회 피해학생 보상 절차 개선(안)**

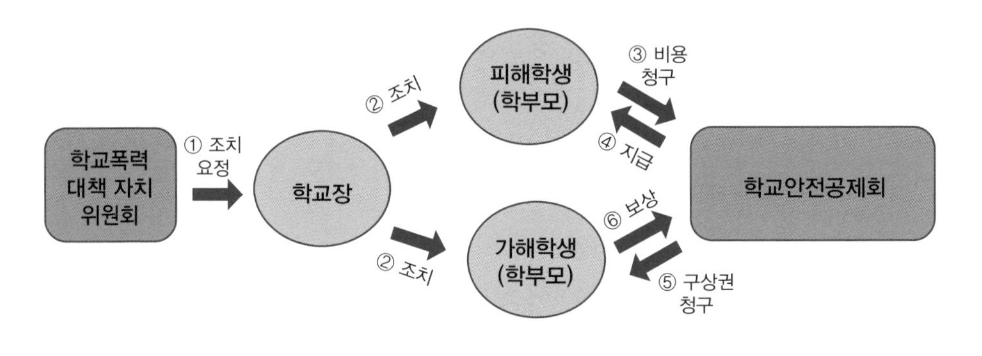

★ 그림 출처: 관계부처합동(2012). 학교폭력, 이제 그만! 7대 실천 정책으로 학교폭력 없는 행복한 학교를 만든다

4 가해학생에 대한 엄격한 조치 및 재활치료 지원

① 가해학생에 대한 엄격한 조치 관련 제도 개선

가해학생이 피해학생 또는 신고한 학생에게 보복행위를 하거나, 장애학생에 대한 폭력을 행사하는 경우 엄정하게 징계조치한다. 피해학생 보호에 필요한 기간 동안 가해학생에 대한 출석정지 제한을 두지 않음에 따라, 유급도 가능할 수 있다.

학교폭력대책자치위원회에서 가해학생에 대해 '전학' 조치를 내린 경우, 지역

교육장 또는 교육감은 학교구 또는 행정구역과 관계없이 피해학생 보호에 충분한 거리를 두어 전학 조치해야 한다.

② 가해학생의 재활치료 지원

시·도교육감은 Wee 스쿨, 청소년 비행예방센터(법무부), 시·도 학생교육원(수련원), 민간기관, 직업훈련기관 등을 활용해 가해학생 재활프로그램을 필수 운영한다.

5 일진(학교폭력서클) 엄정 대응

① 경찰청 주관 지속적 대응 및 조기 예방교육

일진회 문제는 관할 경찰서장이 직접 지휘하여 발본색원한다.

② 일진 경보제 도입

학생들의 인식을 기초로 포착이 어려운 일진회의 존재 여부를 주기적으로 탐색·대응하는 '일진 경보제'를 도입한다.

3) 또래활동 등 예방교육 확대

1 건전한 학교문화 형성을 위한 또래활동 지원

수업(교과교육)을 통해 학습한 것을 창의적 체험활동으로 연계하여 또래 프로그램이 운영될 수 있도록 교육과정에 반영하고, 학교교육과정 및 학교계획에 의한 학생 또래활동, 자치법정 등 자율 활동 관련 내용은 학생부 특기사항 및 에듀팟에 기록한다.

① 또래 프로그램 도입·운영지원

② 또래상담·중재 도입 지원

③ 또래상담·중재활동 지도자 양성

④ 학생자치활동 강화

⑤ 학생모니터단 운영

2 '사소한 괴롭힘'도 폭력임을 단계적으로 교육

① 계획적인 학교폭력 예방 추진

모든 학교를 '학교폭력 예방·조기발견 계획'을 학교교육과정 운영계획 수립에 반드시 반영하고, 학교실정에 적합한 학교폭력 예방 교육활동을 연중 실시한다.

② 모든 학생 대상 진단·선별 검사 실시

학교장은 모든 학생들을 대상으로 연1회 정서·행동발달 선별검사를 실시하고, 검사 결과 폭력 가·피해 징후가 보이는 학생에 대해 담임교사, 보건교사, 상담교사가 Wee 센터 등과 연계하여 철저한 조치를 취하도록 한다.

③ 학교폭력 예방 자료 보급

교과부는 학교폭력 예방을 위한 학생 교육자료, 학부모·교사용·관리자용 매뉴얼을 책자·동영상·휴대폰 앱 등 다양한 형태로 개발하여 제공한다.

④ 온라인 예방교육

3 학교폭력 예방 사이버 상담 지원

① 학교폭력 전문 사이버 상담 및 관련 정보 제공

기존의 Wee 포털사이트(www.wee.go.kr) 사이버상담센터, 청소년사이버상담센터(www.cyber1388.kr), '굿바이 학교폭력' 스마트폰 애플리케이션의 학교폭력 상담 기능을 강화하고, 일일 방문객 수가 많은 네이버 등 인터넷포털 사이트 및 SNS 서비스를 활용해 학생들이 손쉽게 학교폭력 상담에 접근할 수 있도록 한다.

② 온라인 상담 활성화

면대면 상담을 꺼리는 학생들의 고민을 쉽게 털어놓을 수 있도록, 인터넷과 SNS를 통한 전문 사이버 상담 및 학교폭력 예방 정보 제공 서비스를 시작한다. 전문상담교사, 전문상담교사 자격증 소지 교사, 또래상담자격 학생 가운데 사이버 상담사로 선발하여 활용한다.

4) 학부모교육 확대 및 학부모의 책무성 강화

[1] 자녀이해 지원을 위한 학부모교육 및 교육정보제공 대폭 확대

① 학부모교육 확대 및 다변화

교육청·학교로 찾아오는 학부모에 한정하던 학부모교육의 대상을 '모든 학부모'로 전면 확대한다. 학부모교육의 공간을 직장, 민간단체 등 교육청·학교 밖으로 확장하는 한편, 시간적 제약의 문제를 해결하기 위해 학부모교육포털(www.parents.go.kr)을 통해 온라인 교육을 활성화한다.

② 교육과정 및 자료 개발

바람직한 자녀교육을 위해 학부모가 반드시 알아야 할 핵심 분야를 선정하여 교육 자료를 제작하고 관련 기관에 제공한다.

③ 학부모교육 강사풀 구축 및 제공

[2] 학부모교육에 대한 교육청 · 학교의 책무성 강화

① 학교설명회 및 핵심정책 학부모교육

학교는 학부모들을 대상으로 학기당 1회 이상 학교설명회를 의무적으로 일과 후에 개최하도록 하고, 그 실적을 학교평가, 시·도교육청 평가, 학교정보공시 등에 반영한다.

② 학부모 상담기회 등 확대

학교폭력 예방 및 인성지도 등에 대한 교사와 학부모 간 소통을 위해, 단위학교에서 학기별 1회 이상 학부모와 교사 간의 개인 또는 그룹 상담 기회를 제공한다. 필요한 경우 학부모의 상황을 고려해 가정방문 면담 또는 이메일 면담 실시도 가능하다.

③ 학부모 소환 및 특별교육이수 의무화

가해학생 학부모가 자녀에 대해 보다 정확하게 이해하고, 자녀가 다시는 동일한 행위를 저지르지 않도록, 가해학생이 '특별교육' 조치를 받는 경우 학부모를 소환하여 특별교육을 받도록 한다.

3 교육기부형 학부모 학교 참여 활성화

① 교육기부 활성화

교육에 관심이 높고 전문성이 있는 학부모 및 지역사회 인사 중심으로 학교폭력 예방 교육기부 활성화를 추진한다. 학부모 교육기부 인력풀의 전문 인력과 학교 부적응 학생을 1:1결연하여 상담 자원봉사를 하는 방안을 적극 추진한다.

② 모니터단 활동

등하교 시간에 학부모 자원봉사, 시민단체 등과 연계하여 학교의 학생생활지도 협력을 강화한다.

5) 교육 전반에 걸친 인성교육 실천

누리과정부터 고등학교까지 학교급별 발달단계에 따라 학교에서 해야 할 인성교육의 핵심목표를 구체적으로 제시하고, 생활교육-교과교육-체험활동 등 학교생활 전 영역에 걸쳐 인성교육을 실천한다.

〈표 1〉 **인성교육 실천 개요**

구분	내용		
생활교육	바른생활습관 체득 (누리과정)	→	학생생활규칙 준수 (초·중등)
교과수업	실천중심 프로젝트형 인성교육 추진 국어, 사회, 도덕 교과에 인성요소 강화		
체험활동	체육, 예술, 독서 등 다양한 활동을 대폭 확대		
학생부	인성의 핵심요소별로 학생의 인성발달 상황을 구체적으로 기록		
입학전형	입학사정관전형, 자기주도학습 전형에서 창의성과 함께 인성을 핵심평가 요소로 반영		

★ *표 출처: 관계부처합동(2012). 학교폭력, 이제 그만! 7대 실천 정책으로 학교폭력 없는 행복한 학교를 만든다*

Ⅰ 바른 인성의 기초를 형성하는 '3~5세 누리과정' 운영

① 누리과정을 통한 바른 생활습관 체득

3~5세 누리과정부터 질서, 나눔, 배려, 협력, 존중, 경로효친, 갈등해결 등 영역별로 구체적인 실천행동을 제시하고 이를 습관화할 수 있도록 교육과정을 운영한다. 도덕적 행동에 대해 일방적으로 가르치기보다는 어린이들에게 바른생활의 모범을 보이는 생활 속 인성교육을 위해 교사-학부모 협력을 강화한다.

② 바른 인성 우수 유치원·어린이집 인증

유치원과 어린이집의 인성교육프로그램 확산을 위해, 유치원·어린이집 평가 인증체계와 연계하여 '바른 인성 우수 유치원·어린이집'을 선정하여 3년간 재정 지원을 실시한다.

[2] 배움이 실천으로 연결되는 프로젝트형 인성교육 실시

① 인성교육 관련 교육과정 재구조화

초·중·고의 프로젝트형 인성교육이 가능하도록 국어, 도덕, 사회 교과의 '인성 핵심 역량' 요소(공감 능력, 소통 능력, 갈등해결 능력, 관용, 정의 등)를 강화하고, 교과의 학습 내용을 '지식' 중심 → '사례·실천' 중심으로 개편한다.

② 바른 언어습관 및 소통 중심의 국어교육

학생들의 바른 언어습관, 소통 능력 향상을 위해 국어 교과의 듣기·말하기 영역의 교과서를 개편하고, 언어문화 개선을 위한 다양한 프로젝트 수업을 실시한다.

③ 프로젝트형 인성교육 실시

도덕·사회 수업은 따돌림 문제, 친구 간의 갈등, 학교폭력, 학생의 권리와 의무 등 학교생활을 하며 발생하는 문제를 스스로 해결하고, 도출한 대안을 학교생활에 실천하는 것을 배울 수 있도록 운영된다. 국어·도덕·사회·체육·예술 등 인성교육 관련 교과 간 연계를 통해 다양한 인성교육이 가능하도록 교수·학습 모형을 개발하여 2012학년도부터 일선학교에 보급한다.

④ 예술교육을 통한 인성교육 확대 및 독서활동 강화

학생들의 정서안정, 자존감 향상, 사회성 함양을 위해 음악, 미술, 공연 등 다양한 예술교육 기회를 확대하고, 독서활동을 지원한다.

⑤ 학교문화를 바꾸는 창의적 체험 활동

⑥ 방과 후 학교 활동을 통한 인성 함양

[3] 중학교 체육활동 대폭 확대

① 중학교 체육수업시수 확대

2012학년도 2학기부터 중학생들은 '학교스포츠클럽' 과목을 주당 1~2시간

교양필수로 이수한다.

② 교내 스포츠 활동 확대 및 교육지원청 단위 스포츠 리그 확대

방과 후 시간, 점심시간, 토요일 등을 활용해 학급 및 학교스포츠클럽 대항 교내·외 스포츠 리그제가 활성화될 수 있도록 지원한다.

③ 전국학교스포츠클럽대회를 학생축제로 발전

전국학교스포츠클럽대회의 종목을 확대하고, 스포츠와 인성교육을 접목하여 학생축제로 발전시킨다.

4 학생-학부모-교사가 함께하는 학생생활규칙을 통한 인성교육

① 학생생활규칙 운영 내실화

교사, 학생, 학부모가 충분한 협의과정을 통해 정한 학생생활규칙을 준수하는 과정을 통해 규율 준수의 중요성을 체득하는 실천적 인성교육을 추진한다. 학생과 학부모의 학생생활규칙에 동의서 제출을 의무화하여, 교사의 학생생활지도를 위한 권한과 책무성을 확보하도록 한다.

② 학생생활규칙 현장 착근 지원

2012년 상반기 중 생활지도부장협의회, 학부모단체, 연구기관, 교원단체 등이 참여하여 학생생활규칙 모형개발, 우수사례를 발굴·확산하고, 학교장, 생활지도부장 등 대상 연수 실시 후, 모든 학교에서 학생생활규칙 제·개정 작업을 완료하여, 2학기부터 본격 적용한다.

5 인성 관련 학생부 기재 강화 및 입학전형에 반영

① 학교생활기록부 인성영역 기재 내실화, 인성분야를 강화한 입학사정관 전형 개선 및 인성분야를 강화한 자기주도 학습전형 개선

학교생활기록부 '행동특성 및 종합의견란' 작성 시 학생의 인성발달 관련 특기사항을 핵심 인성별로 세분화하여 구체적으로 기록하고, 그 결과를 입학사정관 전형, 자기주도학습전형에 반영한다.

6 생활지도 등 인성교육을 잘하는 교원과 학교 우대

① 생활지도 등 인성교육 우수교육에 대한 지원

생활지도 등 인성교육을 잘하는 교사가 각종 연구비 지원, 포상, 학습연구년제 대상 선발에서 우대될 수 있도록 한다.

② 수석교사 역할 확대

생활지도 및 인성교육 역량이 우수한 수석교사를 선발하여 수업 분야뿐 아니라 인성교육에 대한 컨설팅도 병행하도록 한다.

③ 우수학교 지원

인성교육실천 우수학교를 선정하여 우수사례를 확산하고, 창의경영학교지원사업 등 각종 재정지원 대상 학교 선발 시 프로젝트 수업 등 인성교육을 잘하는 학교를 우선적으로 선정하여 지원한다.

7 시 · 도교육청 평가를 통해 책무성 확보

① 시·도교육청 인성교육실천 및 학교폭력 근절 노력 평가지표 마련 및 평가비중 확대

시·도교육청 평가에 '인성교육 실천 및 학교폭력 근절 노력 정도'의 비중을 확대해(5점→15점 이상, 100점 만점), 시·도 및 단위학교에서 인성교육과 학교폭력 예방·근절에 대한 책무성을 강화한다.

6) 가정과 사회의 역할 강화

가정과 사회가 협력하여 학생들의 바른 인성을 키우고, 학교폭력을 예방·근절할 수 있도록 다양한 프로그램과 인식개선을 위한 캠페인을 추진한다.

1 가정과 사회의 교육적 기능 회복

① '밥상머리교육 실천 범국민 캠페인' 추진

바른 인성 함양을 위한 가정의 교육적 기능 회복을 위해, '밥상머리교육 범국민 캠페인'을 본격 추진한다.

② 가족 단위 교육프로그램 확대

주5일 수업제 시행에 발맞추어 여가부, 문화부, 행안부 등 관련 부처에서 가족 단위 또는 청소년 대상 프로그램을 대폭 확대한다.

③ 지역사회 학생·청소년 대상 인성교육프로그램 확대

④ 가정·학교·사회가 함께하는 봉사활동

⑤ 가정과 사회가 함께하는 토요학교 운영

⑥ 과학관 시설 개방 및 청소년프로그램 확대

2 가정과 사회의 참여 확대를 위한 홍보 및 캠페인 추진

범정부적으로 학교폭력 근절을 위해 가정과 사회가 지속적으로 관심을 기울이고 학생들의 인성교육 및 학교폭력 예방에 가정과 사회가 적극적으로 지원할 수 있도록 방송, 언론, 시민단체와 연계하여 연중 캠페인을 실시한다.

7) 게임·인터넷 중독 등 유해 요인 대책

게임·인터넷의 가상현실 속 잔혹성이 학생들의 폭력성을 부추기지 않고, 게임·인터넷 중독으로 정신건강을 해치지 않을 수 있도록 관련 제도를 개선하고 예방교육 및 치유활동을 강화해 나간다.

Ⅰ 게임 · 인터넷 중독 예방을 위한 제도 개선 추진

① 셧다운제 강화 등 과도한 게임이용 제한

부모명의 도용방지를 위해 아이핀 사용 확대 등 청소년에 대한 게임제공 제한 제도를 실효성 있게 운영하는 한편, 제도 운영상 문제점을 보완하기 위해 게임 시작 후 2시간이 경과하면 자동으로 게임이 종료되도록 하는 쿨링 오프제(Cooling off) 도입을 추진하고, 일정시간이 지나면 게임의 진행수준이 떨어지는 시스템을 도입하는 방안도 함께 검토한다.

② 비교육적 게임물에 대한 심의제도 강화

게임물에 대한 청소년 유해성 심사 강화를 위해 게임물등급분류제도를 보완한다.

③ 게임 산업계의 게임중독에 대한 사회적 책임 강화

게임 산업계가 게임중독에 대한 사회적 책임을 질 수 있도록 청소년 게임중독 치료, 소외계층 등을 돕기 위한 민간자금 출연을 확대하고 이를 의무화하는 방안을 검토한다.

④ 경찰청과 PC방 합동단속 강화

청소년의 PC방 이용시간을 오후 10시까지로 제한하고 있는 법령 위반 업주의 벌칙규정을 강화하고, 경찰청과 합동단속을 강력하게 추진할 계획이다.

⑤ 게임물의 아이템에 대한 규제 강화

⑥ 게임 중독 예방 제도시행

⑦ 불법·유해정보에 대한 심의 강화

⑧ 그린인터넷인증제 도입

[2] 게임 · 인터넷 중독 예방교육 강화 및 치유 활동 확대

① 단계별 게임·인터넷 중독 예방교육 강화

게임·인터넷 중독 예방을 위한 '학생 생활지도 요령'에 따라 초등학교부터 고등학교까지 단계적으로 게임·인터넷 중독 예방교육을 강화한다.

② 게임·인터넷 중독 예방을 위한 '학생 생활지도 요령' 마련

학교급별 게임 중독 진단(G-척도)과 인터넷 중독 진단(K-척도) 자료에 따라 중독 징후가 있는 학생을 선별하여, 개인별로 기록·관리하며 단계적으로 중독을 치유한다.

③ 인터넷윤리 교육·홍보 강화

유치원 및 초·중·고의 인터넷 중독 예방교육에 필요한 다양한 교육용 콘텐츠를 개발하여 현장에 보급('12. 2월중)할 계획이다. 게임 과몰입(중독) 예방 정책 마련을 위한 전국 초중고생(약 10만명) 대상 종합실태조사('12.4~12)를 실시하고, 초·중등학교에 '찾아가는 게임문화교실(1,200개교)'을 운영한다.

④ 게임·인터넷 중독 상담·치료지원 확대

문화부(게임문화재단), 행안부, 여가부에서는 게임·인터넷 중독 치료센터, 치유프로그램을 지속적으로 확대해 나갈 계획이다.

⑤ 게임 과몰입 예방사업 추진

[3] 흡연 · 음주 치유 및 예방프로그램 활성화

① 예방교육 의무화

② 치유프로그램 운영

③ 금연구역 확대

8) 가해학생에 대한 조치 및 재활

가해학생에 대한 적극적인 조치 및 재활을 조력하기 위해 〈표 2〉와 같이 가해학생에 대한 조치 및 재활에 대한 법령·규정을 개정하고 2012년부터 적용했다.

〈표 2〉 가해학생에 대한 조치 및 재활

구 분	현 행	법령·규정 개정 후	적용 시기
가해학생 즉시 출석 정지	학교폭력대책자치위원회 심의 후 출석정지를 학교장에게 요청→학교장 출석정지 조치	● 학교폭력 발생 즉시 학교장이 출석정지 조치 시행 *「초·중등교육법 시행령」개정	'12.3~
출석정지 기간	10일 이내, 연간 30일 이내	● 제한 없음 *「초·중등교육법 시행령」개정	'12.3~
출석정지로 인한 유급	유급 불가능	● 유급 가능(연간수업일수 3분의 1 미만일 경우 유급)	'12.3~
보복폭행, 장애학생 폭행	근거 규정 없음	● 가중조치 또는 병과 - 피해학생 보호에 필요한 기간 동안 가해학생에 대한 출석정지 제한을 두지 않음 *「학교폭력예방 및 대책에 관한 법률」, 「초·중등교육법 시행령」 개정	'12.3~
전학	가해학생 학부모 동의 없이는 전학이 어려움	● 지역교육장(초·중학교), 시·도교육감(고등학교)이 학구나 학교군에 관계없이 피해학생 보호에 충분한 거리를 두어 전학 조치 *「초·중등교육법 시행령」개정	'12.3~

상급학교 진학 시 타 학교 배정	근거 규정 없음	● 피해학생 선배정 후 가해학생 추후 별도 배정으로 동일학교에 배정되지 않도록 조치 *「학교폭력예방 및 대책에 관한 법률 시행령」 개정	'12.3~
학부모 소환 (특별교육)	의무사항 아님	● 학부모 소환 의무사항이며, 불응시 과태료 부과 검토 *「학교폭력예방 및 대책에 관한 법률」 개정	'12.3~
학교생활기록부 학교폭력 징계사항 기록	학교폭력관련 징계사항 기록 의무 없음	● 학교폭력대책자치위원회의 학교폭력관련 조치를 학교생활기록부 기재 의무화 *「학교생활기록 작성 및 관리 지침(훈령 239호)」개정	'12.3~
재활치료	의무사항 아님	● 시·도교육감은 가해학생 재활프로그램 필수 운영 ● 학부모 동의 없이도 가해학생에 대한 심리치료 실시 *「학교폭력예방 및 대책에 관한 법률」 개정	'12.5~

2. 2023년 학교폭력 근절 종합대책

2012년 학교폭력 근절 대책이 수립된 이후, 가해학생 조치사항을 학생부에 기록하여 보존(초·중 5년, 고 10년)하는 등 사소한 괴롭힘도 엄정 대응하는 무관용 원칙을 정립하였으나, 그 이후 보존기간이 점차 완화되어 학교폭력에 대한 경각심이 약화되고, 피해학생은 제대로 보호받지 못했다는 지적이 많았다. 정부는 2023년도 4월에 제19차 학교폭력대책위원회를 개최하여 「학교폭력 근절 종합대책」을 심의·의결하여 발표하였다. 2023년 학교폭력 근절 종합대책의 주요 내용은 다음과 같다(국무조정실 국무총리비서실, 2023).

1) 중대한 학교폭력 엄정 대처

1 기록 관리 강화

중대한 학교폭력을 일으킨 가해학생에게 내려지는 출석정지(6호), 학급교체(7호), 전학(8호)의 학생부 기록 보존기간을 졸업 후 2년에서 4년으로 연장한다.

현재 보존기간이 만료되지 않아도 졸업 직전 심의를 통해 삭제할 수 있는 사회봉사(4호), 특별교육(5호), 출석정지(6호), 학급교체(7호) 조치의 심의요건도 강화한다. 심의 시에 '피해학생 동의 확인서', '가·피해학생 간 소송진행 상황'을 반드시 확인하도록 하여 행정심판과 소송 남발을 예방하고 가해학생의 진정한 사과와 반성을 유도한다.

가해학생이 반성하지 않고 조치사항 기재를 회피할 목적으로 자퇴하는 것을 막기 위해 심의위원회가 조치를 결정하기 전에는 자퇴할 수 없도록 한다.

추후 심의위원회에서 전학(8호) 조치사항이 결정되면 신속하게 이행될 수 있도록 매뉴얼도 보완한다.

2 대입 반영 확대

학생부 교과·학생부 종합 등 학생부 위주 전형뿐만 아니라 수능, 논술, 실기/실적 위주 전형에서도 학교폭력 조치사항을 평가에 반영하며 구체적인 반영방식이나 기준 등은 대학별로 결정하여 사전 예고한다.

2) 피해학생에 대한 빈틈없는 보호

1 즉시분리 제도 개선

학교폭력이 발생하면 학교장은 가·피해학생 즉시분리를 실시하는데, 현행 3

일로는 휴일이 포함된 경우 실효성이 낮아(예: 금요일 분리 시 월요일 분리 해제) 그 기간을 '7일 이내'로 연장하고, 분리 이후에 학교장이 피해학생을 보호하기 위해 조치할 수 있는 '가해학생 대상 긴급조치'에 학급교체(7호)를 추가한다. 또한 출석정지도 '심의위원회의 심의 결정 시'까지 가능하도록 한다.

피해학생에게 가해학생과의 분리요청권을 부여하여 피해학생이 요청하면 학교장이 학교 전담기구의 판단 아래 '긴급조치'로서 '출석정지(6호) 또는 학급교체(7호)'를 할 수 있도록 학교의 피해학생 보호를 강화한다.

2 맞춤형 밀착 지원

학교와 교육(지원)청에 '피해학생 전담지원관' 제도를 새롭게 도입하여 학교폭력 사안발생 초기부터 피해학생이 필요로 하는 실질적인 심리상담·의료·법률서비스를 맞춤형으로 지원한다.

위(Wee)센터, 상담·심리지원기관, 병·의원 등 피해학생 전문지원기관을 확대('23년 303곳 → '24년 400곳)하여 피해학생의 접근성을 높인다. 또한, 청소년상담복지센터, 스마일센터, 복지·정신건강 관련기관 등을 연계하여 피해학생이 필요한 지원을 받을 수 있도록 유형별 치유·보호기관을 주기적으로 안내한다.

피해학생에 대한 법률서비스도 제공한다. 법무부의 마을변호사 제도를 통해 피해학생을 지원하고, 경제적으로 어려운 피해학생이 행정심판에 참가하게 된 경우에 국선대리인을 선임할 수 있도록 한다.

가해학생이 심의위원회의 결정에 불복하여 조치가 지연된 경우, 피해학생의 2차 피해 우려를 차단하기 위해 '가해학생의 불복사실'과 '행정심판과 행정소송 참가'가 가능하다는 점을 피해학생에게 통지하여 진술권을 보장한다. 집행정지로 조치가 보류된다고 하더라도 피해학생이 가해학생 분리요청권을 행사할 수 있도록 한다.

3) 교권 강화 통한 단위학교 대응력 제고

1 대응 역량 강화

학교 현장에서 교사들이 적극적으로 학교폭력 사안에 대응할 수 있도록 17개 시도교육청에 '(가칭)학교폭력예방·지원센터'를 설치·운영한다. 센터는 학교 현장의 사안 처리, 가·피해학생 간 관계회복, 법률서비스 등을 지원한다.

학교전담경찰관(SPO) 등으로 구성된 '사안처리 컨설팅 지원단'을 운영하여 학교 전담기구의 사안처리 과정을 지원하고, 퇴직교원, 퇴직경찰, 전문상담교원 등으로 피해회복·관계개선 지원단을 구성하여 경미한 학교폭력 사안에 대해 관계회복 프로그램이 원활하게 운영될 수 있도록 학교를 지원한다.

학교장 자체해결 범위를 확대하여 경미한 사안에 대한 교육적 해결을 강화하고 학교와 학생·학부모가 학교폭력의 정의·유형, 조치사항(9개), 학교장 긴급조치 등 「학교폭력예방법」의 내용과 책임을 확인하는 '학교폭력 책임계약'을 맺고 교원단체 및 민간단체와 함께 학교폭력 근절을 실천하는 학교문화를 확산시킨다.

2 학교폭력 대응 여건 마련

학교가 학교폭력에 적극적으로 대응할 수 있는 환경을 조성한다. 교원의 정당한 생활지도를 방해하면 교육활동 침해 행위로 규정한다. 또한 교원이 학교폭력을 대응하는 과정에서 분쟁이 발생했을 때 고의가 아니거나 중대한 과실이 없는 한 교원의 민·형사상 책임은 면제된다. 아울러 교원치유지원센터를 통해 법률상담을 제공하고 배상책임보험을 보장하여 교권을 보호한다. 학교폭력 책임교사의 수업 경감 기준도 마련한다.

4) 학교의 근본적 변화 유도 ·견인

1 사회 · 정서교육 지원 및 예술 · 체육교육 활성화

학교폭력을 예방하고 근본적으로 해결하기 위해 학생 사회·정서 교육을 지원하고 체육·예술 교육을 확대한다. 시범학교와 늘봄학교 중에서 희망하는 학교에 대해 심리 안정 교육 프로그램을 운영하고, 2025년에 전국으로 확산해 나간다. 학교스포츠클럽 운영을 대폭 확대하고 학생 예술동아리 지원도 확대하여 학생들의 공동체 역량과 감성을 높여 나간다.

2 사이버폭력 예방

사이버폭력 예방프로그램인 '사이버스'[1]를 현장에 확대하고, 범부처 실무협의체[2] 운영을 통해 교육자료 다양화 및 대국민 홍보를 강화하여 사이버폭력 인식 개선을 유도한다. SNS 등을 통해 사이버폭력을 감지하는 어울림앱(교육부), 사이버 아웃리치(여가부), 스마트 안심드림(방통위), 솔로봇(여가부) 등 앱(App)을 홍보하고 학생들의 활용도를 높여 피해 의심 학생을 조기에 감지한다.

1 사이버스(교육부) : 메타버스 플랫폼 활용, 사이버 공간에서 아바타를 활용하여 갈등관리 및 문제해결 능력 등 사이버폭력 예방역량을 기르는 교육 콘텐츠
2 (관계부처·청) 교육부, 과기부, 법무부, 문체부, 여가부, 방통위, 경찰청 7개 기관
(유관기관) 한국교육학술정보원, 한국청소년상담복지개발원, 게임문화재단 등 6개 기관

[그림 3] 학교폭력 근절 종합대책 인포그래픽

학교폭력 대책 이렇게 달라집니다

가해학생 조치

전학(8호) 조치 학생부 기록
- 졸업 후 최대 2년 보존

↓
- 졸업 후 최대 4년 보존

출석정지(6호) 학급교체(7호) 조치 학생부 기록
- 원칙: 졸업 후 최대 2년 보존
- 예외: 졸업 직전 심의를 통해 기록 삭제 가능

↓
- 원칙: 졸업 후 최대 4년 보존
- 예외: 졸업 직전 심의*를 통해 기록 삭제 가능

* 심의요건 강화: 피해학생 동의서, 가·피해자간 행정 심판·소송 진행 상황

접촉·협박 등 금지(2호)
- 위반시 조치 병과 또는 가중

↓
- 접촉·협박·보복 행위에 비대면, 정보통신망을 이용한 경우도 포함
- 학교폭력 사안 발생 즉시 조치 의무화
- 위반시 6호 이상 조치 의무화

대입반영
- 학생부 종합전형에서 주로 학교폭력 조치사항 반영

↓
- 학생부, 수능, 논술, 실기/실적 위주 전형에 조치사항 반영
- 자퇴한 가해학생의 '조치사항'도 학생부에 표기하여 대입 반영 지원

피해학생 보호

즉시 분리 기간
- 3일

↓
- 7일

학교장 긴급조치
- 1·2·3·5호
- 6호(출석정지, 10일 이내)

↓
- 1·2·3·5호
- 6호(출석정지, '심의결정시'까지)
- 7호(학급교체)

※ 피해학생에게도 6·7호 요청권 부여

가해학생 조치 불복시
- 피해학생 불복사실을 알 수 없어 진술권 보장에 한계

↓
- 교육장 또는 교육감이 불복사실 통지하여 진술권 보장
- 심사·소송 참가

피해학생 지원
- 피해학생 서비스 지원 미흡

↓
- 피해학생에게 필요한 실질적인 법률, 의료 서비스 등을 매칭·안내

현장 대응력 제고

사안처리 지원
- 체계적 지원체계 미흡

↓
- 학교폭력 예방·지원센터 설치를 통한 현장 지원

학교의 권한
- 「학교폭력예방법」 등 법령, 매뉴얼에 근거

↓
- 「학교폭력예방법」 등 법령, 매뉴얼에 근거
- '학교폭력 책임계약'

학교폭력 대응 여건
- 학교폭력 전담 업무 과중에 따른 기피

↓
- 4세대 나이스와 연계한 '학교폭력 사안처리 시스템' 운영
- 학교폭력 책임교사 수업경감

근본적 변화

심리·정서 교육
- 학교 개별적으로 운영, 체계적 지원 체계 미비

↓
- 관련법 제정, 전담부서 신설 등 학생 사회·정서 지원체계 구축

인성·체육·예술 교육
- 학교스포츠클럽 평균 1교당 11개
- 예술동아리 평균 1교당 1개

↓
- 학교스포츠클럽 평균 1교당 20개
- 예술동아리 평균 1교당 2개
- 국가교육위(인성교육특위) 협력

예방교육
- 교과 연계, 체험 중심 예방교육

↓
- 교과 연계, 체험 중심 예방교육
- 디지털 기술 및 학생 친화적 매체 활용

★ *그림 출처: 국무조정실 국무총리비서실 (2023). 보도자료_학교폭력 전학기록 4년까지 보존, 대입 정시에도 반영.*

3. 초등학교 맞춤형 학교폭력 대책

교육부와 관계부처(2015)는 초등학생 맞춤형 학교폭력 대책을 [그림 4]와 같이 발표했다. 초등학생 맞춤형 학교폭력 대책의 비전은 폭력 없는 행복한 초등학교로, 학교폭력 및 학생위험 제로 환경 조성을 목표로 한다. 본 학교폭력 대책은 4대 중점 추진과제, 12개 세부 추진과제로 이루어져 있다. 4개 중점과제는 정신의학적 지원 강화, 유해매체 노출 대책, 가정의 역할 제고, 학교의 예방 및 대응역량 강화이다.

[그림 4] **추진목표 및 방향**

비전	폭력 없는 행복한 초등학교
목표	학교폭력 및 학생위험 제로 환경 조성

4대 중점 추진과제, 12개 세부 추진과제		
1	정신의학적 지원 강화	1 위기 의심학생 조기 감지 2 고위기 학생 선별 및 지원 3 고위기 학생 치료 지원
2	유해매체 노출 대책	1 유해정보 차단을 위한 조치 2 인터넷 · 스마트폰 중독위험군 상담 및 치유 3 유해요인 예방교육 지원 강화
3	가정의 역할 제고	1 가족관계 회복 및 부모역할 교육 확대 2 학부모 소통 활성화 및 체험형 치유 강화
4	학교의 예방 및 대응역량 강화	1 학교폭력 유형별 예방교육 추진 2 초등학생 발달단계에 맞는 예방교육 강화 3 담임교사의 학생 생활지도 역량 강화 4 초등학교 상담 역량 강화

★ 그림 출처: 교육부와 관계부처(2015). 초등학생 맞춤형 학교폭력 대책

4. 학교폭력 예방 및 대책 기본계획

학교폭력 정책 추진의 성과·한계에 대한 분석결과를 바탕으로 「범국가적 대책」 수립의 필요에 따라 2004년 학교폭력 예방 및 대책에 관한 법률 제정 이후 5개년 학교폭력예방 및 대책 기본계획(1차: '05~'09)을 관계부처의 의견을 수렴하고, 학교폭력대책위원회의 심의를 거쳐서 수립, 시행되었다.

2차 학교폭력예방 및 대책 기본계획(2010-2014)의 성과 및 한계는 〈표 3〉과 같다.

〈표 3〉 2차 학교폭력예방 및 대책 기본계획 성과와 한계

◈ 제2차 학교폭력예방 및 대책 기본계획('10 ~ '14) ◈

- **(비전)** 학교폭력 없는 안전하고 즐거운 교육환경 조성
- **(목표)** 학교폭력 안전도 제고
- **(주요 정책영역)** 학교폭력 안전인프라 확충, 맞춤형 예방교육 강화, 단위학교의 대응능력 및 책무성 제고, 가해자 선도·피해자 치유 시스템 질 제고, 존중과 배려의 학교문화 조성, 지역사회와 함께하는 학교안전망 구축

<table>
<tr><th>구분</th><th>제2차 계획 추진의 성과와 한계</th><th></th><th>제3차 계획에의 시사점</th></tr>
<tr><td rowspan="6">성과</td><td>● 학교폭력 안전인프라 양적 확충</td><td rowspan="6">⇒</td><td rowspan="6">● 학교폭력 사전예방을 위한 체험형 인성교육 강화
● 또래중심의 건강한 학교문화 조성
● 학교폭력 안전 인프라의 기능을 고도화하고 학생안전구역 지속적 확대
● 사안 신고체계의 다양화 및 사안 처리 공정성 확보</td></tr>
<tr><td>● 맞춤형 예방교육 강화</td></tr>
<tr><td>● 단위학교의 대응능력 및 책무성 제고</td></tr>
<tr><td>● 피해자 치유·가해자 선도시스템 질 제고</td></tr>
<tr><td>● 존중과 배려의 학교문화 조성</td></tr>
<tr><td>● 지역사회와 함께 하는 학교안전망 구축</td></tr>
</table>

한계	내용		방향
한계	● 학교폭력 안전인프라의 질적 제고 필요	⇒	● 피해·가해 학생에 대한 회복적 관점의 관계회복 지원 강화 ● 가정의 역할 및 교육기능 회복 ● 가정과 학교, 사회가 함께하는 학교폭력 대응체제 구축
	● 학부모, 교원 등 학교구성원 전체가 참여하는 예방교육 필요		
	● 학교폭력 신고 후 조치에 대한 불만 여전		
	● 가정과 사회의 공동 노력을 통한 폭력문화의 개선 필요		

★ *표 출처: 관계부처합동(2014). 제3차 학교폭력 예방 및 대책 기본계획(안)*

3차 학교폭력예방 및 대책 기본계획은 2015년부터 2019년까지 5년간 시행되었다. 비전은 '행복하고 안전한 학교'이고, '학교폭력 및 학생위험 제로 환경 조성'을 목적으로 한다. 전략은 전반적 학교문화 개선과 함께 취약요인 중점 관리, 대상별·유형별·시기별 맞춤형 대응 강화, 단위학교의 실효성 있는 자율적 예방활동 활성화이다. 5대 분야, 16개 추진과제는 〈표 4〉와 같다.

〈표 4〉 3차 학교폭력 예방 및 대책 기본계획 비전·목표 및 정책 분야

구분	내용
비전	행복하고 안전한 학교
목표	학교폭력 및 학생위험 제로 환경 조성
전략	◈ 전반적 학교문화 개선과 함께 취약요인 중점 관리 ◈ 대상별·유형별·시기별 맞춤형 대응 강화 ◈ 단위학교의 실효성 있는 자율적 예방활동 활성화

5대 분야		16개 추진과제	
1	인성교육 중심 학교폭력 예방 강화	1	인성 함양을 통한 학교폭력 사전 예방
		2	또래활동을 통한 건전한 학교문화 조성
		3	체험중심 학교폭력 예방활동 강화
		4	폭력유형 및 추세에 따른 대응 강화

2	학교폭력 대응 안전인프라 확충	5	학교폭력 위해요인 지속적 해소
		6	학생보호인력 확충
		7	학교 밖 안전관리 강화
3	공정한 사안처리 및 학교 역량 강화	8	학교폭력 조기 감지·신고 체계 강화
		9	사안처리의 공정성 확보
		10	학교의 학교폭력 대응 역량 강화
4	피해학생 보호·치유 및 가해학생 선도	11	피해학생 보호 및 치유 지원 내실화
		12	가해학생 맞춤형 교육 및 선도 강화
		13	관계회복을 위한 프로그램 강화
5	전 사회적 대응체제 구축	14	가정의 역할 및 교육기능 강화
		15	지역사회 역할 및 책무성 강화
		16	대국민 인식제고 및 전 사회적 대응체계 구축

★ *표 출처: 관계부처합동(2014). 제3차 학교폭력 예방 및 대책 기본계획(안)*

3차 기본계획을 통해 이룬 주요성과는 다음과 같다. 첫째, 학교폭력 예방교육 강화로 학생들의 학교폭력에 대한 민감도가 제고되었다. 학교폭력 예방교육('어울림') 프로그램 운영학교가 2014년 502개교에서 2019년 4,506개교로 확대되었다. '학교폭력 실태조사' 결과, 피해 시 신고비율이 2014년 78.4%에서 2019년 81.8%로 증가되었다.

둘째, 학교CCTV 등 인프라 확충으로 물리적 유형의 학교폭력 비중이 감소되었다. 학교CCTV가 2014년 164,282대에서 2019년 255,638대로 증가되었으며, 학생보호인력이 2014년 13,379명에서 2019년 24,968명으로 확대·운영되었다. 폭력의 유형 중, 신체폭행은 2014년 11.5%에서 2019년 8.6%, 금품갈취는 2014년 8.0%에서 2019년 6.3%로 감소되었다.

셋째, 피해학생 전담 지원기관 확대 등 피해학생 보호·치유를 위한 기반을 마련했다. 피해학생 전담기관이 2014년 31개소에서 2019년 48개소로 확대되었으며, '통학형 피해학생 전담 지원기관' 개소('20.3.)를 추진하고자 계획하고 있다. 더불어, 위(Wee)클래스가 2014년 5,633교에서 2019년 7,233교로 확대되어 설치되었으며, 전문상담교사 배치를 살펴보면, 2014년 2,099명에서 2019년 3,396명으로 확대되었다.

하지만, 학교폭력 피해경험 연령이 낮아지고 언어폭력·사이버폭력 등 정서적 폭력의 비중이 증가하는 추세에 대한 대응방안 강구가 필요하며, 피해학생 보호·치유를 위한 지원 확대·내실화 및 가해행위 재발을 방지하기 위한 가해학생 조치 강화에 대한 개선 필요사항이 도출되었다.

제3차 학교폭력 예방 및 대책 기본계획의 주요성과 및 개선 필요사항을 바탕으로 4차 학교폭력예방 및 대책 기본계획이 수립되어, 2020년부터 2024년도까지 추진된다. 비전은 모두가 함께 만드는 행복한 학교이고, 목표는 존중과 배려가 가득한 학교문화, 적극적 보호와 교육으로 신뢰받는 학교, 민주시민의 성장을 돕는 가정과 사회이다. 5대 정책영역은 ① 학교공동체 역량 제고를 통한 학교폭력 예방 강화 ② 학교폭력에 대한 공정하고 교육적인 대응 강화 ③ 피해학생 보호 및 치유 시스템 강화 ④ 가해학생 교육 및 선도 강화 ⑤ 전사회적 학교폭력 예방 및 대응 생태계 구축이다. 제4차 기본계획 추진방향은 〈표 5〉와 같다.

〈표 5〉 4차 학교폭력 예방 및 대책 기본계획 비전·목표 및 정책 분야

비전	모두가 함께 만드는 행복한 학교
목표	◈ 존중과 배려가 가득한 학교문화 ◈ 적극적 보호와 교육으로 신뢰받는 학교 ◈ 민주시민의 성장을 돕는 가정과 사회

5대 정책영역		14개 추진과제	
1	학교공동체 역량 제고를 통한 학교폭력 예방 강화	1	학교·학급 단위의 학교폭력 예방교육 내실화
		2	학생 참여·체험 중심의 학교폭력 예방 활동 확대
		3	학교폭력 유형·추세 대응 예방활동 강화
		4	전사회적 협력을 통한 학교폭력 예방 문화 조성
2	학교폭력에 대한 공정하고 교육적인 대응 강화	5	학교폭력 조기 감지 및 대응체계 강화
		6	학교의 교육적 해결역량 제고
		7	사안처리의 공정성·전문성 확보
3	피해학생 보호 및 치유 시스템 강화	8	피해학생 맞춤형 보호·지원체계 강화
		9	사후지원 강화 및 학교 안팎 협력체계 구축
4	가해학생 교육 및 선도 강화	10	가해학생 교육·선도 내실화
		11	중대한 학교폭력 가해학생에 대한 엄정대처
5	전사회적 학교폭력 예방 및 대응 생태계 구축	12	가정의 교육적 역할 강화
		15	지역사회의 역할 및 책무성 강화
		16	전사회적 대응체계 강화 및 대국민 인식제고

주요 신규 정책과제

○ 일회성이 아닌 교과수업 시간에 실시할 수 있는 예방교육('교과연계 어울림') 확대
○ 초등 학년군별(초1~2/초3~4/초5~6) 맞춤형 예방교육 프로그램('어울림') 및 '사이버 어울림' 확산
○ 학교급·폭력유형별 맞춤형 '관계회복 프로그램' 보급 및 프로그램 활용 전문가 양성
○ 피해학생 전담지원기관 이용만족도 조사 등 피해학생 의견수렴·환류체계 구축 추진
○ 가해행위 재발방지를 위한 '특별교육 프로그램' 보급 등 가해학생 조치 내실화
○ 부모교육 참여 활성화를 위한 인센티브 제공

★ 표 출처: 교육부(2020). 보도자료-제4차 학교폭력 예방 및 대책 기본계획 발표

제11장. 학교폭력 사안 처리 절차

학교폭력이 발생하였을 때, 학생 당사자들은 물론이고 교사, 학부모, 지역사회가 이를 해결할 수 있도록 협력하고 연계해야 하지만, 학교폭력 문제에 가장 민감하고, 학교폭력 문제 예방과 해결에 적극적으로 관심을 가지고 참여해야 할 대상은 역시 학생과 교사라고 할 수 있다. 학생들은 학교폭력의 피해·가해자 또는 잠정적인 피해·가해자가 될 수 있는 당사자들이고, 교사는 학생들을 교육할 뿐만 아니라, 학생들의 학교생활을 관찰하고 생활을 지도하는 역할을 담당하면서 학생들에게 지대한 영향력을 발휘할 수 있는 존재이기 때문이다. 학교폭력에 대한 교사의 개입능력에 대해 긍정적으로 평가하는 학생일수록 학교폭력 상황에서 보다 적극적으로 대응하고, 자신의 학교폭력 개입능력을 긍정적으로 평가할수록 교사는 자신의 학생이 학교폭력 상황에서 보다 더 적극적으로 대응할 것이라고 인식하고 있어, 교사의 학교폭력 개입능력이 학생들의 학교폭력 대응에 매우 중요한 변인이다(신성자, 2014).

학교폭력을 예방하기 위해서 학교폭력이 의심되는 초기 감지, 신고 및 접수, 폭력 유형에 따른 대응 방법 및 절차 등 실제로 교육 현장에서 적용될 수 있는 유용한 정보들을 제공하면서 학교폭력을 사전에 예방하기 위한 노력은 계속되고 있다. 학교폭력 문제는 피해학생은 물론 가해학생도 심리·정서적 행동문제와 관련이 있고 가정에서의 교육 및 폭력에 대한 사회적 인식이 바탕이 된 태도와도 밀접한 관련이 있기 때문에, 학교폭력을 예방하고 사건이 발생했을 때 해결 단서를 얻기 위해서는 학교폭력 문제를 일련의 연속적인 과정으로 총체적인 파악을 해야 한다.

학교폭력 사안처리 흐름은 [그림 1]과 같으며, 사안처리 유의사항은 다음과 같다(교육부 등, 2023).

① 학교폭력 사안이 발생한 경우 공정하고 객관적인 자세를 끝까지 견지하고, 적극적인 자세로 학교폭력 사안처리를 위해 노력한다.

② 학생과 학부모의 상황과 심정에 대한 이해와 공감을 통해 신뢰를 형성하고, 불필요한 분쟁이 추가적으로 발생하지 않도록 한다.

③ 학교폭력 사안조사 시에는 관련학생을 분리하여 조사하고, 축소·은폐하거나 성급하게 화해를 종용하지 않도록 한다.

④ 학교폭력 사안조사는 가능한 수업시간 이외의 시간을 활용하고, 부득이하게 수업시간에 할 경우에는 별도의 학습기회를 제공하도록 한다.

⑤ 학교폭력대책심의위원회 결정 전까지는 가해학생, 피해학생을 단정 짓지 말고 관련학생이라는 용어를 사용한다.

⑥ 전담기구의 조사 및 심의위원회 개최 시 관련학생 및 보호자에게 반드시 의견진술의 기회를 제공해야 한다.

⑦ 성범죄 관련 사안을 인지한 경우, 예외 없이 수사기관에 즉시 신고한다.

⑧ 동일한 사안에 대하여 재심 성격의 학교폭력대책심의위원회는 개최하지 않는다.

[그림 1] **학교폭력 사안처리 흐름도**

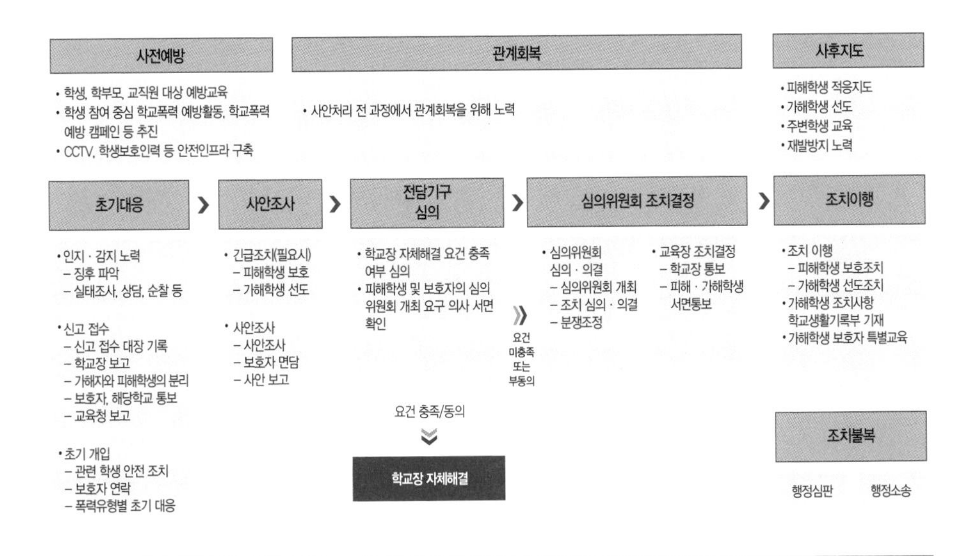

★ *그림 출처: 교육부 등(2023). 학교폭력 사안처리 가이드북*

학교폭력 단계별 조치사항은 학교폭력 사건 발생인지, 신고 접수 및 학교장·교육청 보고, 즉시조치, 사안조사, 전담기구 심의를 통한 학교장 자체해결 여부 심의, 학교장 자체해결 또는 심의위원회 심의·의결 단계를 거치게 된다.

〈표 1〉 학교폭력 단계별 조치사항

단계	처리내용
학교폭력 사건 발생 인지	• 117 학교폭력 신고센터로부터의 통보 및 교사, 학생 보호자 등의 신고 접수 등을 통해서 학교폭력 사건 발생 인지
↓	
신고 접수 및 학교장·교육청 보고	• 신고 접수된 사안을 학교폭력 신고 접수대장〈양식 1-1〉에 반드시 기록하고 학교장에게 보고하고, 담임교사에게 통보 • 가해자와 피해학생의 분리 • 신고 접수된 사안을 관련학생 및 그 보호자에게 통보 • 교육(지원)청에 48시간 이내에 보고
↓	
즉시조치 (필요시 긴급조치 포함)	• 필요시 피해 및 가해학생 즉시 격리, 가해학생이 눈빛·표정 등으로 피해학생에게 영향력 행사 못하도록 조치 • 관련학생 안전조치(피해학생-보건실 응급처치·119 신고·병의원 진료 등. 가해학생-격리·심리적 안정 등) • 피해학생 및 신고·고발한 학생이 가해학생으로부터 보복행위를 당하지 않도록 조치 • 피해학생의 신체적·정신적 피해를 치유하기 위한 조치 우선 실시 • 성범죄인 경우 「아동·청소년의 성보호에 관한 법률」에 따라 반드시 수사기관에 신고하고, 성폭력 전문상담기관 및 병원을 지정하여 정신적·신체적 피해 치유 • 사안처리 초기에 긴급한 필요가 있는 경우, 법률 제16조 제1항 및 제17조 제4항에 따라 긴급 조치 실시 가능〈양식 2-3〉
↓	
사안조사	• 피해 및 가해사실 여부 확인을 위한 구체적인 사안조사 실시〈양식 2-1〉, 〈양식 2-2〉 - 관련학생의 면담, 주변학생 조사, 설문조사, 객관적인 입증자료 수집 등 • 피해 및 가해학생 심층면담 • 조사한 결과를 바탕으로 육하원칙에 따라 사안조사 보고서 작성〈양식 2-4〉 • 성폭력의 경우 비밀유지에 특별히 유의 • 장애학생, 다문화학생에 대한 사안조사의 경우, 특수교육 전문가 등을 참여시켜 장애학생 및 다문화학생의 진술 기회 확보 및 조력 제공 • 필요한 경우, 보호자 면담을 통해 각각의 요구사항을 파악하고 사안과 관련하여 조사된 내용을 관련 학생의 보호자가 충분히 이해할 수 있도록 안내
↓	

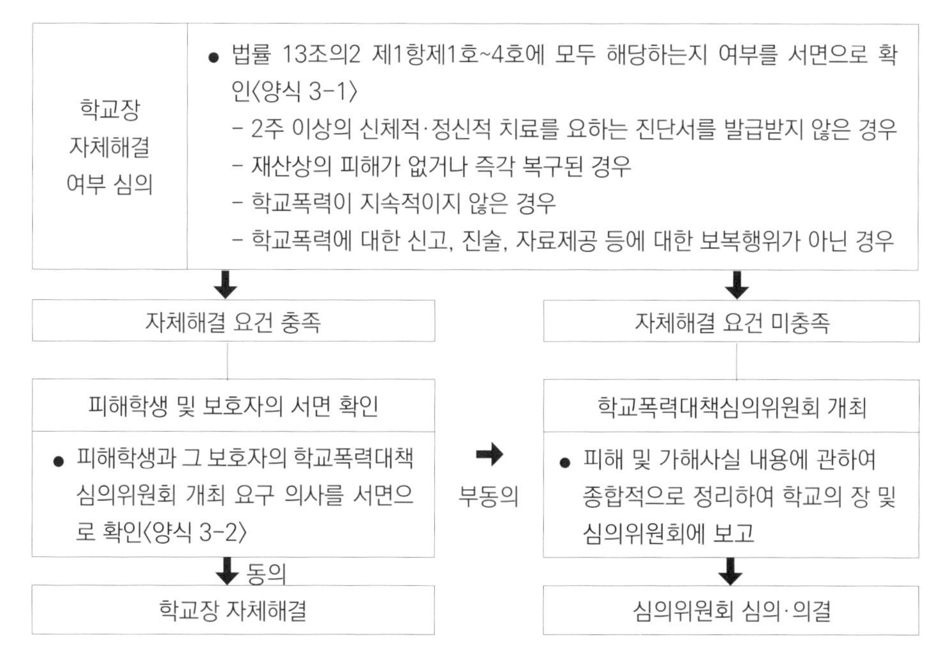

※ 전담기구 심의결과 자체해결 요건에 모두 해당하더라도 관련학생 및 그 보호자가 심의위원회 개최를 요구하는 경우, 반드시 심의위원회 개최를 요청한다.

※ 사안처리 전 과정에서 필요시 관계회복 프로그램을 운영할 수 있으며, 학교는 학교폭력 관련학생 및 보호자에게 관계회복 프로그램에 대해 안내할 수 있다.

★ 표 출처: 교육부 등(2023). 학교폭력 사안처리 가이드북

교육부 등은 학교폭력 사안처리 가이드북을 만들어 전국 초·중·고교에 배포하고 교사들이 학교폭력 문제에 보다 효과적으로 대처하고 사안처리를 효율적으로 할 수 있도록 지원하고 있다. 본 장에서는 교육부 등(2023)에서 제시한 학교폭력 사안처리 절차를 토대로 학교의 학교폭력 대응, 사안조사, 학교장 자체해결제 및 관계회복 조치결정 및 이행, 조치 결정에 대한 불복절차를 중심으로 학교폭력 사안처리 절차를 확인하고자 한다.

1. 학교의 학교폭력 대응

1) 학교폭력 감지 및 인지 노력

교사는 학교폭력 발생 전에 그 징후를 발견할 수 있는 가능성이 많다. 학교폭력이 감지·인지된 경우 학교장에게 보고하여야 한다. 이 사실을 보고받은 학교장은 지체 없이 전담기구 또는 소속 교원으로 하여금 사실여부를 확인하도록 한다.

학교폭력 감지란 학생들의 행동이나 교실분위기를 보고 학교폭력이라고 느끼어 알게 되는 것을 말하며, 학교폭력 인지란 학생 또는 학부모의 직접 신고, 목격자 신고, 제3자 신고, 기관통보, 언론 및 방송보도, 상담 등으로 학교폭력 사안을 알게 되는 것을 말한다.

2) 신고 및 접수

학교폭력을 알게 된 학생, 학부모, 교사 등은 구두, 신고함, 설문조사, 이메일, 홈페이지, 휴대전화, 포스터 부착 등의 교내 신고방법이나 학교폭력 신고·상담센터 117, 학교전담경찰관 등의 교외 신고방법을 통해 신고해야 한다.

다양한 경로를 통해 학교폭력 사안이 신고되면 학교폭력업무 담당자는 신고내용을 신고접수대장(양식 1-1)에 기재하여 보관한다. 또한 접수 사실을 신고자에게 통보하고, 학교장에게 보고(양식 1-2)한다. 학교장은 심의위원회에 즉시 통보하고 담임교사 및 보호자에게 통보해야 한다. 다른 학교와 관련된 경우 해당 학교에 통보해야 하고, 인지 후 48시간 이내에 교육청에 보고해야 한다.

신고자에 따른 초기대응 방법으로는 〈표 2〉와 같다. 신고자가 보호자인 경우, 보호자를 안심시키고, 믿음을 주며, 보호자와 협력관계를 유지한다. 신고자가 학생인 경우, 피해학생의 상태 파악과 신변보호를 하고, 교사는 해결자로서의 역할 및 상담자로서의 역할을 수행하며, 학생이 말한 학교폭력의 내용이 대수롭지 않게 여겨지더라도 피해학생을 지지해주면서 공감대를 형성하고, 어떤 문제든지

해결을 위해 도와주겠다는 의지를 보여주어야 한다. 신고자가 주변학생인 경우, 신고 행동 칭찬과 협력관계를 구축하고, 다른 목격학생이 있는지 확인하며, 전체를 지도하기 위해 노력한다.

〈표 2〉 신고자에 따른 초기대응 방법

신고자	초기대응 방법
보호자	안심시키고, 믿음을 주기 보호자와 협력관계 유지하기
피해학생	피해학생의 상태 파악과 신변보호 교사의 해결자로서의 역할 및 상담자로서의 역할 수행
주변학생	신고 행동 칭찬과 협력관계 구축 다른 목격학생이 있는지 확인하고, 전체 지도하기

3) 학교의 대응요령

학교폭력이 발생하였을 경우 피해학생, 가해학생, 보호자, 목격학생 및 주변학생에 대한 초기 대응 요령은 다음과 같다(교육부 등, 2023).

1 피해학생

피해를 당한 학생의 마음을 안정시키고 신변안전을 최우선으로 한다. 가벼운 상처는 학교 보건실에서 일차적으로 치료하고 상처 정도가 심해서 학교 보건실에서 치료할 수 없을 때는 2차적으로 병원으로 신속히 이송해야 한다. 탈골, 기도 막힘, 기타 위급상황이라고 판단된 경우 자리에서 움직이지 않고 119에 도움을 요청한다.

② 가해학생

피해학생의 상태가 위중하거나 외상이 심한 경우, 가해학생 역시 충격을 받아 예측하지 못하는 돌발 행동을 할 수 있으므로 심리적으로 안정이 될 수 있도록 교사가 계속 주의를 기울이고 빨리 부모에게 연락을 취해야 한다. 이후 지나친 질책과 감정적 대처는 오히려 가해학생을 자극하거나 문제를 더 악화시킬 수 있으므로 자제한다.

③ 보호자

학교폭력이 발생하였을 경우, 당사자의 보호자에게 빨리 사실을 알리는 것이 필요하다. 사실을 알게 된 보호자들이 지나치게 흥분하거나 놀라지 않도록 연락하고 학교에 오면 사전에 정해진 장소에서 자녀를 만날 수 있도록 안내한다. 부모가 자녀에게 정서적 지지와 지원을 할 수 있도록 당부한다.

④ 목격학생 및 주변학생

폭력을 목격하거나 폭력 현장에 있음으로 인해 심리적·정서적 충격을 받은 간접 피해자도 유사하게 심리적 문제 반응이 나타날 수 있기 때문에 목격학생 및 주변학생에 대한 대처도 주의 깊게 진행되어야 한다. 주변 학생들의 현장 접근을 통제하고 특히 초등학교 저학년의 경우 동화책 읽어주기 등 흥미 있는 활동으로 주의를 돌려 심리적·정서적 충격을 완화시킨다. 사안에 관련된 학생 및 목격한 학생에게 상황을 인식시키고, 차후 유사한 폭력상황이 벌어지지 않도록 예방교육을 한다. 사안에 관련된 학생들에 대해 낙인을 찍어 따돌리거나 사안과 관련하여 사실과 다른 소문을 퍼뜨리지 않도록 주의시킨다.

2. 사안조사 절차 및 방법

1) 전담기구

학교의 장은 교감, 전문상담교사, 보건교사 및 책임교사, 학부모 등으로 학교폭력 문제를 담당하는 전담기구를 구성해야 한다. 학교폭력 사태를 인지한 경우 지체 없이 전담기구 또는 소속 교원으로 하여금 가해 및 피해 사실 여부를 확인하도록 한다.

전담기구의 구성원인 교감은 총괄의 역할을 하고, 책임교사는 학교폭력에 대한 사안을 조사한다. 보건교사는 피해·가해 학생의 신체적·정신적 피해 상황을 파악하고 피해학생에 대한 상담 및 치료비용 지원 업무 등을 담당하게 된다. 전문상담교사는 학교폭력 관련 학생에 대한 심리상담 및 조언 그리고 집중보호 및 관찰대상 학생에 대한 지속적인 상담 및 기록 관리 등을 한다.

전담기구는 〈표 3〉과 같이 사안 접수 및 보호자 통보, 교육(지원)청 보고, 학교폭력 사안조사, 사안조사 결과보고, 학교장 자체해결 여부 심의, 졸업 전 가해학생 조치사항 삭제 심의, 집중보호 또는 관찰대상 학생에 대한 생활지도 등의 역할을 담당한다.

〈표 3〉 **전담기구의 역할**

사안 접수 및 보호자 통보	● 전담기구는 학교폭력신고 접수대장을 비치하고 117신고센터, 학교장, 교사, 학생, 보호자 등 학교폭력 현장을 보거나 그 사실을 알게 된 자 및 기관으로부터 신고 받은 사안에 대해 기록·관리함 ● 학교폭력 신고 접수대장은 학교장, 교원의 학교폭력 은폐 여부를 판단하는 중요한 기초자료로 활용되므로, 사소한 폭력이라도 신고한 것은 접수하여야 함 ● 접수한 사안에 대해서는 즉시 관련학생 보호자에게 통보하고, 통보일자, 통보방법 등 통보사실 등을 기록함
교육(지원)청 보고	● 인지 후 48시간 이내에 교육(지원)청으로 사안 보고하는 것을 원칙으로 함 〈양식 1-2〉 - 긴급하거나 중대 사안(성폭력 사안 등)일 경우 유선으로 별도 보고 ● 아동·청소년 대상 성범죄 사안은 반드시 수사기관 신고함
학교폭력 사안조사	● 학교폭력을 인지한 경우 피해 및 가해사실 여부에 대해 조사하여야 함. 전담기구의 협조 요청 시 해당교사는 적극 협조해야 함 * 인지 및 조사 : 학교폭력을 인지한 경우, 학교의 장은 지체 없이 전담기구 또는 소속 교원으로 하여금 가해 및 피해사실 여부를 확인하도록 해야 함
사안조사 결과보고	● 신고된 학교폭력 사안에 대해 조사를 실시하고 조사 결과를 보고서로 작성하여 학교장에게 보고함〈양식 2-4〉 ● 심의위원회 개최를 요청하는 경우, 보고서를 보완·수정하여 학교장과 심의위원회에 보고함
학교장 자체 해결 부의 여부 심의	● 학교장 자체해결의 객관적 요건 충족 여부 및 피해학생과 그 보호자의 학교폭력대책심의위원회 개최 요구 의사를 확인함
졸업 전 가해학생 조치사항 삭제 심의	● 심의대상자 조건을 만족할 경우 졸업 또는 그 이후 해당 기간에 삭제 가능 여부를 심의함
집중보호 또는 관찰대상 학생에 대한 생활지도	● 관련학생 담임교사와 함께 지속적인 상담 및 기록을 진행함 ● 학교폭력 가해학생 조치 기재유보 사항 기록 및 관리
학교폭력 실태조사	● 법률 제14조제5항에 따라 학교폭력에 따른 실태조사를 실시

★ *표 출처: 교육부 등(2023). 학교폭력 사안처리 가이드북*

2) 사안조사 절차

[그림 2] **사안조사 절차**

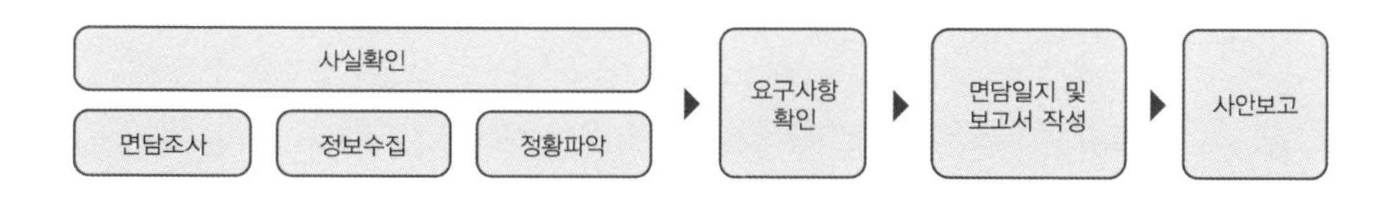

★ 그림 출처: 교육부 등(2023). 학교폭력 사안처리 가이드북

사안조사 절차는 [그림 2]와 같이 사실확인, 요구사항 확인, 면담일지 및 보고서 작성, 사안보고의 절차로 진행되는 것이 일반적이다. 사안조사 시 유의사항으로는 다음과 같다(교육부 등, 2023).

◐ 서면조사, 관련 학생 및 목격자의 면담 조사, 사안 발생 현장 조사 등을 통해 종합적인 방법으로 신속하게 증거 자료를 확보한다.

◐ 면담조사를 하는 경우에는 육하원칙에 의거해 확인서를 받는다.

◐ 객관적이고 공정하게 사안조사를 실시한다.

◐ 신고 학생에게 증거 수집 책임을 전가하거나 신고를 위축시키는 언행 등을 삼간다.

◐ 관련학생 간의 주장이 다를 경우, 목격 학생의 확인을 받거나 직·간접 증거자료 확보를 통해 적극적으로 사안조사에 임한다. 피해 및 가해 학생이 일관된 진술을 하는지, 증거자료와 진술 내용이 일치하는지 등을 살펴야 한다.

◐ 전담기구 소속교사는 학생, 보호자, 목격자, 담임교사 등을 면담조사한 후에 확인된 사실을 바탕으로 학교폭력 사안조사 보고서를 작성한다.

◐ 장애학생에 대한 사안조사의 경우, 특수교육 전문가를 참여시켜 장애학생의 진술 기회를 확보할 수 있도록 지원할 수 있다.

◐ 한국어 의사소통능력이 부족하거나, 다양한 문화적 배경을 지닌 다문화학

생(중도입국·외국인학생 등) 및 탈북학생의 사안조사 시, 통역의 활용 또는 관련 담당교사를 참여시키도록 한다.

◐ 성 사안의 경우 비밀유지 및 대상자 신변보호, 2차 피해 방지 등에 특별히 유의한다.

◐ 관련학생의 소속 학교가 서로 다른 경우에는 학교 간 사안조사 내용 확인을 위해 긴밀하게 협조한다.

[1] 사실 확인

학교폭력 사실 확인을 위해 면담조사, 정보수집, 정황파악을 하게 된다.

면담조사 과정에서 피해학생 및 보호자, 가해학생 및 보호자, 목격자 등에게 신뢰감과 안정감을 주도록 노력하고, 전문상담교사 등 상담전문가에게 학생의 심리·정서적 상태를 파악하도록 한다. 학생들이 서면조사에 무엇을 써야 할지 알지 못해 충분한 내용을 기재하지 못하는 경우, 기재 과정을 세심하게 도와주도록 한다. 장애학생의 경우, 장애로 인한 피해를 방지하기 위해 면담조사 시 특수교육 전문가를 참여시켜 장애학생의 의견진술 기회 확보 및 진술을 조력하도록 한다. 중도입국·외국인학생과 제3국 출생 탈북학생의 경우, 가급적 대면 면담을 활용하고, 서면조사 활용 시 한국어로 충분한 내용을 기재하지 못할 수 있으므로 번역된 조사지의 활용 및 모국어 작성을 허용할 수 있다. 모국어로 작성된 서면조사지는 번역하여 활용한다.

면담조사 시 면담내용의 녹취는 음성권 침해의 문제가 발생할 수 있으므로 사전에 학생 및 보호자 동의를 받는 것이 바람직하다.

정보수집 시, 피학학생과 가해학생의 개인·학교·특이사항 등의 정보를 확인하고, 폭력 유형 및 형태, 발생 및 지속기간, 발생장소, 발생원인, 치료비, 피해 정도 등과 관련된 정보를 수집한다. 폭력 행위의 유형에 따라 〈표 4〉에 제시된 중점 파악 요소를 고려한다.

정황을 파악하기 위해, 피해학생의 심리적·신체적 현재 상태, 피해학생 및 피해학생의 보호자의 현재까지의 대처상황, 가해학생 및 가해학생의 보호자의 대응방법 및 태도, 힘의 불균형 정도 등을 확인한다.

〈표 4〉 **폭력 행위의 유형별 중점 파악 요소**

폭력 유형	중점 파악 요소
신체적 폭력	상해의 심각성, 감금·신체적 구속 여부, 성폭력 여부
경제적 폭력	피해의 심각성(액수, 빈도, 지속성), 반환 여부, 손괴 여부, 협박/강요의 정도
정서적 폭력	지속성 여부, 협박/강요의 정도, 성희롱 여부
언어적 폭력	욕설/비속어, 허위성, 성희롱 여부
사이버 폭력	명의도용, 폭력성/음란성, 유포의 정도, 사이버 성폭력 여부

※ 사안에 해당하는 모든 폭력 유형 검토

★ 표 출처: 교육부 등(2023). 학교폭력 사안처리 가이드북

2 요구사항 확인

사안 해결에 대한 학생과 보호자의 요구를 파악하고, 피해·가해 상황에 대한 수용 정도 및 사과, 처벌, 치료비 등에 대한 합의, 재발 방지 요구 등을 확인한다.

3 면담일지 및 보고서 작성

관련학생, 보호자, 담임교사와의 면담내용을 면담일지에 기록하고, 사안을 종합적으로 판단할 수 있도록 사안조사 결과를 보고서로 작성한다. 가해자가 가해 사실을 인정하지 않거나 목격자가 증언을 거부하여도, 다른 여타 상황에서 사실로 파악이 가능하면 확인된 사실로서 사안조사 보고서에 기록할 수 있다. 사안조사 내용 중 피·가해학생의 첨예한 의견 대립 중 사실 확인이 어려운 부분에 대해서는 양측의 주장을 모두 기록할 수도 있다.

4 사안 보고

작성된 보고서를 학교의 장에게 보고한다.

3) 가해자와 피해학생의 분리

학교의 장은 학교폭력 사건을 인지한 경우, 대통령령으로 정하는 특별한 사정이 없으면 지체 없이 가해자(교사 포함)와 피해학생을 분리하여야 한다. 가해자를 피해학생으로부터 분리하는 취지는 피해학생의 심리적 불안감을 해소하고, 2차 피해를 방지하며 고조된 학교폭력 갈등 상황을 완화하기 위함이다.

학교는 분리 시행 전 관련 학생들에게 제도의 취지, 기간, 출결, 이후 사안처리 절차 등에 대해 충분한 설명을 해야 한다. 분리의 예외 사항은 피해학생이 반대 의사를 명명하거나, 가해자(교사 포함) 또는 피해학생이 「학교안전사고 예방 및 보상에 관한 법률」 제2조제4호에 따른 교육활동(학교의 안팎에서 학교장의 관리·감독하여 행하여지는 수업·특별활동·재량활동·과외활동·수련활동·수학여행 등 현장체험활동 또는 체육대회 등) 중이 아닌 경우, 이미 가해자와 피해학생이 분리된 경우가 해당된다.

4) 긴급조치

[1] 피해학생 보호를 위한 긴급조치

학교장은 피해학생의 보호를 위해 긴급하다고 인정하거나, 피해학생이 긴급보호의 요청을 하는 경우에는 학교장 자체해결 혹은 심의위원회의 요청 전에 '학내외 전문가에 의한 심리상담 및 조언'(1호), '일시 보호'(2호), '그 밖에 피해학생의 보호를 위해 필요한 조치'(6호)를 취할 수 있다. 피해학생에 대한 긴급조치는 심의위원회에 즉시 보고해야 한다.

[2] 가해학생 선도를 위한 긴급조치

학교장은 가해학생에 대한 선도가 긴급하다고 인정할 경우 우선 '피해학생에 대한 서면사과'(1호), '피해학생 및 신고·고발 학생에 대한 접촉, 협박 및 보복행위의 금지'(2호), '학교에서의 봉사'(3호), '학내외 전문가에 의한 특별교육이수 또는 심리치료'(5호), '출석정지'(6호)의 조치를 할 수 있으며, 제5호와 제6호는 동시에 부과할 수 있다.

학교장이 우선 출석정지를 할 수 있는 사안은 2명 이상이 고의적·지속적으로 폭력을 행사한 경우, 전치 2주 이상의 상해를 입힌 경우, 신고, 진술, 자료제공 등에 대한 보복을 목적으로 폭력을 행사한 경우, 학교장이 피해학생을 가해학생으로부터 긴급하게 보호할 필요가 있다고 판단하는 경우이다. 학교장이 우선 출석정지 조치를 하려는 경우에는 해당 학생 또는 보호자의 의견을 들어야 한다. 가해학생에 대한 긴급조치는 심의위원회에 보고하고 즉시 추인을 받아야 한다.

3. 학교장 자체해결제 및 관계회복

1) 학교장 자체해결 사안

학교폭력이 발생한 사실을 신고받거나 보고받은 경우에도 불구하고 피해학생 및 그 보호자가 심의위원회의 개최를 원하지 아니하는 다음 사항에 모두 해당하는 경미한 학교폭력의 경우 학교의 장은 학교폭력사건을 자체적으로 해결할 수 있다. 이 경우 학교의 장은 지체없이 이를 심의위원회에 보고해야 한다.

[1] 2주 이상의 신체적 · 정신적 치료를 요하는 진단서를 발급받지 않은 경우

전담기구 심의일 이전에 진단서를 제출하지 않은 경우에는 자체해결 요건에 해당하는 것으로 판단 가능하며, 피해학생 측이 학교에 진단서를 제출한 이후에는 의사를 번복하여 진단서를 회수하는 것은 불가하다.

[2] 재산상 피해가 없거나 즉각 복구된 경우

재산상 피해의 복구 여부는 전담기구 심의일 이전에 재산상 피해가 복구되거나 가해 관련학생 보호자가 피해 관련학생 보호자에게 재산상 피해를 복구해 줄 것을 확인해 주고 피해 관련학생 보호자가 인정한 경우에 해당된다. 재산상 피해

는 신체적·정신적 피해의 치료비용을 포함한다.

③ 학교폭력이 지속적이지 않은 경우

지속성의 여부는 피해 관련학생의 진술이 없을지라도 전담기구에서 보편적 기준을 통해 판단한다.

④ 학교폭력에 대한 신고, 진술, 자료제공 등에 대한 보복행위가 아닌 경우

가해관련 학생이 조치받은 사안 또는 조사과정 중에 있는 사안과 관련하여 신고, 진술, 증언, 자료제공 등을 한 학생에게 학교폭력을 행사했다면 보복행위로 판단할 수 있다.

2) 학교장 자체해결로 종결된 사안에 대한 심의위원회 개최 요청

원칙적으로 피해학생 및 그 보호자는 사안의 학교장 자체해결 이후에는 동일 사안에 대해 심의위원회 개최를 요구할 수 없으나, ① 해당 학교폭력 사건으로 피해학생 및 그 보호자가 받은 재산상 손해를 가해학생 및 그 보호자가 복구하기로 약속하였으나 이행하지 않은 경우 ② 해당 학교폭력 사건 조사과정에서 확인되지 않았던 사실이 추가적으로 확인된 경우에는 학교장에게 서면으로 심의위원회 개최를 요청할 수 있다.

3) 학교장 자체해결 절차

학교장의 자체해결 절차는 학교폭력 사안조사, 전담기구 심의, 피해학생 및 그 보호자의 서면 확인, 학교장 자체해결 결재 및 교육(지원)청 보고, 관련학생 보호자 통보(서면, 유선, 문자 등 가능)로 진행된다.

[그림 3] **학교장 자체해결 사안처리 흐름도**

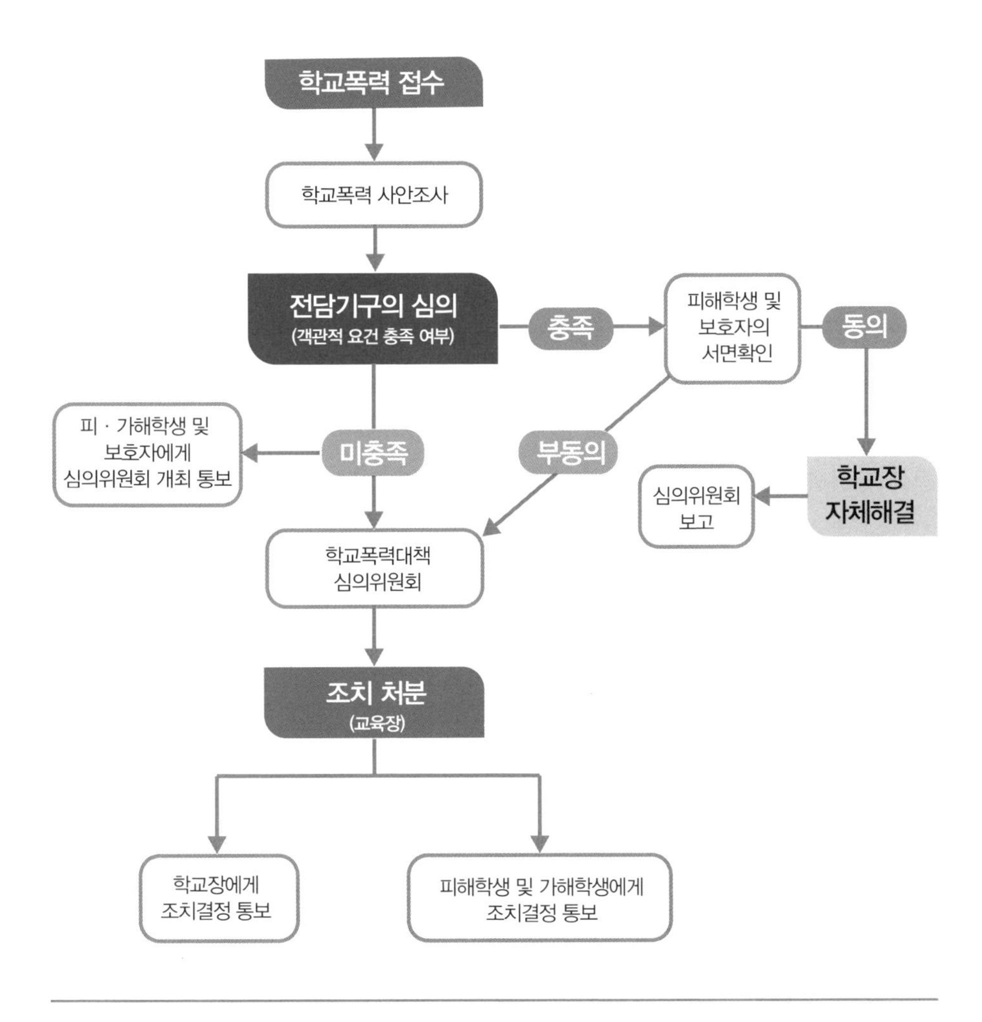

★ *그림 출처: 교육부 등(2023). 학교폭력 사안처리 가이드북*

① 학교폭력 사안조사

전담기구의 사안조사 과정에서 피해 관련학생 및 그 보호자를 상담할 때 학교장 자체해결을 강요하지 않도록 유의한다.

[2] 전담기구 심의 시 유의사항

학교장의 자체해결 요건 해당 여부는 전담기구 심의에서 협의를 통해 결정한다. 피해학생이 1명이고 가해학생이 여러 명인 경우, 학교장 자체해결 요건에 충족하더라도 피해학생이 가해학생 모두에 대해 자체해결에 동의하는 경우에 한하여 학교장 자체해결이 가능하다. 단, 피해학생이 여러 명인 경우에는 피해학생별로 학교장 자체해결 부의 여부를 판단한다.

[3] 피해학생 및 그 보호자의 서면 확인

전담기구의 심의 결과 학교장 자체해결 요건에 해당하는 사안의 경우, 전담기구에서 객관적으로 판단한 기준에 대해 피해학생 및 그 보호자에게 설명하고, 피해학생과 그 보호자가 심의위원회 개최 요구의사 확인서를 통해 학교장 자체해결에 동의하면 학교장이 자체해결할 수 있다. 학교의 장이 자체해결한 학교폭력 사안에 대해서는 재산상의 피해 복구를 이행하지 않거나 해당 학교폭력 사안의 조사과정에서 확인되지 않았던 사실이 추가적으로 확인된 경우를 제외하고는 피해학생 및 그 보호자가 심의위원회 개최를 요청할 수 없다는 사실을 반드시 사전에 충분히 설명한다.

[4] 학교장 자체해결 결재 및 교육(지원)청 보고

전담기구의 학교폭력 사안조사 보고서, 전담기구 심의결과 보고서, 피해학생 및 그 보호자의 학교폭력대책심의위원회 개최 요구 의사 확인서를 첨부한다. 학교장 자체해결 결과를 교육(지원)청에 보고해야 한다. 가해학생 우선 출석정지 후 학교장 자체해결하는 경우 학교장이 긴급조치를 직권으로 취소하고 기타 부득이한 사유로 학교장의 허가를 받아 결석하는 경우로 보아 출석으로 인정할 수 있다.

[5] 관련학생 보호자 통보(서면, 유선, 문자 등 가능)

4) 관계회복

학교의 장은 법 제13조의2제1항에 따라 학교폭력사건을 자체적으로 해결하는 경우 피해학생과 가해학생 간에 학교폭력이 다시 발생하지 않도록 노력해야 하며, 필요한 경우에는 피해학생 · 가해학생 및 그 보호자 간의 관계회복을 위한 프로그램을 운영할 수 있다. 관계회복이란 두 명 이상의 관련 대상자들이 발생 상황에 대해 이해, 소통, 대화 등을 통해 원래 상태 또는 일상생활로 돌아갈 수 있도록 함께 노력하는 것을 말한다.

관계회복은 학교폭력 사안이 발생한 해당 관련 학생(피해 및 가해측)을 대상으로 진행하며, 사전 개별면담을 진행하여 양측 각각의 욕구와 사안에 대한 해결 방식, 심리·정서적 상태 등을 탐색한다. 이후, 양측학생이 준비와 동의가 되었을 때 서로 대면하여 소통의 과정을 통한 관계회복 프로그램을 진행하고, 관계회복을 하도록 조력한다. 학교폭력 관계회복은 일반학생 또는 불특정 다수의 학생이 아니라 사안이 발생한 관련 학생(피해학생 및 가해학생)을 대상으로 한다.

4. 조치 결정 및 이행

1) 심의위원회

학교폭력의 예방 및 대책에 관련된 사항을 심의하기 위하여 「지방교육자치에 관한 법률」 제34조 및 「제주특별자치도 설치 및 국제자유도시 조성을 위한 특별법」 제80조에 따른 교육지원청(교육지원청이 없는 경우 해당 시 · 도 조례로 정하는 기관으로 한다. 이하 같다)에 학교폭력대책심의위원회(이하 "심의위원회"라 한다)를 둔다.

2) 심의위원회 절차

심의위원회의 표준 절차는 개회 및 안내, 사안보고, 피해관련 측 사실 확인, 피해관련 측 의견진술 및 질의응답, 가해관련 측 사실 확인, 가해관련 측 의견진술 및 질의응답, 피해학생 보호 및 가해학생 선도 조치 논의 순으로 진행된다.

3) 피해학생에 대한 보호조치

① 피해학생 보호조치

심의위원회는 피해학생의 보호를 위해 필요하다고 인정하는 때에는 피해학생에 대해 다음 각 호의 어느 하나에 해당하는 조치(수 개의 조치를 병과하는 경우를 포함한다)를 할 것을 교육장에게 요청할 수 있다.

◐ **제1호: 학내외 전문가에 의한 심리상담 및 조언**

학교폭력으로 받은 정신적·심리적 충격으로부터 회복할 수 있도록 학교 내·외의 심리상담 전문가로부터 심리상담 및 조언을 받도록 하는 조치이다. 학교 내 상담교사가 없을 때에는 외부 상담기관(피해학생 전담지원기관, Wee 센터, 정신건강복지센터, 청소년상담복지센터, 전문 상담기관 등)을 통해 진행할 수 있다.

◐ **제2호: 일시보호**

가해학생으로부터 지속적인 폭력이나 보복을 당할 우려가 있는 경우, 일시적으로 보호시설이나 집 또는 학교상담실 등에서 보호를 받을 수 있도록 하는 조치이다.

◐ **제3호: 치료 및 치료를 위한 요양**

학교폭력으로 인해 생긴 신체적·정신적 상처의 치유를 위해 의료기관 등에서 치료를 받도록 하는 조치이다. 피해학생이 보호조치로 집이나 요양기관에서 신체적·심리적 치료를 받을 때는 치료기간이 명시된 진단서 또는 관련 증빙자료를 첨부하여 학교에 제출하도록 보호자에게 안내할 수 있다.

◐ **제4호: 학급교체**

지속적인 학교폭력 상황 및 정신적 상처에서 벗어나도록 하기 위해서 피해학생을 동일 학교 내의 다른 학급으로 소속을 옮겨주는 조치이다. 피해학생 입장에서는 새로운 학급에 적응해야 하는 부담이 있으므로, 조치 결정에 있어 피해학생의 의견을 적극 반영하는 것이 필요하다.

◐ **제5호: 기존 전학권고 조치는 삭제됨**

◐ **제6호: 그 밖에 피해학생의 보호를 위해 필요한 조치**

피해학생 보호를 위해 필요하다고 판단되는 다양한 조치 방법으로는 치료 등을 위한 의료기관에의 연계, 대한법률구조공단과 같은 법률구조기관, 학교폭력 관련기관 등에 필요한 협조와 지원요청, 신변보호지원 등을 할 수 있다.

피해학생 보호조치의 요청이 있는 때에는 교육장은 피해학생의 보호자의 동의를 받아 7일 이내에 해당 조치를 하여야 하고 이를 심의위원회에 보고해야 한다.

2 장애학생의 보호

장애학생이 피·가해학생인 경우, 장애로 인한 피해를 방지하기 위해 전담기구의 사안조사 및 심의위원회 심의 시 특수교육 전문가(위원 및 참고인)를 참여시켜 장애학생의 의견진술 기회 확보 및 진술을 조력할 수 있다. 심의위원회는 학교폭력으로 피해를 입은 장애학생의 보호를 위해 특수교육 및 장애인 전문 상담, 또는 장애전문 치료기관의 요양 조치를 학교의 장에게 요청할 수 있다.

3 다문화 · 탈북학생의 보호 및 지원

초기대응, 사안조사 등 사안처리 과정에서 한국어 능력이 부족하여 의사소통에 어려움이 있는 다문화학생(중도입국·외국인학생 등), 제3국 출생 탈북학생의 경우 명확한 상황 전달과 자기표현을 위해 통역의 활용 또는 관련 담당교사를 참여시켜 충분한 통번역이 이루어지도록 한다. 피해학생 또는 가해학생이 다문화학생(중도입국·외국인학생 등), 탈북학생인 경우 전담기구 및 심의위원회에 전문가(예비학교 담당자, 탈북교육담당자 등)를 참여시켜 다문화학생(중도입국·외국인학생 등)과 탈북학생의 문화적 특성 등에 대한 의견을 참고하도록 한다.

4) 가해학생에 대한 조치

1 가해학생에 대한 조치

심의위원회는 피해학생의 보호와 가해학생의 선도·교육을 위해 가해학생에 대해 다음의 어느 하나에 해당하는 조치(수 개의 조치를 병과하는 경우를 포함한다)를 할 것을 교육장에게 요청하여야 하며, 각 조치별 적용 기준은 대통령령으로 정한다.

◐ **제1호: 피해학생에 대한 서면사과**

◐ **제2호: 피해학생 및 신고·고발 학생에 대한 접촉, 협박 및 보복행위의 금지**

◐ **제3호: 학교에서의 봉사**

◐ **제4호: 사회봉사**

◐ **제5호: 학내외 전문가에 의한 특별교육이수 또는 심리치료**

교육감이 정한 기관에서 특별교육을 이수하거나 심리치료를 받아야 하며, 그 기간은 심의위원회에서 정한다.

◐ **제6호: 출석정지**

가해학생을 수업에 출석하지 못하게 함으로써 일시적으로 피해학생과 격리시켜 피해학생을 보호하고, 가해학생에게는 반성의 기회를 주기 위한 조치이다. 가해학생에 대한 출석정지 기간은 출석일수에 산입하지 않는다.

◐ **제7호: 학급교체**

◐ **제8호: 전학**

가해학생이 다른 학교로 전학을 간 이후에는 전학 전의 피해학생 소속 학교로 다시 전학 올 수 없도록 해야 한다. 교육감 또는 교육장은 전학 조치된 가해학생과 피해학생이 상급학교에 진학할 때에는 각각 다른 학교를 배정해야 한다. 이 경우 피해학생이 입학할 학교를 우선적으로 배정한다.

◐ **제9호: 퇴학처분**

피해학생을 보호하고 가해학생을 선도·교육할 수 없다고 인정될 때 취하는 조치이다. 다만 의무교육과정에 있는 가해학생에 대해는 적용하지 아니한다.

[2] 가해학생에 대한 조치 결정 기준

심의위원회는 가해학생이 행사한 학교폭력의 심각성, 지속성, 고의성의 정도와 가해학생의 반성 정도, 해당 조치로 인한 가해학생의 선도 가능성, 가해학생 및 보호자와 피해학생 및 보호자 간의 화해의 정도, 피해학생이 장애학생인지의 여부 등을 고려해 가해학생별로 선도 가능성이 높은 조치(수 개의 조치를 병과하는 경우를 포함한다)를 할 것을 교육장에게 요청해야 한다. 〈표 5〉 학교폭력 가해학생 조치별 적용 세부 기준을 참고하며, 기본 판단 요소, 부가적 판단 요소에 따라 판정점수를 정하고 점수에 따라 가해학생에 대한 조치를 결정하게 된다.

[3] 가해학생 보호자 특별교육

교육장은 심의위원회에서 가해학생에게 제2호에서 제8호까지의 조치를 내린 경우 보호자에게도 특별교육을 이수하도록 서면으로 통보해야 한다. 보호자가 특별교육에 불응한 경우, 교육감은 법률에 의해 300만 원의 과태료가 부과됨을 안내하고, 특별교육을 이수할 것을 재통보하여야 하며, 이를 불응한 경우 법률에 의거해 과태료를 부과·징수해야 한다.

〈표 5〉 학교폭력 가해학생 조치별 적용 세부 기준

<table>
<tr><td colspan="5" rowspan="2"></td><td colspan="5">기본 판단 요소</td><td colspan="2">부가적 판단 요소</td></tr>
<tr><td>학교폭력의 심각성</td><td>학교폭력의 지속성</td><td>학교폭력의 고의성</td><td>가해학생의 반성 정도</td><td>화해 정도</td><td>해당 조치로 인한 가해학생의 선도 가능성</td><td>피해학생이 장애학생인지 여부</td></tr>
<tr><td colspan="4" rowspan="5">판정 점수</td><td>4점</td><td>매우 높음</td><td>매우 높음</td><td>매우 높음</td><td>없음</td><td>없음</td><td rowspan="14">해당점수에 따른 조치에도 불구하고 가해학생의 선도 가능성 및 피해학생의 보호를 고려해 시행령 제14조 제5항에 따라 학교폭력대책심의위원회 출석위원 과반수의 찬성으로 가해학생에 대한 조치를 가중 또는 경감할 수 있음</td><td rowspan="14">피해학생이 장애학생인 경우 가해학생에 대한 가중할 수 있음</td></tr>
<tr><td>3점</td><td>높음</td><td>높음</td><td>높음</td><td>낮음</td><td>낮음</td></tr>
<tr><td>2점</td><td>보통</td><td>보통</td><td>보통</td><td>보통</td><td>보통</td></tr>
<tr><td>1점</td><td>낮음</td><td>낮음</td><td>낮음</td><td>높음</td><td>높음</td></tr>
<tr><td>0점</td><td>없음</td><td>없음</td><td>없음</td><td>매우 높음</td><td>매우 높음</td></tr>
<tr><td rowspan="9">가해학생에 대한 조치</td><td colspan="2" rowspan="3">교내 선도</td><td>1호</td><td>피해학생에 대한 서면 사과</td><td colspan="5">1~3점</td></tr>
<tr><td>2호</td><td>피해학생 및 신고·고발 학생에 대한 접촉, 협박 및 보복행위의 금지</td><td colspan="5">피해학생 및 신고·고발학생의 보호에 필요하다고 심의위원회가 의결할 경우</td></tr>
<tr><td>3호</td><td>학교에서의 봉사</td><td colspan="5">4~6점</td></tr>
<tr><td colspan="2" rowspan="2">외부 기관 연계 선도</td><td>4호</td><td>사회봉사</td><td colspan="5">7~9점</td></tr>
<tr><td>5호</td><td>학내외 전문가에 의한 특별 교육이수 또는 심리치료</td><td colspan="5">가해학생 선도·교육에 필요하다고 심의위원회가 의결할 경우</td></tr>
<tr><td rowspan="4">교육 환경 변화</td><td rowspan="2">교내</td><td>6호</td><td>출석정지</td><td colspan="5">10~12점</td></tr>
<tr><td>7호</td><td>학급교체</td><td colspan="5">13~15점</td></tr>
<tr><td rowspan="2">교외</td><td>8호</td><td>전학</td><td colspan="5">16~20점</td></tr>
<tr><td>9호</td><td>퇴학처분</td><td colspan="5">16~20점</td></tr>
</table>

★ *표 출처: 교육부 등(2020). 학교폭력 사안처리 가이드북*

〈표 6〉 **가해학생 학부모 특별교육 이수시간 부과 기준**

교육 대상 처분	이수시간	교육 운영	비고
보복행위 금지, 학교봉사	4시간 이내	교육감 지정기관 프로그램 및 개인상담 이수	학부모·학생 공동교육 가능
사회봉사, 특별교육, 출석정지, 학급교체, 전학	5시간 이상		

★ ***표 출처: 교육부 등(2023). 학교폭력 사안처리 가이드북***

Q&A. 법원의 보호처분이 내려진 후 심의위원회 조치는 이중처벌이라며 거부한 사례

Q. 학생 A의 폭행 사안이 발생하여 학교 측에서 심의위원회가 개최되었으나 수사기관의 수사가 시작되자 일시적으로 심의위원회를 중지했다. 법원 소년부에서 학생 A에 대한 보호처분이 내려진 후 학교는 심의위원회를 다시 개최하여 학교 가해학생 조치를 했다. 이에 가해학생 보호자는 이미 소년부에서 처벌을 받았는데 학교에서 또 처벌을 내리는 것은 이중처벌이라며 강하게 거부했다. 이 경우 학교는 어떻게 대응해야 하는가?

A. 가해학생에 대한 조치는 처벌이 아니므로 소년보호처분과 병과가 이중처벌에 해당되지 않는다. 수사기관이 수사 중인 사안이라는 이유로 수사기관이 조사를 마칠 때까지 심의위원회 개최를 연기할 수 없다.

★ ***자료 출처: 교육과학기술부, 충청북도교육청(2013). 학교폭력 사안처리 Q&A***

5) 분쟁조정

피해학생, 가해학생 또는 그 보호자 중 어느 한 쪽은 해당 분쟁사건에 대한 조정권한이 있는 심의위원회 또는 교육감에게 분쟁조정을 신청할 수 있다. 이를 위해서는 해당 당사자들에게 분쟁조정 제도가 있다는 것을 알리고 분쟁조정 관련된 절차와 내용에 대해 안내한다(구체적인 내용은 제9장 학교폭력에 대한 법적 조치를 참고).

5. 조치 결정에 대한 불복절차

교육장이 내린 조치 결정에 대해 이의가 있는 경우에는 피해학생 또는 그 보호자, 가해학생 또는 그 보호자는 '행정심판법'에 따른 행정심판을 청구할 수 있다(교육부 등, 2018).

1) 행정심판

행정심판이란 행정청의 위법·부당한 처분이나 부작위로 권리 또는 이익을 침해받은 국민이 이를 회복하기 위해 행정기관에 제기하는 권리구제제도이다.

교육장의 피해학생의 보호(법 제16조제1항) 및 가해학생에 대한 조치(법 제17조제1항)에 대해 이의가 있는 피해학생 또는 그 보호자는 「행정심판법」에 따른 행정심판을 청구할 수 있다. 또한, 교육장의 가해학생에 대한 조치(법 제17조제1항)에 대해 이의가 있는 가해학생 또는 그 보호자는 「행정심판법」에 따른 행정심판을 청구할 수 있다(법 제17조의2).

행정심판은 처분이 있음을 알게 된 날부터 90일 이내에 청구하여야 한다. 청구인이 천재지변, 전쟁, 사변 그 밖의 불가항력으로 인하여 제1항에서 정한 기간에 심판청구를 할 수 없었을 때에는 그 사유가 소멸한 날부터 14일 이내에 행정심판을 청구할 수 있다. 다만, 국외에서 행정심판을 청구하는 경우에는 그 기간을 30일로 한다. 행정심판은 처분이 있었던 날부터 180일이 지나면 청구하지 못한다. 다만, 정당한 사유가 있는 경우에는 그러하지 아니한다.

2) 행정소송

1 행정소송

행정소송이란 행정청의 위법한 처분 그 밖에 공권력의 행사 · 불행사 등으로 인한 국민의 권리 또는 이익의 침해를 구제하고, 공법상의 권리관계 또는 법적용에 관한 다툼을 적정하게 해결하기 위해 법원이 행하는 재판절차이다. 교육장의 조치에 대해 이의가 있는 당사자는 행정심판을 거치지 않고 바로 행정소송을 제기할 수 있다(행정소송법 제18조제1항).

취소소송은 처분이 있음을 안 날부터 90일 이내에 제기하여야 하며, 처분이 있은 날로부터 1년을 경과하면 제기할 수 없다. 행정심판을 거쳐 행정소송을 제기한 경우에는 '행정심판 재결서의 정본을 송달받은 날'부터 기간을 계산한다.

2 민사소송

학교폭력으로 인해 치료비 등 손해가 발생한 경우에, 그에 대한 민사상의 손해배상청구가 가능하다. 모든 학교폭력 사안에 대해 민사처리가 가능하며, 민사소송에 의한 손해배상청구는 치료비와 정신적 손해에 대한 배상청구로 이루어진다. 민사소송은 피해학생 측이 가해학생 측에 대해 손해배상을 청구하는 소장을 제출하면서 시작된다.

<양식 1-1>

학교폭력 신고 접수 대장

사안 번호	신고 일시	신고자 (연락처) 또는 신고기관	신고내용	접수 사실 통보		작성자 (책임교사)	비고
				피해관련 학생/ 보호자	가해관련 학생/ 보호자		
20 -1							
20 -2							
20 -3							

[참고] 사안번호는 모든 관련 서류에 동일하게 작성
학교여건에 따라 교감 전결 가능(단, 학교장에게는 반드시 보고)

★ 양식 출처: 교육부 등(2020). 학교폭력 사안처리 가이드북

〈양식 1-2〉

학교폭력사안 접수 보고서

* 사안번호 :

<table>
<tr><td rowspan="2">학교명</td><td rowspan="2"></td><td rowspan="2">교장</td><td>성명</td><td></td><td rowspan="2">담당자
(책임교사)</td><td>성명</td><td></td></tr>
<tr><td>휴대전화</td><td></td><td>휴대전화</td><td></td></tr>
<tr><td>접수 일시</td><td colspan="7">년 월 일(오전/오후) 시 분</td></tr>
<tr><td>신고자
(성명, 신분)</td><td colspan="4">* 신고자가 익명을 희망할 경우 익명으로 처리</td><td>접수·
인지 경로</td><td colspan="2">* 피해자 직접신고
* 담임, 보호자 신고
* 주변 학생 신고</td></tr>
<tr><td>접수자·인지자
(성명, 신분)</td><td colspan="7"></td></tr>
<tr><td>신고·인지
내용</td><td colspan="7">* 육하원칙에 의거 접수한 내용을 간략히 기재</td></tr>
<tr><td rowspan="4">관련학생</td><td colspan="2">성명</td><td colspan="2">학번</td><td colspan="2">보호자 통보 여부</td><td>비고</td></tr>
<tr><td colspan="2"></td><td colspan="2"></td><td colspan="2"></td><td></td></tr>
<tr><td colspan="2"></td><td colspan="2"></td><td colspan="2"></td><td></td></tr>
<tr><td colspan="2"></td><td colspan="2"></td><td colspan="2"></td><td></td></tr>
<tr><td>기타 사항</td><td colspan="7">(고소, 소송 여부 등)
* 성 관련 사안의 경우 반드시 수사기관(112 또는 117) 신고(신고 일시 기재)</td></tr>
<tr><td rowspan="2">타학교
관련 여부</td><td colspan="2">관련 학교명</td><td colspan="5">* 신고 접수 시 타학교 관련성이 확인되지 않은 경우에는 공란으로 처리</td></tr>
<tr><td colspan="2">통보여부</td><td colspan="5">(통보 일시, 방법)
(통보 받은 사람) (연락처)</td></tr>
</table>

[참고] 학교폭력 접수 사안을 학교장 및 교육(지원)청에 보고 (48시간 이내 보고)

★ 양식 출처: 교육부 등(2020). 학교폭력 사안처리 가이드북

<양식 2-1>

학생 확인서

* 사안번호 :

1	성명		학년/반	/	성별	남 / 여
2	연락처	학생		보호자		
3	관련학생					
4	사안 내용		※ 피해받은 사실, 가해한 사실, 목격한 사실 등을 육하원칙에 의거해 상세히 기재하세요(필요한 경우 별지 사용)			
5	필요한 도움					
6	작성일	20___년___월___일			작성 학생	(서명)

★ *양식 출처: 교육부 등(2020). 학교폭력 사안처리 가이드북*

〈양식 2-2〉

보호자 확인서

* 사안번호 :

1. 본 확인서는 학교폭력 사안조사를 위한 것입니다. 2. 자녀와 상대방 학생에 관련된 객관적인 정보를 제공해 주셨으면 합니다. 3. 사안 해결을 위해 학교는 객관적이고 적극적인 자세로 임할 것입니다.

<table>
<tr><td colspan="2">학생 성명</td><td></td><td>학년/반</td><td>/</td><td>성별</td><td>남 / 여</td></tr>
<tr><td colspan="3">사안 인지 경위</td><td colspan="4"></td></tr>
<tr><td colspan="3">현재 자녀의 상태</td><td colspan="4">신체적-
정신적-</td></tr>
<tr><td rowspan="3">자녀
관련
정보</td><td colspan="2">교우 관계</td><td colspan="4">(친한 친구가 누구이며, 최근의 관계는 어떠한지 등)</td></tr>
<tr><td colspan="2">폭력 경험 유무 및 내용</td><td colspan="4">(실제로 밝혀진 것 외에도 의심되는 사안에 대해서도)</td></tr>
<tr><td colspan="2">자녀 확인 내용</td><td colspan="4">(사안에 대해 자녀가 보호자에게 말한 것)</td></tr>
<tr><td colspan="3">현재까지의 부모 조치</td><td colspan="4">(병원 진료, 화해 시도, 자녀 대화 등)</td></tr>
<tr><td colspan="3">사안 해결을 위한 관련 정보 제공</td><td colspan="4">(특이점, 성격 등)</td></tr>
<tr><td colspan="3">현재 부모의 심정</td><td colspan="4">(어려운 점 등)</td></tr>
<tr><td colspan="3">본 사안 해결을 위한 부모 의견, 바라는 점</td><td colspan="4">(보호자가 파악한 자녀의 요구사항 등)</td></tr>
<tr><td colspan="2">작성일</td><td colspan="2">20___년___월___일</td><td>작성자</td><td colspan="2">(서명)</td></tr>
</table>

★ *양식 출처: 교육부 등(2020). 학교폭력 사안처리 가이드북*

<양식 2-3>

(피해·가해학생) 긴급 조치 보고서

* 사안번호 :

<table>
<tr><td>대상학생</td><td>학년/반</td><td colspan="2"></td><td>성명</td><td></td></tr>
<tr><td>사안개요
(조치원인)</td><td colspan="5">※ 접수한 사안 내용을 육하원칙에 의거 간략히 기재</td></tr>
<tr><td rowspan="4">조치 내용</td><td rowspan="2">피해학생</td><td rowspan="2">조치 사항
법적 근거</td><td colspan="3"></td></tr>
<tr><td colspan="3">「학교폭력 예방 및 대책에 관한 법률」 제16조 제1항</td></tr>
<tr><td rowspan="2">가해학생</td><td>조치 사항</td><td colspan="3"></td></tr>
<tr><td>법적 근거</td><td colspan="3">「학교폭력 예방 및 대책에 관한 법률」 제17조 제4항</td></tr>
<tr><td>조치일자</td><td colspan="5">년 월 일</td></tr>
<tr><td>긴급 조치의
필요성</td><td colspan="5"></td></tr>
<tr><td>관련학생
또는 보호자
의견청취
여부</td><td colspan="5">① 의견청취 완료 (일시:__________, 방법:__________)
② 의견을 들으려 하였으나 이에 따르지 않음
※ 출석정지 조치를 하고자 할 경우 의견청취는 필수 절차임</td></tr>
<tr><td rowspan="2">관련학생 및
보호자 통지</td><td>통지일자</td><td colspan="4"></td></tr>
<tr><td>통지방법</td><td colspan="4"></td></tr>
<tr><td colspan="6">작성자:
확인자: 학교장</td></tr>
</table>

[참고] 피해학생 긴급 보호조치는 법률 16조 1항에 의거 즉시 심의위원회에 보고
가해학생 긴급 선도조치는 법률 17조 4항에 의거 즉시 심의위원회에 보고 및 추인을 받아야 함

★ *양식 출처: 교육부 등(2020). 학교폭력 사안처리 가이드북*

〈양식 2-4〉

학교폭력 사안조사 보고서

* 사안번호 :

<table>
<tr><td>접수 일자</td><td colspan="2">20 년 월 일</td><td>담당자</td><td></td></tr>
<tr><td rowspan="4">관련학생</td><td>성명</td><td>학년/반/번호</td><td>성별</td><td>비고
(장애여부 등 특이사항 기재/
장애학생의 경우, 장애영역 기재)</td></tr>
<tr><td></td><td></td><td></td><td></td></tr>
<tr><td></td><td></td><td></td><td></td></tr>
<tr><td></td><td></td><td></td><td></td></tr>
<tr><td>사안 개요</td><td colspan="4">전담기구에서 조사한 사안 내용을 육하원칙에 의거 구체적으로 기재</td></tr>
<tr><td rowspan="4">쟁점 사안</td><td>A 학생의
주장 내용
및 근거
자료</td><td colspan="3"></td></tr>
<tr><td>B 학생의
주장 내용
및 근거
자료</td><td colspan="3"></td></tr>
<tr><td>C 학생의
주장 내용
및 근거
자료</td><td colspan="3"></td></tr>
<tr><td>...</td><td colspan="3"></td></tr>
</table>

<table>
<tr><td>사안 진행 및
조치사항</td><td>※ 아래 사항을 확인해 구체적으로 기재
<table>
<tr><th>학교폭력 사안조사 시 확인사항</th><th>확인 내용(관련 자료 등)</th></tr>
<tr><td>1. 심각성 판단 요소</td><td>진단서 제출 여부 등</td></tr>
<tr><td>2. 지속성 판단 요소</td><td>전담기구 심의 결과</td></tr>
<tr><td>3. 고의성 판단 요소</td><td>피·가해학생 확인서 참고</td></tr>
<tr><td>4. 반성 정도 판단 요소</td><td>가해학생 면담조사 등</td></tr>
<tr><td>5. 화해 정도 판단 요소</td><td>고소, 고발 및 합의서 여부 등</td></tr>
<tr><td>6. 가해학생의 선도 가능성 판단 요소</td><td>학교폭력 재발 여부 등</td></tr>
<tr><td>7. 피해학생이 장애학생인지 여부</td><td>특수교사의 의견 청취</td></tr>
</table></td></tr>
<tr><th>판단요소</th><th>확인내용</th></tr>
<tr><td>가해학생이 행사한
학교폭력의
심각성 · 지속성 ·
고의성</td><td></td></tr>
<tr><td>가해학생의 반성정도</td><td></td></tr>
<tr><td>가해학생 및 보호자와
피해학생 및 보호자간
화해 정도</td><td></td></tr>
<tr><td>해당 조치로
인한 가해학생의 선도
가능성</td><td></td></tr>
<tr><td>피해학생이
장애학생인지 여부</td><td></td></tr>
<tr><td>긴급조치 여부</td><td></td></tr>
<tr><td>특이사항</td><td>성 관련 사안, 치료비 분쟁, 피해학생이 다문화학생인지 여부, 관련 학생 및 그 보호자의 요구사항, 언론보도 등 특이사항 기재</td></tr>
</table>

[참고] 「학교폭력 예방 및 대책에 관한 법률」 제14조제4항에 의거 전담기구에서는 학교폭력에 관련된 조사결과 등 활동결과를 보고하여야 함.
※ 학교장 자체해결이 되지 않은 경우, 학교장 결재 후 심의위원회 보고

★ 양식 출처: 교육부 등(2020). 학교폭력 사안처리 가이드북

제12장. 학교폭력 대처를 위한 상담

1. 학교폭력 상담

1) 학교폭력 상담의 개념

학생상담이란, 전문적인 상담교육을 받은 교사 또는 상담전문가와 도움이 필요한 학생과의 상호작용을 통해 학생의 문제 예방, 성장, 발달, 적응 및 문제해결을 돕는 과정이다. 학교폭력 상담의 목적, 대상, 방법은 다음과 같다.

1 학교폭력 상담의 목적

학교폭력 상담의 목적은 피해학생의 보호 및 치유, 가해학생의 선도 및 치유를 통해 학생들이 안전한 학교생활과 적응을 할 수 있도록 하는 데 있다. 이러한 과정 속에서 학생은 인권을 보호받고 건강한 사회구성원으로 성장할 수 있는 초석을 다질 것이다.

2 학교폭력 상담의 대상

학교폭력 상담은 학교폭력에 대한 전문적인 교육을 받은 교사 또는 상담전문가가 학교폭력과 관련해 도움이 필요한 학생, 학교폭력에 노출된 피해학생, 가해학생, 동조 및 주변학생, 학교폭력 피해 및 가해학생의 학부모, 교사를 대상으로 진행하는 것이다. 자녀가 가해학생이든 피해학생이든 학부모도 학교폭력에 관여하게 되고, 학부모의 대처 혹은 적응능력에 따라 학생들의 치유와 적응의 양상이 달라진다.

③ 학교폭력 상담의 방법

학교폭력 상담의 방법은 대상과 유형에 맞추어 다양하게 진행된다. 구성인원에 따라서 1:1의 개인상담, 2명 이상으로 구성된 집단상담, 집단교육이 실시된다. 목적에 따라서는 예방상담, 위기상담, 추수상담으로 진행된다.

학교폭력 상담은 문제해결을 넘어서 예방까지도 포함한다. 심리상담은 행동변화를 위한 체계적 접근이다. 학교폭력 상담도 학생, 학부모, 교사가 적응과 부적응에 대한 명확한 이해가 있을 때, 좀 더 자기 주도적이고 주체적으로 학교폭력에 대처하고 예방할 수 있다. 적응은 주어진 환경에 자신을 맞추는 과정과 자신의 요구를 충족시키기 위해 환경을 변화시키는 과정을 말한다(이근배, 2014).

따라서 학교폭력 상담의 정의를 다시 한번 제시해 보면, 학교폭력 상담은 학교폭력에 대한 전문적인 교육을 받은 교사 또는 상담전문가가 학교폭력과 관련하여 도움이 필요한 학생 및 주변인들과 상호작용 속에서 피해학생의 보호 및 치유, 가해학생의 선도 및 치유를 통해 학생들이 안전한 학교생활과 적응적인 학교생활을 할 수 있도록 조력하는 데 있다.

2) 학교폭력 상담의 기본원리

상담은 학교폭력의 예방과 대처에 중요한 역할을 한다. 학교폭력 상담을 할 때, 기본적인 원리를 제시하면 다음과 같다(송재홍 등, 2016).

- 학교폭력 상담의 기본 가정은 '인간의 기본적인 가치와 존엄성을 인정받아야

한다'이다. 가해학생이든 피해학생이든, 상담의 대상자는 인간의 기본적인 가치와 존엄성이 존중되어야 하며, 침해받지 않고 상담이 진행되어야 한다.

- 학교폭력 상담의 최종 목표는 사건처리라고 보기보다는 학교폭력이 발생한 원인을 확인하고 근본적인 해결 방안을 찾고, 피해학생과 가해학생 등 관련된 사람 간의 관계회복과 발전을 모색하는 것이다.
- 학교폭력이 발생한 이후에도 예방적인 측면의 상담이 이루어져야 한다. 이 과정을 통해 문제 확대 및 재발을 방지할 수 있다.
- 그 원인, 종류와 특성, 상황적 조건 등 여러 가지 요소를 고려해 종합적으로 파악하고 개별적인 상담이 이루어져야 한다.
- 신속하게 대처해야 하고 중립적이며, 지속적인 상담이 요구된다.
- 아무리 사소한 폭력도 단기적 혹은 장기적 상담이 필요하다.
- 학교폭력 상담은 가해학생, 피해학생 그리고 그들의 부모와 교사, 동조자와 방관자를 비롯한 모든 주변 사람을 대상으로 이루어져야 한다.
- 유치원, 초등학교, 중학교, 고등학교 등 학교급 간을 연계해 상담해야 한다.

3) 목적에 따른 학교폭력 상담 구분

학교폭력 상담은 학교, 사회단체, 정부기관, 상담전문기관 등 다양한 장면에서 이루어지며, 예방상담, 위기상담, 추수상담 등이 과정별 목적을 위해 개인상담, 집단상담, 자문과 중재 등 다양한 형태로 이루어진다. 학교폭력 상담을 목적에 따라 예방상담, 위기상담, 추수상담으로 구분했을 때 그 과정을 개념화하면 다음과 같다(이규미, 2012).

<표 1> **학교폭력 상담구분**

학교폭력 상담구분	상담활동
학교폭력 예방상담	문제발견, 평가, 예방상담, 문제 환경 개선, 교육, 캠페인, 자문활동
학교폭력 위기상담	개인 및 가족 상담, 의료적 개입, 신변보호, 법률 자문, 중재
학교폭력 추수상담	후유증 감소 및 문제 재발방지를 위한 개인 및 가족 상담

★ 표 출처: 이규미(2012). 학교폭력의 특수성과 전문성

[1] 예방상담

예방상담은 문제를 발견하고 그 문제의 심각성을 평가하며, 발생한 문제가 더 심각해지는 것을 막기 위해 예방적 개입을 하는 것이다. 학교폭력에 대한 예방활동으로는 학교폭력과 관련된 각종 예방교육 및 캠페인 활동이 포함된다. 폭력문제와 연루되어 있으나 아직 크게 표면화되지 않은 상태에서 표현하지 않고 침묵하는 피해자나 잠재되어 있는 문제를 초기에 발견해, 더 큰 문제로 확대되는 것을 방지하기 위한 개입 또한 예방상담의 한 부분이다.

[2] 위기상담

위기상담은 현재 진행 중이어서 시급하거나 외부로 인지된 폭력 피해-가해 문제에 대한 상담을 의미한다. 이 과정에서 상담 과제를 나열하면 다음과 같다.

① 폭력 피해 청소년의 경우 폭력에서 벗어나기, 폭력행동 청소년의 경우 폭력행동 중단하기
② 폭력의 원인을 이해하고 이에 대처하도록 돕기
③ 피해자의 자존감 및 회복력 높이기, 학교에 재적응하기, 신체적·정신적 문제가 발생한 경우 의료기관 의뢰하기
④ 피해-가해 사실과 관련된 법적 문제에 대처하기

위기 상담은 피해자의 고통을 수반하는 피해사실이 있을 경우 곧바로 개입해

야 한다. 위기상담의 경우 단순히 심리적 접근만으로는 내담자를 돕기 어려울 수 있다. 이에, 구체적인 방법을 갖추고 있어야 하며, 위기관리 지원체계를 갖추고 있어야 한다. 학교폭력 상담에서는 중재기술이 중요한 상담 기술로 피해자-가해자-기타 관련자들은 그들이 처한 입장에 따라 각기 다른 바람을 갖고 있기 때문에 상담자는 이들을 중재할 수 있는 중재기술을 향상하기 위해 노력해야 한다.

③ 추수상담

추수상담은 폭력 문제의 위기상황과 실제적인 폭력 위험이 사라지고 폭력피해 청소년과 폭력행동 청소년 간의 조정이 이루어진 후, 후유증을 줄이고 문제의 재발 방지를 위해 실시하는 상담이다. 폭력피해자가 폭력피해 과정에서 겪은 부정적인 감정 중 미해결 감정을 해소하고 자기 보호력을 키우며, 폭력행동 청소년이 폭력행동에서 적절한 사회적 행동으로 변할 수 있도록 돕는 것이 추수상담의 과제이다.

4) 학교폭력 상담의 진행과정

상담의 일반적인 과정은 ① 문제의 제시 및 상담 동기 조성 ② 촉진적 관계 형성 ③ 목표설정의 구조화 ④ 문제 해결 방안의 구안 ⑤ 자각과 합리적 사고의 촉진 ⑥ 실천행동의 계획 ⑦ 실천결과의 평가와 종결의 단계가 있다(이장호, 1998). 학교폭력 상담의 경우, 상담 과정 요소로 ① 상담의 시작 ② 문제에 관한 정보수집 ③ 해결 방안을 위한 실마리 찾기 ④ 해결을 위한 상담자의 방안 공유 및 제시 ⑤ 상담 종결의 단계가 있다. 구체적인 내용을 살펴보면 다음과 같다(이규미, 2012).

① 상담의 시작

- 라포 형성하기
- 위기상황에 있는 학생의 경우 안전을 우선 확보하기

2 문제에 관한 정보수집

- 피해학생에 대해 파악하기
- 피해 상황 파악하기
- 가해학생에 대해 파악하기
- 학교폭력 발생의 정확한 사실 파악하기

3 해결 방안을 위한 실마리 찾기

- 학교폭력 발생에 관한 증거자료 확보하기
- 내담자의 상담 및 해결에 대한 희망여부 파악하기
- 피해학생의 현 상태에 대한 이해
- 피해학생 측(학부모 포함)의 현재까지의 대처상황 확인
- 가해학생 측의 대응방법에 대한 파악
- 학교의 인지 여부 및 해결을 위한 시도와 과정 확인

4 해결을 위한 상담자의 방안 공유 및 제시

- 피해자 본인에게는 당당한 마음과 자기주장훈련으로 대처하도록 함
- 가해자 측과 학교에 문제제기
- 경찰에 신고 및 법적 소송

5 상담 종결

- 피해자의 실제 대처 및 문제해결 실현에 관해 검증하기
- 지속상담, 면접상담, 집단 프로그램 등으로 연결하기
- 지원할 수 있는 전문기관 연계 및 지원 요청하기

5) 학교폭력의 대상별 상담

학교폭력 피해학생 및 가해학생의 개인, 가정, 학교, 지역사회의 학교폭력 상담의 치료전략을 보면 다음과 같다(인천광역시교육청, 2013; 김희대, 2017, 재인용).

1 피해학생 및 가해학생의 상담전략

◐ 피해학생 상담전략

피해학생의 후유증을 감소시키고 건강한 학교생활을 돕기 위한 상담은 학생 개인만이 아니라 가정, 학교, 지역사회의 연계가 중요하다. 학생에게 상담 및 치료(1:1 상담, 집단상담), 자존감 및 사회성 향상 프로그램, 의사소통 훈련 프로그램에 참여할 수 있도록 독려한다. 가정은 가족치료, 부모-자녀 의사소통 훈련 프로그램에 참여할 수 있도록 하고, 학교는 피해자 상담 및 치료 권고, 전문 기관 연계, 예방교육을 실시한다. 지역사회는 전문기관과 적극적 연계 및 사후관리를 제공한다.

〈표 2〉 **피해학생 상담전략**

피해학생	개인	• 상담 및 치료: 1:1 상담, 집단상담 • 자존감 및 사회성 향상 프로그램, 의사소통 훈련 프로그램
	가정	• 가족치료: 학부모 상담, 학부모 교육 • 부모-자녀 의사소통 훈련 프로그램
	학교	• 피해자 상담 및 치료 권고, 전문 기관 연계 • 예방교육: 학생 교육, 학부모 교육, 교사연수
	지역사회	• 전문기관(법률, 의료, 상담, 복지기관) 연계 • 사후관리: 동반자, 멘토 연계, 진로탐색 등

◐ 가해학생 상담전략

가해학생을 상담하기 위해서도 피해학생과 유사하게 개인, 가정, 학교, 지역사회의 연계가 중요하다. 개인은 상담 및 치료(1:1 상담, 집단상담, 특별적응 교육), 분노 및 감정조절 훈련프로그램에 참여한다. 가정은 가족치료, 부모-자녀 의사소통 훈련

프로그램에 참여하고, 학교는 피해자 상담 및 치료 권고, 전문 기관 연계, 예방 교육을 실시한다. 지역사회는 전문기관과 적극적 연계 및 사후관리를 제공한다.

〈표 3〉 **가해학생 상담전략**

가해학생	개인	● 상담 및 치료: 1:1 상담, 집단상담, 특별적응 교육 ● 가해자: 분노 및 감정조절 훈련프로그램
	가정	● 가족치료: 학부모 상담, 학부모 교육 ● 부모-자녀 의사소통 훈련프로그램
	학교	● 가해자 상담 및 치료 권고, 전문기관 연계 ● 예방교육: 학생교육, 학부모 교육, 교사연수
	지역사회	● 전문기관(법률, 의료, 상담, 복지기관) 연계 ● 사후관리: 동반자, 멘토 연계, 진로탐색 등

[2] 보호자 상담

학교폭력 가해 및 피해학생의 보호자를 상담할 경우, 보호자가 감정적으로 격앙되어 있을 때에는 동요하지 않고 침착하게 대응한다. 학교에서 책임감을 가지고 사안을 처리, 학생들을 지도할 것을 알리고, 심의위원회의 결정 전에는 가해·피해학생을 단정 지어서 이야기하지 않는다. 보호자의 심정을 충분히 공감하고 이해하며 경청하며, 당사자의 개인정보(주소, 전화번호 등)를 당사자 동의 없이 상대방에게 알려주지 않는다. 책임을 회피하는 태도, 학생과 가정의 책임으로 돌리는 태도, 사안을 축소하는 태도 등을 지양하고, 각 대상에 따라 다음과 같이 주의를 두어 상담한다(교육부 등, 2014).

◐ 피해학생의 보호자 상담

피해학생의 보호자는 자녀의 피해사실에 대해 놀라고 당황스러워하는 한편, 가해학생에 대한 분노와 원망, 억울함, 자신의 자녀에 대한 미안함 등으로 자녀를 대신해 무엇이라도 해주고 싶은 마음이 들 수 있다. 이를 고려해 다음과 같은 사항에 중점을 두어 상담한다.

- 우선 보호자의 감정이 격앙됨을 이해하고 보호자에게 정서적 지지를 보낸다.
- 확인된 사실을 보호자가 정확히 알고 있는지, 오해가 있는지 등에 대해 파악한다.
- 조사한 사실에 대한 추가 의견이나 자료 여부에 대해 점검한다.
- 피해학생과 보호자가 현재 무엇을 원하는지 정확히 묻는다(화해, 사과, 전학, 가해학생 처벌 등).
- 학교의 공정한 진행 절차에 대해 안내한다.
- 피해자 측이 가해자 측과 면담을 요청할 경우, 단독으로 피해자 측과 가해자 측이 만나도록 하면 갈등이 심화되거나 다른 문제가 생길 수 있으므로 교사나 전문가 입회하에 만날 수 있도록 한다.
- 학생의 보호와 안정, 적응을 위해 학교에서 최선의 노력을 다할 것임을 약속한다.
- 피해를 당한 학생의 심리적 안정을 위해 가정에서의 부모 역할을 안내한다.

[그림 1] **피해학생 보호자 상담 단계**

피해학생 보호자 상담

1. 피해사실의 확인 단계

가. 학생의 피해사실에 대해 객관적으로 인지한다.
(학생의 학교폭력을 언제, 어떻게 알게 되셨습니까?/학생은 누구에게, 얼마동안, 어떤 일이 있었다고 이야기하였나요?/ 혹시 주변에 이 사실을 객관적으로 본 친구가 있나요?)
나. 학생의 피해사실을 구체적으로 메모한다.
다. 학생의 현재 상태에 대해 질문한다. (OO(은)는 현재 어떤 상태인가요?)

2. 감정의 이해 단계

가. 보호자의 감정을 수용하고 학생의 피해사실에 대해 유감을 표현한다.
(많이 속상하셨죠? 저도 걱정이 되고, 몹시 가슴이 아픕니다.)

3. 사안처리 과정에 관한 설명 단계

가. 추후 처리과정에 대해 설명한다.
(앞으로 이 일이 심의위원회에 회부(학교장 자체 해결이)가 되면, ...식으로 절차가 진행이 됩니다.)
나. 진실과 사실에 근거하여 문제가 해결될 것을 약속한다.
(실제 어떤 일이 일어났는지와 그 과정에서 OO(이)가 어떤 어려움이 있었는지를 객관적으로 조사하여 그에 맞는 조치를 취하게 될 것입니다.)
다. 분쟁조정절차에 대해 안내한다.

4. 신뢰 구축 단계

가. 학생의 보호와 인권, 적응을 위해 노력할 것을 약속한다.
(현재 가장 중요한 것은 OO(이)가 안전하게 학교생활을 하는 것이며, 심리적인 충격 없이 학교에 잘 적응하는 것이라고 생각합니다. 학교에서도 노력하겠습니다.)

★ 그림 출처: 교육부 등(2020). 학교폭력 사안처리 가이드북

◐ 가해학생 보호자 상담

가해학생 보호자 역시 자녀가 다른 학생에게 폭력을 휘둘렀다는 사실에 당황스러움과 혼란스러움, 의심, 미래에 대한 불안감 등을 경험하게 된다. 동시에 잘못을 인정하면 더 큰 피해를 입을지도 모른다는 우려도 할 수 있다. 따라서 교사는 가해학생 보호자를 다음과 같은 사항에 중점을 두어 상담한다.

- 가해학생 보호자의 감정을 일단 수용하되, 가해학생의 행위는 정확히 알려준다.

- 피해학생의 피해정도 등 학교폭력 상황을 정확하게 알려준다.
- 조사한 사실에 대한 추가 의견이나 자료 여부에 대해 점검한다.
- 학교폭력 사안처리의 진행절차에 대해 안내한다.
- 학교폭력 행위에 대해 책임과 결과가 따른다는 인식을 갖도록 한다.
- 가해학생을 낙인찍지 않고, 교육적으로 적절한 지도와 선도가 이루어질 것임을 알린다.
- 가해학생에 대해 가정에서의 관심과 지도를 부탁한다.

[그림 2] **가해학생 보호자 상담 단계**

1. 감정의 이해 단계

가. 보호자의 감정을 수용하고 학생의 가해사실에 대해 유감을 표현한다.

2. 신고 내용 및 상대학생의 피해사실 고지 단계

3. 사안처리 과정에 관한 설명 단계

가. 추후 처리과정에 대해 설명한다.
나. 진심 어린 사과의 중요성을 인지시킨다.
다. 분쟁조정 절차에 대해 안내한다.

4. 화해 및 학생지도에 관한 조언 단계

가. 궁극적 학생지도 방안에 대해 말한다.
(이 문제를 해결하는 데 있어서 가장 중요한 것은 앞으로 우리 학생들이 안전하게 학교생활을 하고, 두 학생 모두 심리적인 충격 없이 학교에 잘 적응하는 것이라고 생각합니다. 그러기 위해 한 발짝만 뒤로 물러서서 무엇이 문제 해결과 궁극적인 자녀지도에 도움이 될지 어른의 입장에서 함께 생각해보는 것이 좋겠습니다.)→가해학생 보호자의 경우에 자신의 자녀가 피해보지 않을까?라는 걱정이 많으므로, 담임교사가 객관적인 입장에서 가해학생 역시 걱정하고 있음을 알려주어야 한다.

나. 진심 어린 사과의 중요성을 인지시킨다.
(가해 측에서 피해학생의 신체적 · 심리적 후유증에 대해 이해하고 진심으로 사과한다면 피해학생이 안정을 찾는 데 큰 도움이 됩니다.)

★ *그림 출처: 교육부 등(2020). 학교폭력 사안처리 가이드북*

6) 유형별 초기 학교폭력 상담의 유의점

학교폭력의 유형에 따라 초기 대응의 요령을 살펴보면 다음과 같다(교육부 등, 2018).

1 언어폭력

언어폭력의 경우, 증거를 확보하는 어려움이 있다. 이에, 상대방의 명예를 훼손하는 구체적인 말을 하거나 인터넷, SNS, 문자메시지 등으로 퍼뜨리는 행위에 관련된 증거를 확보해 놓는 것이 필요하다.

◐ 피해학생

핸드폰 문자로 욕설이나 협박성 문자가 오면 학생들은 당황해 더 많은 이야기를 하기도 한다. 이에, 어떠한 응답도 하지 않도록 한다. 인터넷상의 게시판이나 안티카페 등에서의 공개적인 비방 및 욕설의 내용은 캡처하거나 그 자체로 저장해두고, 보호자에게 알리고 피해 전문 상담사에게 상담을 받도록 권한다.

◐ 가해학생

언어폭력을 했는지 사실여부와 언어폭력을 하게 된 이유 등을 확인한다. 장난으로 한 욕설이라도 피해학생이 고통받을 수 있고 학교폭력이라는 사실을 인식시킨다.

2 금품갈취

금액이 아무리 적더라도 다른 사람에게 돈을 빼앗겼을 경우에는 반드시 담임교사에게 사실을 알려 피해가 커지지 않도록 평소에 예방교육을 철저히 한다.

◐ 피해학생

소액의 돈을 빼앗겨도 두려워하고 불안해할 수 있으므로 교사는 이를 무시하거나 가볍게 여기지 않고 반드시 도와주겠다는 것을 학생에게 약속해 신뢰감을 준다. 또한, 금액보다는 금품갈취를 당했다는 사실 자체에 주목하고 학생의 심정을 공감하고 해결을 위해 노력한다.

◐ **가해학생**

면담을 통해 금품갈취 사실을 확인하고, 아무리 적은 금액이라도 남의 돈을 빼앗는 행위는 폭력에 해당한다는 사실을 인식시킨다. 보호자에게 사실을 알리고, 방임·빈곤아동일 경우, 경제적 도움을 줄 수 있도록 사회복지사나 지역주민자치센터에 연계해 지원을 돕는다.

3 강요·강제적 심부름

◐ **피해학생**

피해학생의 피해 정도를 확인하고, 다른 폭력 피해는 없는지 확인한다. 부모가 등·하굣길에 동행할 수 있도록 하는 등 안전조치를 만들 수 있도록 한다.

◐ **가해학생**

단순가담 학생들도 상담을 통해 지도하고, 보호자에게 알리고 재발하지 않도록 지도한다.

4 따돌림

따돌림에 대한 피해사실이 확인되고 난 후 이를 바로 공개하면, 피해학생이 당황하고 난처해질 수 있다. 교사는 피해학생과의 깊이 있는 상담으로, 피해학생이 필요로 하는 사항을 파악해 대처해야 한다. 또한 가해학생을 바로 불러서 야단치면, 가해학생은 교사에게 일렀다는 명목으로 피해학생을 더욱 심하게 괴롭히고 따돌리는 경우가 많기 때문에 세심한 주의를 요하게 된다. 반 전체 앞에서 피·가해학생의 이름을 지목하며 따돌림에 대해 훈계하면 피·가해학생 '모두에게' 혹은 '모두가' 낙인이 찍혀 문제해결에 효과적이지 않다.

따돌림 정도가 심한데 피해학생이 보복이 두려워 사안의 공개나 처벌을 반대한다고 해서, 아무 조치를 취하지 않으면 폭력은 점점 심해지고 지속될 수 있다. 더불어, 따돌리는 학생은 자신이 폭력을 행사하는 줄 모를 수 있기 때문에 이를 알려주어야 가해행동이 멈출 수 있다는 이유 등을 예로 들어 피해학생을 설득한다. 담임교사는 학교폭력 전담기구에 이를 알려 사안을 처리하고, 피해·가해학생이 함께 만나지 않게 한다. 피해·가해학생들을 강제로 한 자리에 불러 모아 화해시키거나 오해를 풀도록 하거나, 학생들끼리 얘기하라고 교사가 자리를 비우는 경우도 있는데 이는 적절치 않다. 따돌린 학생 다수와 따돌림 받은 학생 1명이 한 공간에 있게 되면 피해학생은 더욱 심한 공포심과 위압감을 느낄 수 있다. 피해학생과 가해학생은 교사가 따로 불러 상담을 한다.

◐ 피해학생

피해학생이 정신적 피해를 심하게 입어 학교에 나오지 못하는 경우, 집에서 휴식을 취하거나, 신경정신과 또는 상담센터에서 상담을 받는다. 학교에 출석하지 못하는 동안 담임교사는 학생의 학습 상황을 수시로 점검해 학습능력이 뒤처지지 않도록 신경을 쓰며, 관련 기관에서 받은 진단서나 상담소견서 등을 교사에게 제출하여 출석으로 인정받을 수 있도록 한다.

◐ 가해학생

가해학생은 실제 자신이 무엇을 잘못했는지 모르는 경우가 많다. 그러므로 가해학생의 따돌림 행동이 명확한 학교폭력이라는 것을 인식시킨다. 담임교사나 상담교사가 수시로 가해학생을 만나 지속적으로 상담하는 등 관심을 가지고 지도한다.

5 사이버폭력

사이버폭력과 관련해 평소 예방교육을 하는 것도 필요하다. 핸드폰 문자로 욕설이나 협박성 문자가 오면 어떠한 응답도 하지 않거나, 인터넷의 게시판이나 안티카페 등에서 행해지는 공개적인 비방 및 욕설의 내용 및 모든 자료는 그 자체로 저장하고 증거를 확보하게 한다.

◐ 피해학생

사이버폭력으로 인해 피해학생은 불안, 우울 등의 심각한 정신적 피해를 입을 수 있다. 그러므로 피해학생을 상담교사나 상담센터와 연계해 상담을 받도록 한다.

◐ 가해학생

교사가 증거를 철저하게 확보한 후, 사이버폭력을 지속하지 않도록 지도한다.

6 성폭력

◐ 학교장 및 교직원

학교장과 그 종사자는 직무상 아동·청소년대상 성범죄의 발생 사실을 알게 된 때에는 즉시 수사기관에 신고해야 한다. 피해학생 측의 의사와는 관계없이 반드시 신고해야 하나, 피해학생 측에 신고의무의 당위성을 설명하고, 신고과정에서도 수사기관에 피해학생 측의 의사를 충분히 전달하도록 노력한다.

◐ 피해학생의 비밀보호

성폭력에 관해 학교장 및 학교폭력업무 담당교사, 담임교사를 제외하고는 이와 관련된 사실을 알지 못하도록 철저하게 비밀을 보호해 2차 피해를 방지한다.

◐ 피해학생

성폭력을 당하게 되면 수치심에 몸을 씻는 경우가 종종 있다. 하지만 그런 경우, 증거가 소멸될 수 있으므로 그대로 소멸되지 않도록 주의해 가능한 한 빨리 의료기관에 이송한다. 피해학생이 정신적 피해를 심하게 입어 학교에 나오지 못하는 경우, 관련 상담센터에서 상담을 받게 한다. 관련 기관에서 받은 진단서나 상담소견서 등을 교사에게 제출해 출석으로 인정받을 수 있도록 한다.

◐ 가해학생

학교장의 긴급조치를 통해 피해학생과 분리한다.

2. 상담 기법

1) 적극적 경청

적극적 경청이란 음성언어를 주의 깊게 듣는 것을 포함해 내담자의 신체언어까지도 주의 깊게 관찰하는 것을 뜻한다. 적극적인 경청이 잘 이루어지면 내담자는 상담자가 자신에게 긍정적으로 주의집중을 하고 있다는 것을 알게 되고 친밀감 형성에 도움이 된다.

1 이건의 SOLER

이건(Egan, 1994)은 SOLER를 통해 적극적 경청의 자세와 태도를 제시했다. 그 구체적인 내용은 다음과 같다.

- squarely: 내담자를 정면으로 본다.
- openness: 열린 자세를 한다.
- leaning: 몸을 내담자 쪽으로 기울인다.
- eye contact: 적당하게 지속적으로 눈 마주치기를 유지한다.
- relaxing: 편안하거나 자연스럽게 관계 맺기를 시도한다.

2 힐과 오브라이언의 ENCOURAGES

힐과 오브라이언(Hill & O'Brien, 1999)은 ENCOURAGES 기법을 통해 적극적 경청의 자세와 태도를 제시했다. 그 구체적인 내용은 다음과 같다.

- eye: 적당한 정도의 눈 마주치기를 한다.
- nod: 고개를 끄덕임을 적당한 수준으로 사용한다.
- cultural difference: 내담자의 문화적 차이를 인식하고 존중을 유지한다.
- open stance: 개방적이고 여유로운 자세를 취한다.
- uhm: 으흠, 격려, 후렴을 한다.

- relax: 편안하고 자연스럽게 대한다.
- avoid: 상담자는 경청할 때 핸드폰 사용 및 물건을 만지는 등의 산만한 행동은 피한다.
- gramatical style: 내담자의 문법적인 스타일에 맞춘다.
- ear: 세 번째 귀로 듣는다(언어적 메시지와 비언어적 메시지를 주의해서 듣는다).
- space: 내담자와 너무 가깝지도 멀지도 않게 적당한 공간거리를 둔다.

2) 질문

질문은 내담자가 자기노출을 하도록 격려하고, 상담내용과 주제가 구체적이 되도록 돕고, 명확한 이해를 위해서 필수적인 상담기법이다. 질문은 개방형 질문과 폐쇄형 질문으로 구분할 수 있다.

[1] 개방형 질문

개방형 질문은 내담자에게 더 많은 이야기를 할 수 있는 기회를 준다. 또한 내담자가 자기의 느낌과 생각에 주의를 기울여 특정한 문제를 구체적으로 탐색하도록 하는 데 도움을 줄 수 있으며, 내담자가 말하고 있는 것을 상담자가 더 잘 이해할 수 있게 한다.

개방형 질문을 할 때는 내담자에게 제안하는 형태의 질문, 상담자의 추측이 들어 있는 질문, 상담자 자신의 호기심에 따른 질문, '왜?'를 자주 하는 질문, 성급한 마음을 갖고 하는 질문, 한 번에 여러 개의 질문, 지나치게 많은 질문은 삼가는 것이 좋다.

[2] 폐쇄형 질문

폐쇄형 질문은 구체적인 답변을 유도하는 질문으로 시간을 절약하고, 구체적인 정보를 얻기에 용이하나, 질문의 답이 매우 짧다. 보통 전형적으로 한두 마디의 대답으로 한정된 반응을 보이게 된다. 따라서 내담자 탐색 및 새로운 정보를 공유하기에 어려움이 있다.

폐쇄형 질문
상담자: 철수를 네가 때렸니?
내담자: 예(또는 아니오).

개방형 질문
상담자: 철수와 어떤 일이 있었는지 조금 더 구체적으로 이야기해 줄래?
내담자: 철수가 자꾸 시비를 걸어서 제가 살짝 밀친 것뿐이에요.

3) 요약하기

요약하기는 내담자가 표현했던 중요한 주제나 내용을 상담자가 정리해서 전달하는 반응을 말한다. 내담자에게 잘 듣고 있다는 사인을 줌으로써 친근감을 향상시킬 수 있고, 상담자가 이해한 바가 맞는지를 확인할 수도 있다.

4) 반영

반영은 내담자가 한 말과 행동을 듣고 본 후 내담자의 감정이나 정서를 파악해 내담자가 이해할 수 있도록 되돌려주는 상담 기술이다. 반영을 통해서 내담자는 자신의 마음을 이해받고 있다는 느낌을 받으며, 여러 감정을 변별할 수 있는 기회를 제공받거나, 감정을 통제하고 조절하는 역할을 하기도 한다. 반영에는 내용반영과 감정반영이 있다. 내용반영은 내담자가 실제로 말한 핵심내용을 짧고 간단하게 재진술하거나 바꾸어 말함으로써 내용을 반영한다. 감정반영은 내담자의 내적 감정을 파악해 이면에 숨어 있는 감정을 표면적으로 드러내는 것을 말한다. 반영은 상담자가 내담자의 말을 이해하고 있음을 보여주고, 내담자로 하여금 보다 더 완전한 자기인식과 자기이해를 촉진시키기 위해 사용되어야 한다.

내담자: 제가 그 발표를 잘해낼 수 있을 것 같지 않아요. 전 항상 엉망진창이었어요. 그래서 이번에도 잘해낼 수 없을 거예요.

상담자: (내용반영) ○○은 이전의 경험 때문에 지금도 발표를 잘할 수 없을 거라고 확신하고 있군요.
(감정반영) ○○은 노력하는 것조차도 두려워하고 있군요.

5) 명료화

명료화는 내담자의 대화내용을 분명히 하고 내담자가 표현한 바를 상담자 자신이 정확히 지각했는지 확인하기 위해 사용한다. 보통 내담자의 메시지를 잘 이해하지 못할 때, 문제를 규명할 때(그 의미가 무엇인지 말씀해 주세요), 구체적인 대안을 찾을 때(예: ○○은 이 문제에 어떻게 대처하려고 합니까?), 대안 선택을 격려하거나 선택된 대안을 달성하는 데 필요한 변화나 기술을 찾도록 조력할 때(예: ○○은 어떤 것부터 ~ 할까요?) 사용한다. 검증되지 않은 가정과 추리로 섣부른 결론을 내리는 것에는 주의가 필요하다.

6) 침묵

비자발적인 청소년일 경우, 상담 중에 침묵하는 경우가 많이 발생한다. 이때 상담자는 내담자의 침묵의 의미를 잘 파악해 적절하게 대처하는 것이 필요하다. 내담자가 문제 자체 또는 문제의 해결방안에 대해 생각하고 있을 때, 감정을 추스르기 위해서, 상담자의 반응을 기대하면서 기다릴 때, 상담 또는 상담자에 대한 저항으로 침묵을 한다. 내담자가 문제 자체 또는 문제의 해결방안에 대해 생각하거나, 감정을 추스르기 위해서 침묵할 경우에는 어느 정도의 시간을 주는 것이 필요하다. 하지만 상담자의 반응을 기대하거나 저항으로 인한 침묵에는 적절한 개입을 해주어야 할 것이다.

7) 자기개방

자기개방은 상담자가 상담과정에서 자신의 개인적인 어떤 것을 드러내는 것을 말한다. 내담자에게 모델링의 효과와 상담과제와 과제해결에 새로운 조망과 시각을 제공하는 효과가 있다. 하지만 상담자의 자기개방은 상담과정 중 어떠한 주제에 초점이 있어야 하고, 내담자에게 부담스럽지 않은 수준의 자기개방이 필요하다. 한 회기에 여러 횟수의 자기 개방은 오히려 내담자의 자기 탐색 시간을 뺏는 역효과가 나타나기도 한다.

내담자: 선생님 저는 발표만 하려면 몸이 굳는 것 같아요. 그래서 너무 힘들어요.
상담자: 나도 중학교 때 ○○(이)가 말하는 것처럼 발표가 몹시 어려웠어요. 고등학교 때 교사의 길을 선택하려고 할 때 가장 고민되었던 부분도 발표였답니다.
내담자: 선생님이요?
상담자: 네, ○○처럼 몸이 굳는 것 같고, 모두가 나를 쳐다보는 것 같아서 몹시 창피하고 힘들었던 적이 있었어요.

8) 즉시성

즉시성은 상담자가 내담자와의 관계에서 자신, 내담자 혹은 상담 관계에 대해 어떻게 느끼고 있는지를 드러냄으로써, 통찰의 촉진 효과가 있다.

내담자: 저는 어른들이 너무 이기적인 것 같아요. 어른들하고 이야기할 때마다 가슴이 답답하고 화가 나요.
상담자: 그러면 지금 나하고 이야기할 때는 어떤 느낌이 드나요?

9) 직면

직면은 내담자의 삶에서 의미 있는 영향력을 행사하고 있지만 내담자가 의식적·무의식적으로 피하고 있는 사실에 대해 일치하지 않는 언행을 의도적으로 지적함으로써 알게 하는 상담기법을 말한다. 내담자의 말과 행동에서 드러난 모순점이나 불일치점을 지적함으로써 내담자가 방어하고 부정하고 있는 자신의 모습에 주목하게 한다. 즉, 회피하고 있는 생각·감정·행동을 직접 바라보도록 하는 반응으로, 신뢰감 형성 이후 상담 중기부터 사용하는 것이 적당하다.

(말과 행동의 불일치 직면)
상담자: OO은 지금까지 계속해서 일찍 일어나서 학교에 지각하지 않겠다고 말했어요. 그러나 전혀 그렇게 하고 있지 않네요.

(말과 말의 불일치 직면)
상담자: OO은 좋은 대학에 가서 성공하고 싶다고 하면서도, 좋은 성적을 낼 자신이 없다고 말하네요.

10) 해석

해석은 내담자가 명확하게 언급하거나 인식하고 있는 것 이상의 진술로서, 내담자가 새로운 방법으로 문제를 볼 수 있도록 내담자의 서로 분리된 진술·문제·

사건 간에 연결을 형성하거나, 내담자의 행동이나 감정에 있는 주제나 패턴을 지적하는 등, 상담자가 내담자의 행동·사고·감정에 새로운 의미·원인·설명을 제공하는 것을 말한다. 해석의 기법을 사용할 때는 상담자와 내담자 사이에 충분한 라포가 형성되어 있어야 한다. 또한, 해석은 객관적인 사실과 정보에 기반해, 내담자의 통제·조절 가능한 내용으로 이야기한다. 단정적이거나 절대적 표현보다는 가정적, 겸손한 태도의 표현이 효과적이다.

상담자: ○○은 혼자가 편하다고… 친구가 필요 없다고 하지만, 초등학교 시절 친했던 친구가 떠나버렸듯이 언젠가는 다른 친구들도 떠날지도 모른다는 두려움 때문에 친구 사귀는 것을 꺼리는 것이 아닌가 생각되네요.

부록1

학교폭력예방 및 대책에 관한 법률

(약칭: 학교폭력예방법)

[시행 2021. 6. 23.] [법률 제17668호, 2020. 12. 22., 일부개정]

교육부(학교생활문화과) 044-203-6975

제1조(목적)

이 법은 학교폭력의 예방과 대책에 필요한 사항을 규정함으로써 피해학생의 보호, 가해학생의 선도 · 교육 및 피해학생과 가해학생 간의 분쟁조정을 통해 학생의 인권을 보호하고 학생을 건전한 사회구성원으로 육성함을 목적으로 한다.

제2조(정의)

이 법에서 사용하는 용어의 정의는 다음 각 호와 같다. 〈개정 2009. 5. 8., 2012. 1. 26., 2012. 3. 21., 2021. 3. 23.〉

1. "학교폭력"이란 학교 내외에서 학생을 대상으로 발생한 상해, 폭행, 감금, 협박, 약취 · 유인, 명예훼손 · 모욕, 공갈, 강요 · 강제적인 심부름 및 성폭력, 따돌림, 사이버 따돌림, 정보통신망을 이용한 음란 · 폭력 정보 등에 의해 신체 · 정신 또는 재산상의 피해를 수반하는 행위를 말한다.

1의2. "따돌림"이란 학교 내외에서 2명 이상의 학생들이 특정인이나 특정집단의 학생들을 대상으로 지속적이거나 반복적으로 신체적 또는 심리적 공격을 가하여 상대방이 고통을 느끼도록 하는 모든 행위를 말한다.

1의3. "사이버 따돌림"이란 인터넷, 휴대전화 등 정보통신기기를 이용하여 학생들이 특정 학생들을 대상으로 지속적, 반복적으로 심리적 공격을 가하거나, 특정 학생과 관련된 개인정보 또는 허위사실을 유포하여 상대방이 고통을 느끼도록 하는 모든 행위를 말한다.

2. "학교"란 「초 · 중등교육법」 제2조에 따른 초등학교 · 중학교 · 고등학교 · 특수학교 및 각종학교와 같은 법 제61조에 따라 운영하는 학교를 말한다.
3. "가해학생"이란 가해자 중에서 학교폭력을 행사하거나 그 행위에 가담한 학생을 말한다.
4. "피해학생"이란 학교폭력으로 인해 피해를 입은 학생을 말한다.
5. "장애학생"이란 신체적 · 정신적 · 지적 장애 등으로 「장애인 등에 대한 특수교육법」 제15조에서 규정하는 특수교육을 필요로 하는 학생을 말한다.

제3조(해석·적용의 주의의무)

이 법을 해석 · 적용하는 경우 국민의 권리가 부당하게 침해되지 아니하도록 주의하여야 한다. 〈개정 2021. 3. 23.〉

제4조(국가 및 지방자치단체의 책무)

① 국가 및 지방자치단체는 학교폭력을 예방하고 근절하기 위해 조사 · 연구 · 교육 · 계도 등 필요한 법적 · 제도적 장치를 마련해야 한다.
② 국가 및 지방자치단체는 청소년 관련 단체 등 민간의 자율적인 학교폭력 예방활동과 피해학생의 보호 및 가해학생의 선도 · 교육활동을 장려해야 한다.
③ 국가 및 지방자치단체는 제2항에 따른 청소년 관련 단체 등 민간이 건의한 사항에 대해는 관련 시책에 반영하도록 노력해야 한다.
④ 국가 및 지방자치단체는 제1항부터 제3항까지의 규정에 따른 책무를 다하기 위해 필요한 행정적 · 재정적 지원을 해야 한다. 〈개정 2012. 3. 21.〉

제5조(다른 법률과의 관계)

① 학교폭력의 규제, 피해학생의 보호 및 가해학생에 대한 조치에 관하여 다른 법률에 특별한 규정이 있는 경우를 제외하고는 이 법을 적용한다. 〈개정 2021. 3. 23.〉

② 제2조제1호 중 성폭력은 다른 법률에 규정이 있는 경우에는 이 법을 적용하지 아니한다.

제6조(기본계획의 수립 등)

① 교육부장관은 이 법의 목적을 효율적으로 달성하기 위해 학교폭력의 예방 및 대책에 관한 정책 목표 · 방향을 설정하고, 이에 따른 학교폭력의 예방 및 대책에 관한 기본계획(이하 "기본계획"이라 한다)을 제7조에 따른 학교폭력대책위원회의 심의를 거쳐 수립 · 시행해야 한다. 〈개정 2012. 3. 21., 2013. 3. 23.〉

② 기본계획은 다음 각 호의 사항을 포함하여 5년마다 수립해야 한다. 이 경우 교육부장관은 관계 중앙행정기관 등의 의견을 수렴해야 한다. 〈개정 2012. 3. 21., 2013. 3. 23.〉

1. 학교폭력의 근절을 위한 조사 · 연구 · 교육 및 계도
2. 피해학생에 대한 치료 · 재활 등의 지원
3. 학교폭력 관련 행정기관 및 교육기관 상호 간의 협조 · 지원
4. 제14조제1항에 따른 전문상담교사의 배치 및 이에 대한 행정적 · 재정적 지원
5. 학교폭력의 예방과 피해학생 및 가해학생의 치료 · 교육을 수행하는 청소년 관련 단체(이하 "전문단체"라 한다) 또는 전문가에 대한 행정적 · 재정적 지원
6. 그 밖에 학교폭력의 예방 및 대책을 위해 필요한 사항

③ 교육부장관은 대통령령으로 정하는 바에 따라 특별시 · 광역시 · 특별자치시 · 도 및 특별자치도(이하 "시 · 도"라 한다) 교육청의 학교폭력 예방 및 대책과 그에 대한 성과를 평가하고, 이를 공표해야 한다. 〈신설 2012. 1. 26., 2013. 3. 23.〉

제7조(학교폭력대책위원회의 설치·기능)

학교폭력의 예방 및 대책에 관한 다음 각 호의 사항을 심의하기 위해 국무총리 소속으로 학교폭력대책위원회(이하 "대책위원회"라 한다)를 둔다. 〈개정 2012. 3. 21., 2019. 8. 20.〉

1. 학교폭력의 예방 및 대책에 관한 기본계획의 수립 및 시행에 대한 평가

2. 학교폭력과 관련하여 관계 중앙행정기관 및 지방자치단체의 장이 요청하는 사항
3. 학교폭력과 관련하여 교육청, 제9조에 따른 학교폭력대책지역위원회, 제10조의2에 따른 학교폭력대책지역협의회, 제12조에 따른 학교폭력대책심의위원회, 전문단체 및 전문가가 요청하는 사항

[제목개정 2012. 3. 21.]

제8조(대책위원회의 구성)

① 대책위원회는 위원장 2명을 포함하여 20명 이내의 위원으로 구성한다.

② 위원장은 국무총리와 학교폭력 대책에 관한 전문지식과 경험이 풍부한 전문가 중에서 대통령이 위촉하는 사람이 공동으로 되고, 위원장 모두가 부득이한 사유로 직무를 수행할 수 없을 때에는 국무총리가 지명한 위원이 그 직무를 대행한다.

③ 위원은 다음 각 호의 사람 중에서 대통령이 위촉하는 사람으로 한다. 다만, 제1호의 경우에는 당연직 위원으로 한다. 〈개정 2013. 3. 23., 2014. 11. 19., 2017. 7. 26.〉

1. 기획재정부장관, 교육부장관, 과학기술정보통신부장관, 법무부장관, 행정안전부장관, 문화체육관광부장관, 보건복지부장관, 여성가족부장관, 방송통신위원회 위원장, 경찰청장
2. 학교폭력 대책에 관한 전문지식과 경험이 풍부한 전문가 중에서 제1호의 위원이 각각 1명씩 추천하는 사람
3. 관계 중앙행정기관에 소속된 3급 공무원 또는 고위공무원단에 속하는 공무원으로서 청소년 또는 의료 관련 업무를 담당하는 사람
4. 대학이나 공인된 연구기관에서 조교수 이상 또는 이에 상당한 직에 있거나 있었던 사람으로서 학교폭력 문제 및 이에 따른 상담 또는 심리에 관하여 전문지식이 있는 사람
5. 판사 · 검사 · 변호사
6. 전문단체에서 청소년보호활동을 5년 이상 전문적으로 담당한 사람

7. 의사의 자격이 있는 사람
8. 학교운영위원회 활동 및 청소년보호활동 경험이 풍부한 학부모
④ 위원장을 포함한 위원의 임기는 2년으로 하되, 한 차례에 한정하여 연임할 수 있다. 〈개정 2021. 3. 23.〉
⑤ 위원회의 효율적 운영 및 지원을 위해 간사 1명을 두되, 간사는 교육부장관이 된다. 〈개정 2013. 3. 23.〉
⑥ 위원회에 상정할 안건을 미리 검토하는 등 안건 심의를 지원하고, 위원회가 위임한 안건을 심의하기 위해 대책위원회에 학교폭력대책실무위원회(이하 "실무위원회"라 한다)를 둔다.
⑦ 그 밖에 대책위원회의 운영과 실무위원회의 구성 · 운영에 필요한 사항은 대통령령으로 정한다.
[전문개정 2012. 3. 21.]

제9조(학교폭력대책지역위원회의 설치)
① 지역의 학교폭력 문제를 해결하기 위해 시 · 도에 학교폭력대책지역위원회(이하 "지역위원회"라 한다)를 둔다. 〈개정 2012. 1. 26.〉
② 특별시장 · 광역시장 · 특별자치시장 · 도지사 및 특별자치도지사는 지역위원회의 운영 및 활동에 관하여 시 · 도의 교육감(이하 "교육감"이라 한다)과 협의해야 하며, 그 효율적인 운영을 위해 실무위원회를 둘 수 있다. 〈개정 2012. 1. 26.〉
③ 지역위원회는 위원장 1인을 포함한 11인 이내의 위원으로 구성한다.
④ 지역위원회 및 제2항에 따른 실무위원회의 구성 · 운영에 필요한 사항은 대통령령으로 정한다.

제10조(학교폭력대책지역위원회의 기능 등)
① 지역위원회는 기본계획에 따라 지역의 학교폭력 예방대책을 매년 수립한다.
② 지역위원회는 해당 지역에서 발생한 학교폭력에 대하여 교육감 및 시·도경찰청장에게 관련 자료를 요청할 수 있다. 〈개정 2020. 12. 22.〉
③ 교육감은 지역위원회의 의견을 들어 제16조제1항제1호부터 제3호까지나 제

17조제1항제5호에 따른 상담 · 치료 및 교육을 담당할 상담 · 치료 · 교육 기관을 지정해야 한다. 〈개정 2012. 1. 26.〉
④ 교육감은 제3항에 따른 상담 · 치료 · 교육 기관을 지정한 때에는 해당 기관의 명칭, 소재지, 업무를 인터넷 홈페이지에 게시하고, 그 밖에 다양한 방법으로 학부모에게 알릴 수 있도록 노력해야 한다. 〈신설 2012. 1. 26.〉
[제목개정 2012. 1. 26.]

제10조의2(학교폭력대책지역협의회의 설치·운영)
① 학교폭력예방 대책을 수립하고 기관별 추진계획 및 상호 협력 · 지원 방안 등을 협의하기 위해 시 · 군 · 구에 학교폭력대책지역협의회(이하 "지역협의회"라 한다)를 둔다.
② 지역협의회는 위원장 1명을 포함한 20명 내외의 위원으로 구성한다.
③ 그 밖에 지역협의회의 구성 · 운영에 필요한 사항은 대통령령으로 정한다.
[본조신설 2012. 3. 21.]

제11조(교육감의 임무)
① 교육감은 시 · 도교육청에 학교폭력의 예방과 대책을 담당하는 전담부서를 설치 · 운영해야 한다.
② 교육감은 관할 구역 안에서 학교폭력이 발생한 때에는 해당 학교의 장 및 관련 학교의 장에게 그 경과 및 결과의 보고를 요구할 수 있다.
③ 교육감은 관할 구역 안의 학교폭력이 관할 구역 외의 학교폭력과 관련이 있는 때에는 그 관할 교육감과 협의해 적절한 조치를 취해야 한다.
④ 교육감은 학교의 장으로 하여금 학교폭력의 예방 및 대책에 관한 실시계획을 수립 · 시행하도록 해야 한다.
⑤ 교육감은 제12조에 따른 심의위원회가 처리한 학교의 학교폭력빈도를 학교의 장에 대한 업무수행 평가에 부정적 자료로 사용하여서는 아니 된다. 〈개정 2019. 8. 20.〉
⑥ 교육감은 제17조제1항제8호에 따른 전학의 경우 그 실현을 위해 필요한 조치

를 취하여야 하며, 제17조제1항제9호에 따른 퇴학처분의 경우 해당 학생의 건전한 성장을 위해 다른 학교 재입학 등의 적절한 대책을 강구해야 한다. 〈개정 2012. 1. 26., 2012. 3. 21.〉
⑦ 교육감은 대책위원회 및 지역위원회에 관할 구역 안의 학교폭력의 실태 및 대책에 관한 사항을 보고하고 공표해야 한다. 관할 구역 밖의 학교폭력 관련 사항 중 관할 구역 안의 학교와 관련된 경우에도 또한 같다. 〈개정 2012. 1. 26., 2012. 3. 21.〉
⑧ 교육감은 학교폭력의 실태를 파악하고 학교폭력에 대한 효율적인 예방대책을 수립하기 위해 학교폭력 실태조사를 연 2회 이상 실시하고 그 결과를 공표해야 한다. 〈신설 2012. 3. 21., 2015. 12. 22.〉
⑨ 교육감은 학교폭력 등에 관한 조사, 상담, 치유프로그램 운영 등을 위한 전문기관을 설치 · 운영할 수 있다. 〈신설 2012. 3. 21.〉
⑩ 교육감은 관할 구역에서 학교폭력이 발생한 때에 해당 학교의 장 또는 소속 교원이 그 경과 및 결과를 보고하면서 축소 및 은폐를 시도한 경우에는 「교육공무원법」 제50조 및 「사립학교법」 제62조에 따른 징계위원회에 징계의결을 요구하여야 한다. 〈신설 2012. 3. 21., 2021. 3. 23.〉
⑪ 교육감은 관할 구역에서 학교폭력의 예방 및 대책 마련에 기여한 바가 큰 학교 또는 소속 교원에게 상훈을 수여하거나 소속 교원의 근무성적 평정에 가산점을 부여할 수 있다. 〈신설 2012. 3. 21.〉
⑫ 제1항에 따라 설치되는 전담부서의 구성과 제8항에 따라 실시하는 학교폭력 실태조사 및 제9항에 따른 전문기관의 설치에 필요한 사항은 대통령령으로 정한다. 〈개정 2012. 3. 21.〉

제11조의2(학교폭력 조사·상담 등)

① 교육감은 학교폭력 예방과 사후조치 등을 위하여 다음 각 호의 조사 · 상담 등을 수행할 수 있다. 〈개정 2021. 3. 23.〉

1. 학교폭력 피해학생 상담 및 가해학생 조사
2. 필요한 경우 가해학생 학부모 조사

3. 학교폭력 예방 및 대책에 관한 계획의 이행 지도
4. 관할 구역 학교폭력서클 단속
5. 학교폭력 예방을 위해 민간 기관 및 업소 출입 · 검사
6. 그 밖에 학교폭력 등과 관련하여 필요로 하는 사항

② 교육감은 제1항의 조사 · 상담 등의 업무를 대통령령으로 정하는 기관 또는 단체에 위탁할 수 있다.

③ 교육감 및 제2항에 따른 위탁 기관 또는 단체의 장은 제1항에 따른 조사 · 상담 등의 업무 수행에 필요한 경우 관계 기관의 장에게 협조를 요청할 수 있다. 〈개정 2021. 3. 23.〉

④ 제1항에 따라 조사 · 상담 등을 하는 관계 직원은 그 권한을 표시하는 증표를 지니고 이를 관계인에게 보여주어야 한다.

⑤ 제1항제1호 및 제4호의 조사 등의 결과는 학교의 장 및 보호자에게 통보해야 한다.

[본조신설 2012. 3. 21.]

제11조의3(관계 기관과의 협조 등)

① 교육부장관, 교육감, 지역 교육장, 학교의 장은 학교폭력과 관련한 개인정보 등을 경찰청장, 시·도경찰청장, 관할 경찰서장 및 관계 기관의 장에게 요청할 수 있다. 〈개정 2013. 3. 23., 2020. 12. 22.〉

② 제1항에 따라 정보제공을 요청받은 경찰청장, 시·도경찰청장, 관할 경찰서장 및 관계 기관의 장은 특별한 사정이 없으면 그 요청을 따라야 한다. 〈개정 2020. 12. 22., 2021. 3. 23.〉

③ 제1항 및 제2항에 따른 관계 기관과의 협조 사항 및 절차 등에 필요한 사항은 대통령령으로 정한다.

[본조신설 2012. 3. 21.]

제12조(학교폭력대책심의위원회의 설치·기능)

① 학교폭력의 예방 및 대책에 관련된 사항을 심의하기 위해 「지방교육자치에

관한 법률」 제34조 및 「제주특별자치도 설치 및 국제자유도시 조성을 위한 특별법」 제80조에 따른 교육지원청(교육지원청이 없는 경우 해당 시·도 조례로 정하는 기관으로 한다. 이하 같다)에 학교폭력대책심의위원회(이하 "심의위원회"라 한다)를 둔다. 다만, 심의위원회 구성에 있어 대통령령으로 정하는 사유가 있는 경우에는 교육감 보고를 거쳐 둘 이상의 교육지원청이 공동으로 심의위원회를 구성할 수 있다. 〈개정 2012. 1. 26., 2019. 8. 20.〉

② 심의위원회는 학교폭력의 예방 및 대책 등을 위해 다음 각 호의 사항을 심의한다. 〈개정 2012. 1. 26., 2019. 8. 20.〉

1. 학교폭력의 예방 및 대책
2. 피해학생의 보호
3. 가해학생에 대한 교육, 선도 및 징계
4. 피해학생과 가해학생 간의 분쟁조정
5. 그 밖에 대통령령으로 정하는 사항

③ 심의위원회는 해당 지역에서 발생한 학교폭력에 대해 조사할 수 있고 학교장 및 관할 경찰서장에게 관련 자료를 요청할 수 있다. 〈신설 2012. 3. 21., 2019. 8. 20.〉

④ 심의위원회의 설치·기능 등에 필요한 사항은 지역 및 교육지원청의 규모 등을 고려해 대통령령으로 정한다. 〈개정 2012. 3. 21., 2019. 8. 20.〉

[제목개정 2019. 8. 20.]

제13조(심의위원회의 구성·운영)

① 심의위원회는 10명 이상 50명 이내의 위원으로 구성하되, 전체위원의 3분의 1 이상을 해당 교육지원청 관할 구역 내 학교(고등학교를 포함한다)에 소속된 학생의 학부모로 위촉해야 한다. 〈개정 2019. 8. 20.〉

② 심의위원회의 위원장은 다음 각 호의 어느 하나에 해당하는 경우에 회의를 소집해야 한다. 〈신설 2011. 5. 19., 2012. 1. 26., 2012. 3. 21., 2019. 8. 20.〉

1. 심의위원회 재적위원 4분의 1 이상이 요청하는 경우
2. 학교의 장이 요청하는 경우

3. 피해학생 또는 그 보호자가 요청하는 경우
4. 학교폭력이 발생한 사실을 신고받거나 보고받은 경우
5. 가해학생이 협박 또는 보복한 사실을 신고받거나 보고받은 경우
6. 그 밖에 위원장이 필요하다고 인정하는 경우

③ 심의위원회는 회의의 일시, 장소, 출석위원, 토의내용 및 의결사항 등이 기록된 회의록을 작성 · 보존해야 한다. 〈신설 2011. 5. 19., 2019. 8. 20.〉

④ 심의위원회는 심의 과정에서 소아청소년과 의사, 정신건강의학과 의사, 심리학자, 그 밖의 아동심리와 관련된 전문가를 출석하게 하거나 서면 등의 방법으로 의견을 청취할 수 있고, 피해학생이 상담·치료 등을 받은 경우 해당 전문가 또는 전문의 등으로부터 의견을 청취할 수 있다. 다만, 심의위원회는 피해학생 또는 그 보호자의 의사를 확인하여 피해학생 또는 그 보호자의 요청이 있는 경우에는 반드시 의견을 청취하여야 한다. 〈신설 2020. 12. 22.〉

⑤ 그 밖에 심의위원회의 구성·운영에 필요한 사항은 대통령령으로 정한다. 〈개정 2011. 5. 19., 2019. 8. 20., 2020. 12. 22.〉

[제목개정 2011. 5. 19., 2019. 8. 20.]

제13조의2(학교의 장의 자체해결)

① 제13조제2항제4호 및 제5호에도 불구하고 피해학생 및 그 보호자가 심의위원회의 개최를 원하지 아니하는 다음 각 호에 모두 해당하는 경미한 학교폭력의 경우 학교의 장은 학교폭력사건을 자체적으로 해결할 수 있다. 이 경우 학교의 장은 지체 없이 이를 심의위원회에 보고하여야 한다. 〈개정 2021. 3. 23.〉

1. 2주 이상의 신체적 · 정신적 치료를 요하는 진단서를 발급받지 않은 경우
2. 재산상 피해가 없거나 즉각 복구된 경우
3. 학교폭력이 지속적이지 않은 경우
4. 학교폭력에 대한 신고, 진술, 자료제공 등에 대한 보복행위가 아닌 경우

② 학교의 장은 제1항에 따라 사건을 해결하려는 경우 다음 각 호에 해당하는 절차를 모두 거쳐야 한다.

1. 피해학생과 그 보호자의 심의위원회 개최 요구 의사의 서면 확인

2. 학교폭력의 경중에 대한 제14조제3항에 따른 전담기구의 서면 확인 및 심의

③ 그 밖에 학교의 장이 학교폭력을 자체적으로 해결하는 데에 필요한 사항은 대통령령으로 정한다.

[본조신설 2019. 8. 20.]

제14조(전문상담교사 배치 및 전담기구 구성)

① 학교의 장은 학교에 대통령령으로 정하는 바에 따라 상담실을 설치하고, 「초 · 중등교육법」 제19조의2에 따라 전문상담교사를 둔다.

② 전문상담교사는 학교의 장 및 심의위원회의 요구가 있는 때에는 학교폭력에 관련된 피해학생 및 가해학생과의 상담결과를 보고해야 한다. 〈개정 2019. 8. 20.〉

③ 학교의 장은 교감, 전문상담교사, 보건교사 및 책임교사(학교폭력문제를 담당하는 교사를 말한다), 학부모 등으로 학교폭력문제를 담당하는 전담기구(이하 "전담기구"라 한다)를 구성한다. 이 경우 학부모는 전담기구 구성원의 3분의 1 이상이어야 한다. 〈개정 2012. 3. 21., 2019. 8. 20.〉

④ 학교의 장은 학교폭력 사태를 인지한 경우 지체 없이 전담기구 또는 소속 교원으로 하여금 가해 및 피해 사실 여부를 확인하도록 하고, 전담기구로 하여금 제13조의2에 따른 학교의 장의 자체해결 부의 여부를 심의하도록 한다. 〈신설 2019. 8. 20.〉

⑤ 전담기구는 학교폭력에 대한 실태조사(이하 "실태조사"라 한다)와 학교폭력 예방 프로그램을 구성 · 실시하며, 학교의 장 및 심의위원회의 요구가 있는 때에는 학교폭력에 관련된 조사결과 등 활동결과를 보고해야 한다. 〈개정 2012. 3. 21., 2019. 8. 20.〉

⑥ 피해학생 또는 피해학생의 보호자는 피해사실 확인을 위해 전담기구에 실태조사를 요구할 수 있다. 〈신설 2009. 5. 8., 2012. 3. 21., 2019. 8. 20.〉

⑦ 국가 및 지방자치단체는 실태조사에 관한 예산을 지원하고, 관계 행정기관은 실태조사에 협조하여야 하며, 학교의 장은 전담기구에 행정적 · 재정적 지원을 할 수 있다. 〈개정 2009. 5. 8., 2012. 3. 21., 2019. 8. 20.〉

⑧ 전담기구는 성폭력 등 특수한 학교폭력사건에 대한 실태조사의 전문성을 확

보하기 위해 필요한 경우 전문기관에 그 실태조사를 의뢰할 수 있다. 이 경우 그 의뢰는 심의위원회 위원장의 심의를 거쳐 학교의 장 명의로 해야 한다. 〈신설 2012. 1. 26., 2012. 3. 21., 2019. 8. 20.〉

⑨ 그 밖에 전담기구 운영 등에 필요한 사항은 대통령령으로 정한다. 〈신설 2012. 3. 21., 2019. 8. 20.〉

제15조(학교폭력 예방교육 등)

① 학교의 장은 학생의 육체적 · 정신적 보호와 학교폭력의 예방을 위한 학생들에 대한 교육(학교폭력의 개념 · 실태 및 대처방안 등을 포함해야 한다)을 학기별로 1회 이상 실시해야 한다. 〈개정 2012. 1. 26.〉

② 학교의 장은 학교폭력의 예방 및 대책 등을 위한 교직원 및 학부모에 대한 교육을 학기별로 1회 이상 실시해야 한다. 〈개정 2012. 3. 21.〉

③ 학교의 장은 제1항에 따른 학교폭력 예방교육 프로그램의 구성 및 그 운용 등을 전담기구와 협의해 전문단체 또는 전문가에게 위탁할 수 있다.

④ 교육장은 제1항부터 제3항까지의 규정에 따른 학교폭력 예방교육 프로그램의 구성과 운용계획을 학부모가 쉽게 확인할 수 있도록 인터넷 홈페이지에 게시하고, 그 밖에 다양한 방법으로 학부모에게 알릴 수 있도록 노력해야 한다. 〈개정 2012. 1. 26.〉

⑤ 그 밖에 학교폭력 예방교육의 실시와 관련한 사항은 대통령령으로 정한다. 〈개정 2011. 5. 19.〉

[제목개정 2011. 5. 19.]

제16조(피해학생의 보호)

① 심의위원회는 피해학생의 보호를 위하여 필요하다고 인정하는 때에는 피해학생에 대하여 다음 각 호의 어느 하나에 해당하는 조치(수 개의 조치를 동시에 부과하는 경우를 포함한다)를 할 것을 교육장(교육장이 없는 경우 제12조제1항에 따라 조례로 정한 기관의 장으로 한다. 이하 같다)에게 요청할 수 있다. 다만, 학교의 장은 학교폭력사건을 인지한 경우 피해학생의 반대의사 등 대통령령으로 정하는 특별한 사정이 없으면 지

체 없이 가해자(교사를 포함한다)와 피해학생을 분리하여야 하며, 피해학생이 긴급보호를 요청하는 경우에는 제1호, 제2호 및 제6호의 조치를 할 수 있다. 이 경우 학교의 장은 심의위원회에 즉시 보고하여야 한다. 〈개정 2012. 3. 21., 2017. 4. 18., 2019. 8. 20., 2020. 12. 22., 2021. 3. 23.〉

1. 학내외 전문가에 의한 심리상담 및 조언
2. 일시보호
3. 치료 및 치료를 위한 요양
4. 학급교체
5. 삭제 〈2012. 3. 21.〉
6. 그 밖에 피해학생의 보호를 위해 필요한 조치

② 심의위원회는 제1항에 따른 조치를 요청하기 전에 피해학생 및 그 보호자에게 의견진술의 기회를 부여하는 등 적정한 절차를 거쳐야 한다. 〈신설 2012. 3. 21., 2019. 8. 20.〉

③ 제1항에 따른 요청이 있는 때에는 교육장은 피해학생의 보호자의 동의를 받아 7일 이내에 해당 조치를 해야 한다. 〈개정 2012. 3. 21., 2019. 8. 20.〉

④ 제1항의 조치 등 보호가 필요한 학생에 대하여 학교의 장이 인정하는 경우 그 조치에 필요한 결석을 출석일수에 포함하여 계산할 수 있다. 〈개정 2012. 3. 21., 2021. 3. 23.〉

⑤ 학교의 장은 성적 등을 평가하는 경우 제3항에 따른 조치로 인하여 학생에게 불이익을 주지 아니하도록 노력하여야 한다. 〈개정 2012. 3. 21., 2021. 3. 23.〉

⑥ 피해학생이 전문단체나 전문가로부터 제1항제1호부터 제3호까지의 규정에 따른 상담 등을 받는 데에 사용되는 비용은 가해학생의 보호자가 부담하여야 한다. 다만, 피해학생의 신속한 치료를 위하여 학교의 장 또는 피해학생의 보호자가 원하는 경우에는 「학교안전사고 예방 및 보상에 관한 법률」 제15조에 따른 학교안전공제회 또는 시·도교육청이 부담하고 이에 대한 상환청구권을 행사할 수 있다. 〈개정 2012. 1. 26., 2012. 3. 21., 2021. 3. 23.〉

1. 삭제 〈2012. 3. 21.〉
2. 삭제 〈2012. 3. 21.〉

⑦ 학교의 장 또는 피해학생의 보호자는 필요한 경우 「학교안전사고 예방 및 보상에 관한 법률」 제34조의 공제급여를 학교안전공제회에 직접 청구할 수 있다. 〈신설 2012. 1. 26., 2012. 3. 21.〉
⑧ 피해학생의 보호 및 제6항에 따른 지원범위, 상환청구범위, 지급절차 등에 필요한 사항은 대통령령으로 정한다. 〈신설 2012. 3. 21., 2021. 3. 23.〉

제16조의2(장애학생의 보호)

① 누구든지 장애 등을 이유로 장애학생에게 학교폭력을 행사해서는 아니 된다.
② 심의위원회는 피해학생 또는 가해학생이 장애학생인 경우 심의과정에 「장애인 등에 대한 특수교육법」 제2조제4호에 따른 특수교육교원 등 특수교육 전문가 또는 장애인 전문가를 출석하게 하거나 서면 등의 방법으로 의견을 청취할 수 있다. 〈신설 2020. 12. 22.〉
③ 심의위원회는 학교폭력으로 피해를 입은 장애학생의 보호를 위하여 장애인전문 상담가의 상담 또는 장애인전문 치료기관의 요양 조치를 학교의 장에게 요청할 수 있다. 〈개정 2019. 8. 20., 2020. 12. 22.〉
④ 제3항에 따른 요청이 있는 때에는 학교의 장은 해당 조치를 하여야 한다. 이 경우 제16조제6항을 준용한다. 〈개정 2012. 3. 21., 2020. 12. 22.〉
[본조신설 2009. 5. 8.]

제17조(가해학생에 대한 조치)

① 심의위원회는 피해학생의 보호와 가해학생의 선도 · 교육을 위하여 가해학생에 대하여 다음 각 호의 어느 하나에 해당하는 조치(수 개의 조치를 동시에 부과하는 경우를 포함한다)를 할 것을 교육장에게 요청하여야 하며, 각 조치별 적용 기준은 대통령령으로 정한다. 다만, 퇴학처분은 의무교육과정에 있는 가해학생에 대하여는 적용하지 아니한다. 〈개정 2009. 5. 8., 2012. 1. 26., 2012. 3. 21., 2019. 8. 20., 2021. 3. 23.〉

1. 피해학생에 대한 서면사과
2. 피해학생 및 신고 · 고발 학생에 대한 접촉, 협박 및 보복행위의 금지
3. 학교에서의 봉사

4. 사회봉사
5. 학내외 전문가에 의한 특별 교육이수 또는 심리치료
6. 출석정지
7. 학급교체
8. 전학
9. 퇴학처분

② 제1항에 따라 심의위원회가 교육장에게 가해학생에 대한 조치를 요청할 때 그 이유가 피해학생이나 신고 · 고발 학생에 대한 협박 또는 보복 행위일 경우에는 같은 항 각 호의 조치를 동시에 부과하거나 조치 내용을 가중할 수 있다. 〈신설 2012. 3. 21., 2019. 8. 20., 2021. 3. 23.〉

③ 제1항제2호부터 제4호까지 및 제6호부터 제8호까지의 처분을 받은 가해학생은 교육감이 정한 기관에서 특별교육을 이수하거나 심리치료를 받아야 하며, 그 기간은 심의위원회에서 정한다. 〈개정 2012. 1. 26., 2012. 3. 21., 2019. 8. 20.〉

④ 학교의 장은 가해학생에 대한 선도가 긴급하다고 인정할 경우 우선 제1항제1호부터 제3호까지, 제5호 및 제6호의 조치를 할 수 있으며, 제5호와 제6호의 조치는 동시에 부과할 수 있다. 이 경우 심의위원회에 즉시 보고하여 추인을 받아야 한다. 〈개정 2012. 1. 26., 2012. 3. 21., 2019. 8. 20., 2021. 3. 23.〉

⑤ 심의위원회는 제1항 또는 제2항에 따른 조치를 요청하기 전에 가해학생 및 보호자에게 의견진술의 기회를 부여하는 등 적정한 절차를 거쳐야 한다. 〈개정 2012. 3. 21., 2019. 8. 20.〉

⑥ 제1항에 따른 요청이 있는 때에는 교육장은 14일 이내에 해당 조치를 해야 한다. 〈개정 2012. 1. 26., 2012. 3. 21., 2019. 8. 20.〉

⑦ 학교의 장이 제4항에 따른 조치를 한 때에는 가해학생과 그 보호자에게 이를 통지하여야 하며, 가해학생이 이를 거부하거나 회피하는 때에는 학교의 장은 「초 · 중등교육법」 제18조에 따라 징계해야 한다. 〈개정 2012. 3. 21., 2019. 8. 20.〉

⑧ 가해학생이 제1항제3호부터 제5호까지의 규정에 따른 조치를 받은 경우 이와 관련된 결석은 학교의 장이 인정하는 때에는 이를 출석일수에 산입할 수 있다. 〈개정 2012. 1. 26., 2012. 3. 21.〉

⑨ 심의위원회는 가해학생이 특별교육을 이수할 경우 해당 학생의 보호자도 함께 교육을 받게 해야 한다. 〈개정 2012. 3. 21., 2019. 8. 20.〉
⑩ 가해학생이 다른 학교로 전학을 간 이후에는 전학 전의 피해학생 소속 학교로 다시 전학올 수 없도록 해야 한다. 〈신설 2012. 1. 26., 2012. 3. 21.〉
⑪ 제1항제2호부터 제9호까지의 처분을 받은 학생이 해당 조치를 거부하거나 기피하는 경우 심의위원회는 제7항에도 불구하고 대통령령으로 정하는 바에 따라 추가로 다른 조치를 할 것을 교육장에게 요청할 수 있다. 〈신설 2012. 3. 21., 2019. 8. 20.〉
⑫ 가해학생에 대한 조치 및 제11조제6항에 따른 재입학 등에 관하여 필요한 사항은 대통령령으로 정한다. 〈신설 2012. 3. 21.〉

제17조의2(행정심판)

① 교육장이 제16조제1항 및 제17조제1항에 따라 내린 조치에 대해 이의가 있는 피해학생 또는 그 보호자는 「행정심판법」에 따른 행정심판을 청구할 수 있다. 〈신설 2012. 3. 21., 2017. 11. 28., 2019. 8. 20.〉
② 교육장이 제17조제1항에 따라 내린 조치에 대해 이의가 있는 가해학생 또는 그 보호자는 「행정심판법」에 따른 행정심판을 청구할 수 있다. 〈개정 2012. 3. 21., 2017. 11. 28., 2019. 8. 20.〉
③ 제1항 및 제2항에 따른 행정심판청구에 필요한 사항은 「행정심판법」을 준용한다. 〈개정 2019. 8. 20.〉
④ 삭제 〈2019. 8. 20.〉
⑤ 삭제 〈2019. 8. 20.〉
⑥ 삭제 〈2019. 8. 20.〉
[본조신설 2012. 1. 26.]
[제목개정 2019. 8. 20.]

제18조(분쟁조정)

① 심의위원회는 학교폭력과 관련하여 분쟁이 있는 경우에는 그 분쟁을 조정할

수 있다. 〈개정 2019. 8. 20.〉
② 제1항에 따른 분쟁의 조정기간은 1개월을 넘지 못한다.
③ 학교폭력과 관련한 분쟁조정에는 다음 각 호의 사항을 포함한다. 〈개정 2019. 8. 20.〉
1. 피해학생과 가해학생간 또는 그 보호자 간의 손해배상에 관련된 합의조정
2. 그 밖에 심의위원회가 필요하다고 인정하는 사항
④ 심의위원회는 분쟁조정을 위해 필요하다고 인정하는 때에는 관계 기관의 협조를 얻어 학교폭력과 관련한 사항을 조사할 수 있다. 〈개정 2019. 8. 20.〉
⑤ 심의위원회가 분쟁조정을 하고자 할 때에는 이를 피해학생·가해학생 및 그 보호자에게 통보해야 한다. 〈개정 2019. 8. 20.〉
⑥ 시·도교육청 관할 구역 안의 소속 교육지원청이 다른 학생 간에 분쟁이 있는 경우에는 교육감이 직접 분쟁을 조정한다. 이 경우 제2항부터 제5항까지의 규정을 준용한다. 〈개정 2019. 8. 20.〉
⑦ 관할 구역을 달리하는 시·도교육청 소속 학교의 학생 간에 분쟁이 있는 경우에는 피해학생을 감독하는 교육감이 가해학생을 감독하는 교육감과의 협의를 거쳐 직접 분쟁을 조정한다. 이 경우 제2항부터 제5항까지의 규정을 준용한다. 〈개정 2019. 8. 20.〉

제19조(학교의 장의 의무)
① 학교의 장은 제16조, 제16조의2, 제17조에 따른 조치의 이행에 협조해야 한다.
② 학교의 장은 학교폭력을 축소 또는 은폐해서는 아니 된다.
③ 학교의 장은 교육감에게 학교폭력이 발생한 사실과 제13조의2에 따라 학교의 장의 자체해결로 처리된 사건, 제16조, 제16조의2, 제17조 및 제18조에 따른 조치 및 그 결과를 보고하고, 관계 기관과 협력하여 교내 학교폭력 단체의 결성예방 및 해체에 노력해야 한다.
[전문개정 2019. 8. 20.]

제20조(학교폭력의 신고의무)

① 학교폭력 현장을 보거나 그 사실을 알게 된 자는 학교 등 관계 기관에 이를 즉시 신고해야 한다.

② 제1항에 따라 신고를 받은 기관은 이를 가해학생 및 피해학생의 보호자와 소속 학교의 장에게 통보해야 한다. 〈개정 2009. 5. 8.〉

③ 제2항에 따라 통보받은 소속 학교의 장은 이를 심의위원회에 지체 없이 통보해야 한다. 〈신설 2009. 5. 8., 2019. 8. 20.〉

④ 누구라도 학교폭력의 예비·음모 등을 알게 된 자는 이를 학교의 장 또는 심의위원회에 고발할 수 있다. 다만, 교원이 이를 알게 되었을 경우에는 학교의 장에게 보고하고 해당 학부모에게 알려야 한다. 〈개정 2009. 5. 8., 2012. 1. 26., 2019. 8. 20.〉

⑤ 누구든지 제1항부터 제4항까지에 따라 학교폭력을 신고한 사람에게 그 신고행위를 이유로 불이익을 주어서는 아니 된다. 〈신설 2012. 3. 21.〉

제20조의2(긴급전화의 설치 등)

① 국가 및 지방자치단체는 학교폭력을 수시로 신고받고 이에 대한 상담에 응할 수 있도록 긴급전화를 설치해야 한다.

② 국가와 지방자치단체는 제1항에 따른 긴급전화의 설치·운영을 대통령령으로 정하는 기관 또는 단체에 위탁할 수 있다. 〈신설 2012. 1. 26.〉

③ 제1항과 제2항에 따른 긴급전화의 설치·운영·위탁에 필요한 사항은 대통령령으로 정한다. 〈개정 2012. 1. 26.〉

[본조신설 2009. 5. 8.]

제20조의3(정보통신망에 의한 학교폭력 등)

제2조제1호에 따른 정보통신망을 이용한 음란·폭력 정보 등에 의한 신체상·정신상 피해에 관하여 필요한 사항은 따로 법률로 정한다.

[본조신설 2012. 3. 21.]

제20조의4(정보통신망의 이용 등)

① 국가 · 지방자치단체 또는 교육감은 학교폭력 예방 업무 등을 효과적으로 수행하기 위해 필요한 경우 정보통신망을 이용할 수 있다.

② 국가 · 지방자치단체 또는 교육감은 제1항에 따라 정보통신망을 이용하여 학교 또는 학생(학부모를 포함한다)이 학교폭력 예방 업무 등을 수행하는 경우 다음 각 호의 어느 하나에 해당하는 비용의 전부 또는 일부를 지원할 수 있다.

1. 학교 또는 학생(학부모를 포함한다)이 전기통신설비를 구입하거나 이용하는 데 소요되는 비용
2. 학교 또는 학생(학부모를 포함한다)에게 부과되는 전기통신역무 요금

③ 그 밖에 정보통신망의 이용 등에 관하여 필요한 사항은 대통령령으로 정한다.

[본조신설 2012. 3. 21.]

제20조의5(학생보호인력의 배치 등)

① 국가 · 지방자치단체 또는 학교의 장은 학교폭력을 예방하기 위해 학교 내에 학생보호인력을 배치하여 활용할 수 있다.

② 다음 각 호의 어느 하나에 해당하는 사람은 학생보호인력이 될 수 없다. 〈신설 2013. 7. 30., 2021. 3. 23.〉

1. 「국가공무원법」 제33조 각 호의 어느 하나에 해당하는 사람
2. 「아동 · 청소년의 성보호에 관한 법률」에 따른 아동 · 청소년대상 성범죄 또는 「성폭력범죄의 처벌 등에 관한 특례법」에 따른 성폭력범죄를 범하여 벌금형을 선고받고 그 형이 확정된 날부터 10년이 지나지 아니하였거나, 금고 이상의 형이나 치료감호를 선고받고 그 집행이 끝나거나 집행이 유예 · 면제된 날부터 10년이 지나지 아니한 사람
3. 「청소년 보호법」 제2조제5호가목3) 및 같은 목 7)부터 9)까지의 청소년 출입 · 고용금지업소의 업주나 종사자

③ 국가 · 지방자치단체 또는 학교의 장은 제1항에 따른 학생보호인력의 배치 및 활용 업무를 관련 전문기관 또는 단체에 위탁할 수 있다. 〈개정 2013. 7. 30.〉

④ 제3항에 따라 학생보호인력의 배치 및 활용 업무를 위탁받은 전문기관 또

는 단체는 그 업무를 수행하는 경우 학교의 장과 충분히 협의하여야 한다. 〈개정 2013. 7. 30., 2021. 3. 23.〉

⑤ 국가 · 지방자치단체 또는 학교의 장은 학생보호인력으로 배치하고자 하는 사람의 동의를 받아 경찰청장에게 그 사람의 범죄경력을 조회할 수 있다. 〈신설 2013. 7. 30.〉

⑥ 제3항에 따라 학생보호인력의 배치 및 활용 업무를 위탁받은 전문기관 또는 단체는 해당 업무를 위탁한 국가 · 지방자치단체 또는 학교의 장에게 학생보호인력으로 배치하고자 하는 사람의 범죄경력을 조회할 것을 신청할 수 있다. 〈신설 2013. 7. 30.〉

⑦ 학생보호인력이 되려는 사람은 국가 · 지방자치단체 또는 학교의 장에게 제2항 각 호의 어느 하나에 해당하지 아니한다는 확인서를 제출해야 한다. 〈신설 2013. 7. 30.〉

[본조신설 2012. 3. 21.]

제20조의6(학교전담경찰관)

① 국가는 학교폭력 예방 및 근절을 위해 학교폭력 업무 등을 전담하는 경찰관을 둘 수 있다.

② 제1항에 따른 학교전담경찰관의 운영에 필요한 사항은 대통령령으로 정한다.

[본조신설 2017. 11. 28.]

[종전 제20조의6은 제20조의7로 이동 〈2017. 11. 28.〉]

제20조의7(영상정보처리기기의 통합 관제)

① 국가 및 지방자치단체는 학교폭력 예방 업무를 효과적으로 수행하기 위하여 교육감과 협의하여 학교 내외에 설치된 영상정보처리기기(「개인정보 보호법」 제2조제7호에 따른 고정형 영상정보처리기기를 말한다. 이하 이 조에서 같다)를 통합하여 관제할 수 있다. 이 경우 국가 및 지방자치단체는 통합 관제 목적에 필요한 범위에서 최소한의 개인정보만을 처리하여야 하며, 그 목적 외의 용도로 활용하여서는 아니 된다. 〈개정 2023. 3. 14.〉

② 제1항에 따라 영상정보처리기기를 통합 관제하려는 국가 및 지방자치단체는 공청회 · 설명회의 개최 등 대통령령으로 정하는 절차를 거쳐 관계 전문가 및 이해관계인의 의견을 수렴하여야 한다.
③ 제1항에 따라 학교 내외에 설치된 영상정보처리기기가 통합 관제되는 경우 해당 학교의 영상정보처리기기운영자는 「개인정보 보호법」 제25조제4항에 따른 조치를 통하여 그 사실을 정보주체에게 알려야 한다.
④ 통합 관제에 관하여 이 법에서 규정한 것을 제외하고는 「개인정보 보호법」을 적용한다.
⑤ 그 밖에 영상정보처리기기의 통합 관제에 필요한 사항은 대통령령으로 정한다.
[본조신설 2012. 3. 21.]
[제20조의6에서 이동 〈2017. 11. 28.〉]
[시행일: 2023. 9. 15.] 제20조의7

제21조(비밀누설금지 등)
① 이 법에 따라 학교폭력의 예방 및 대책과 관련된 업무를 수행하거나 수행하였던 사람은 그 직무로 인하여 알게 된 비밀 또는 가해학생 · 피해학생 및 제20조에 따른 신고자 · 고발자와 관련된 자료를 누설하여서는 아니 된다. 〈개정 2012. 1. 26., 2021. 3. 23.〉
② 제1항에 따른 비밀의 구체적인 범위는 대통령령으로 정한다.
③ 제16조, 제16조의2, 제17조, 제17조의2, 제18조에 따른 심의위원회의 회의는 공개하지 아니한다. 다만, 피해학생 · 가해학생 또는 그 보호자가 회의록의 열람 · 복사 등 회의록 공개를 신청한 때에는 학생과 그 가족의 성명, 주민등록번호 및 주소, 위원의 성명 등 개인정보에 관한 사항을 제외하고 공개해야 한다. 〈개정 2011. 5. 19., 2012. 3. 21., 2019. 8. 20.〉

제21조의2(「지방교육자치에 관한 법률」에 관한 특례)
교육장은 「지방교육자치에 관한 법률」 제35조에도 불구하고 이 법에 따른 고등학교에서의 학교폭력 피해학생 보호, 가해학생 선도 · 교육 및 피해학생과 가해학생 간의 분쟁조정 등에 관한 사무를 위임받아 수행할 수 있다.

[본조신설 2019. 8. 20.]

제22조(벌칙)

제21조제1항을 위반한 자는 1년 이하의 징역 또는 1천만원 이하의 벌금에 처한다.

[전문개정 2017. 11. 28.]

제23조(과태료)

① 제17조제9항에 따른 심의위원회의 교육 이수 조치를 따르지 아니한 보호자에게는 300만원 이하의 과태료를 부과한다. 〈개정 2019. 8. 20.〉

② 제1항에 따른 과태료는 대통령령으로 정하는 바에 따라 교육감이 부과 · 징수한다.

[본조신설 2017. 11. 28.]

부록2

학교폭력예방 및 대책에 관한 법률 시행령

(약칭: 학교폭력예방법 시행령)

[시행 2021. 9. 29.] [대통령령 제32018호, 2021. 9. 29., 타법개정]

교육부(학교생활문화과) 044-203-6975

제1조(목적)

이 영은 「학교폭력예방 및 대책에 관한 법률」에서 위임된 사항과 그 시행에 필요한 사항을 규정함을 목적으로 한다.

제2조(성과 평가 및 공표)

「학교폭력예방 및 대책에 관한 법률」(이하 "법"이라 한다) 제6조제3항에 따른 학교폭력 예방 및 대책에 대한 성과는 「초 · 중등교육법」 제9조제2항에 따른 지방교육행정기관에 대한 평가에 포함하여 평가하고, 이를 공표해야 한다.

제3조(학교폭력대책위원회의 운영)

① 법 제7조에 따른 학교폭력대책위원회(이하 "대책위원회"라 한다)의 위원장은 회의를 소집하고, 그 의장이 된다.
② 대책위원회의 회의는 반기별로 1회 소집한다. 다만, 재적위원 3분의 1 이상이 요구하거나 위원장이 필요하다고 인정하는 경우에는 수시로 소집할 수 있다.
③ 대책위원회의 위원장이 회의를 소집할 때에는 회의 개최 5일 전까지 회의 일시 · 장소 및 안건을 각 위원에게 알려야 한다. 다만, 긴급히 소집하여야 할 때에는 그러하지 아니하다.

④ 대책위원회의 회의는 재적위원 과반수의 출석으로 개의(開議)하고, 출석위원 과반수의 찬성으로 의결한다.
⑤ 대책위원회의 위원장은 필요하다고 인정할 때에는 학교폭력 예방 및 대책과 관련하여 전문가 등을 회의에 출석하여 발언하게 할 수 있다.
⑥ 회의에 출석한 위원과 전문가 등에게는 예산의 범위에서 수당과 여비를 지급할 수 있다. 다만, 공무원인 위원이 그 소관 업무와 직접적으로 관련하여 회의에 출석하는 경우에는 그러하지 아니하다.

제3조의2(대책위원회 위원의 해촉)

대통령은 법 제8조제3항제2호부터 제8호까지의 규정에 따른 대책위원회의 위원이 다음 각 호의 어느 하나에 해당하는 경우에는 해당 위원을 해촉(解囑)할 수 있다.

1. 심신장애로 인해 직무를 수행할 수 없게 된 경우
2. 직무와 관련된 비위사실이 있는 경우
3. 직무태만, 품위손상이나 그 밖의 사유로 인해 위원으로 적합하지 아니하다고 인정되는 경우
4. 위원 스스로 직무를 수행하는 것이 곤란하다고 의사를 밝히는 경우

[본조신설 2016. 5. 10.]

제4조(학교폭력대책실무위원회의 구성·운영)

① 법 제8조제6항에 따른 학교폭력대책실무위원회(이하 "실무위원회"라 한다)는 위원장(이하 "실무위원장"이라 한다) 1명을 포함한 12명 이내의 위원으로 구성한다. 〈개정 2013. 3. 23.〉
② 실무위원장은 교육부차관이 되고, 위원은 기획재정부, 교육부, 과학기술정보통신부, 법무부, 행정안전부, 문화체육관광부, 보건복지부, 여성가족부, 국무조정실 및 방송통신위원회의 고위공무원단에 속하는 공무원과 경찰청의 치안감 또는 경무관 중에서 소속 기관의 장이 지명하는 사람 각 1명이 된다. 〈개정 2013. 3. 23., 2014. 11. 19., 2017. 7. 26.〉

③ 제2항에 따라 실무위원회의 위원을 지명한 자는 해당 위원이 제3조의2 각 호의 어느 하나에 해당하는 경우에는 그 지명을 철회할 수 있다. 〈신설 2016. 5. 10.〉
④ 실무위원회의 사무를 처리하기 위해 간사 1명을 두며, 간사는 교육부 소속 공무원 중에서 실무위원장이 지명하는 사람으로 한다. 〈개정 2013. 3. 23., 2016. 5. 10.〉
⑤ 실무위원장이 부득이한 사유로 직무를 수행할 수 없을 때에는 실무위원장이 미리 지명하는 위원이 그 직무를 대행한다. 〈개정 2016. 5. 10.〉
⑥ 회의는 대책위원회 개최 전 또는 실무위원장이 필요하다고 인정할 때 소집한다. 〈개정 2016. 5. 10.〉
⑦ 실무위원회는 대책위원회의 회의에 부칠 안건 검토와 심의 지원 및 그 밖의 업무수행을 위해 필요한 경우에는 이해관계인 또는 관련 전문가를 출석하게 하여 의견을 듣거나 의견 제출을 요청할 수 있다. 〈개정 2016. 5. 10.〉
⑧ 실무위원장은 회의를 소집할 때에는 회의 개최 7일 전까지 회의 일시 · 장소 및 안건을 각 위원에게 알려야 한다. 다만, 긴급히 소집하여야 할 때에는 그러하지 아니하다. 〈개정 2016. 5. 10.〉

제5조(학교폭력대책지역위원회의 구성·운영)

① 법 제9조제1항에 따른 학교폭력대책지역위원회(이하 "지역위원회"라 한다)의 위원장은특별시 · 광역시 · 특별자치시 · 도 · 특별자치도(이하 "시 · 도"라 한다)의 부단체장(특별시의 경우에는 행정(1)부시장, 광역시 및 도의 경우에는 행정부시장 및 행정부지사를 말한다)으로 한다.
② 지역위원회의 위원장은 회의를 소집하고, 그 의장이 된다.
③ 지역위원회의 위원장이 부득이한 사유로 직무를 수행할 수 없을 때에는 지역위원회 위원장이 미리 지명하는 위원이 그 직무를 대행한다.
④ 지역위원회의 위원은 학식과 경험이 풍부하고 청소년보호에 투철한 사명감이 있는 사람으로서 다음 각 호의 어느 하나에 해당하는 사람 중에서 특별시장 · 광역시장 · 특별자치시장 · 도지사 · 특별자치도지사(이하 "시 · 도지사"라 한다)가 교육감과 협의하여 임명하거나 위촉한다. 〈개정 2020. 2. 25., 2020. 12. 31.〉

1. 해당 시 · 도의 청소년보호 업무 담당 국장 및 시 · 도교육청 생활지도 담당 국장
2. 해당 시 · 도의회 의원 또는 교육위원회 위원
3. 시 · 도 지방경찰청 소속 경찰공무원
4. 학생생활지도 경력이 5년 이상인 교원
5. 판사 · 검사 · 변호사
6. 「고등교육법」 제2조에 따른 학교의 조교수 이상 또는 청소년 관련 연구기관에서 이에 상당하는 직위에 재직하고 있거나 재직하였던 사람으로서 학교폭력 문제에 대한 전문지식이 있는 사람
7. 청소년 선도 및 보호 단체에서 청소년보호활동을 5년 이상 전문적으로 담당한 사람
8. 「초 · 중등교육법」 제31조제1항에 따른 학교운영위원회(이하 "학교운영위원회"라 한다)의 위원 또는 법 제12조제1항에 따른 학교폭력대책심의위원회(이하 "심의위원회"라 한다) 위원으로 활동하고 있거나 활동한 경험이 있는 학부모
9. 그 밖에 학교폭력 예방 및 청소년 보호에 대한 지식과 경험이 있는 사람

⑤ 지역위원회 위원의 임기는 2년으로 한다. 다만, 지역위원회 위원의 사임 등으로 새로 위촉되는 위원의 임기는 전임위원 임기의 남은 기간으로 한다.

⑥ 시 · 도지사는 제4항제2호부터 제9호까지의 규정에 따른 지역위원회의 위원이 제3조의2 각 호의 어느 하나에 해당하는 경우에는 해당 위원을 해임하거나 해촉할 수 있다. 〈신설 2016. 5. 10.〉

⑦ 지역위원회의 사무를 처리하기 위해 간사 1명을 두며, 지역위원회의 위원장과 교육감이 시 · 도 또는 시 · 도교육청 소속 공무원 중에서 협의해 정하는 사람으로 한다. 〈개정 2016. 5. 10.〉

⑧ 지역위원회 회의의 운영에 관하여는 제3조제2항부터 제6항까지의 규정을 준용한다. 이 경우 "대책위원회"는 "지역위원회"로 본다. 〈개정 2016. 5. 10.〉

제6조(학교폭력대책지역실무위원회의 구성·운영)

법 제9조제2항에 따른 실무위원회는 7명 이내의 학교폭력 예방 및 대책에 관한 실무자 및 민간 전문가로 구성한다.

제7조(학교폭력대책지역협의회의 구성·운영)

① 법 제10조의2에 따른 학교폭력대책지역협의회(이하 "지역협의회"라 한다)의 위원장은 시 · 군 · 구의 부단체장이 된다.

② 지역협의회의 위원장은 회의를 소집하고, 그 의장이 된다.

③ 지역협의회의 위원장이 부득이한 사유로 직무를 수행할 수 없을 때에는 위원장이 미리 지정하는 위원이 그 직무를 대행한다.

④ 지역협의회의 위원은 학식과 경험이 풍부하고 청소년보호에 투철한 사명감이 있는 사람으로서 다음 각 호의 어느 하나에 해당하는 사람 중에서 시장 · 군수 · 구청장이 해당 교육지원청의 교육장과 협의해 임명하거나 위촉한다. 〈개정 2014. 6. 11., 2020. 2. 25.〉

1. 해당 시 · 군 · 구의 청소년보호 업무 담당 국장(국장이 없는 시 · 군 · 구는 과장을 말한다) 및 교육지원청의 생활지도 담당 국장(국장이 없는 교육지원청은 과장을 말한다)
2. 해당 시 · 군 · 구의회 의원
3. 해당 시 · 군 · 구를 관할하는 경찰서 소속 경찰공무원
4. 학생생활지도 경력이 5년 이상인 교원
5. 판사 · 검사 · 변호사
6. 「고등교육법」 제2조에 따른 학교의 조교수 이상 또는 청소년 관련 연구기관에서 이에 상당하는 직위에 재직하고 있거나 재직하였던 사람으로서 학교폭력 문제에 대해 전문지식이 있는 사람
7. 청소년 선도 및 보호 단체에서 청소년보호활동을 5년 이상 전문적으로 담당한 사람
8. 학교운영위원회 위원 또는 심의위원회 위원으로 활동하거나 활동한 경험이 있는 학부모
9. 그 밖에 학교폭력 예방 및 청소년보호에 대한 지식과 경험을 가진 사람

⑤ 지역협의회 위원의 임기는 2년으로 한다. 다만, 지역위원회 위원의 사임 등으로 새로 위촉되는 위원의 임기는 전임위원 임기의 남은 기간으로 한다.
⑥ 시장 · 군수 · 구청장은 제4항제2호부터 제9호까지의 규정에 따른 지역협의회의 위원이 제3조의2 각 호의 어느 하나에 해당하는 경우에는 해당 위원을 해임하거나 해촉할 수 있다. 〈신설 2016. 5. 10.〉
⑦ 지역협의회에는 사무를 처리하기 위해 간사 1명을 두며, 간사는 지역협의회의 위원장과 교육장이 시 · 군 · 구 또는 교육지원청 소속 공무원 중에서 협의해 정하는 사람으로 한다. 〈개정 2014. 6. 11., 2016. 5. 10.〉

제8조(전담부서의 구성 등)

법 제11조제1항에 따라 다음 각 호의 업무를 수행하기 위해 시 · 도교육청 및 교육지원청에 과 · 담당관 또는 팀을 둔다. 〈개정 2014. 6. 11., 2020. 2. 25.〉

1. 학교폭력 예방과 근절을 위한 대책의 수립과 추진에 관한 사항
2. 학교폭력 피해학생의 치료 및 가해학생에 대한 조치에 관한 사항
3. 학교폭력 피해학생과 가해학생 간의 관계 회복을 위해 필요한 조치에 관한 사항
4. 그 밖에 학교폭력의 예방 및 대책과 관련하여 교육감이 정하는 사항

제9조(실태조사)

① 법 제11조제8항에 따라 교육감이 실시하는 학교폭력 실태조사는 교육부장관과 협의해 다른 교육감과 공동으로 실시할 수 있다. 〈개정 2013. 3. 23.〉
② 교육감은 학교폭력 실태조사를 교육 관련 연구 · 조사기관에 위탁할 수 있다.

제10조(전문기관의 설치 등)

① 교육감은 법 제11조제9항에 따라 시 · 도교육청 또는 교육지원청에 다음 각 호의 업무를 수행하는 전문기관을 설치 · 운영할 수 있다. 〈개정 2014. 6. 11.〉

1. 법 제11조의2제1항에 따른 조사 · 상담 등의 업무
2. 학교폭력 피해학생 · 가해학생에 대한 치유프로그램 운영 업무

② 교육감은 제1항제2호에 따른 치유프로그램 운영 업무를 다음 각 호의 어느 하나에 해당하는 기관 · 단체 · 시설에 위탁하여 수행하게 할 수 있다. 〈개정 2012. 7. 31., 2012. 9. 14.〉

1. 「청소년복지 지원법」 제31조제1호에 따른 청소년쉼터, 「청소년 보호법」 제35조제1항에 따른 청소년 보호 · 재활센터 등 청소년을 보호하기 위해 국가 · 지방자치단체가 운영하는 시설
2. 「청소년활동진흥법」 제10조에 따른 청소년활동시설
3. 학교폭력의 예방과 피해학생 및 가해학생의 치료 · 교육을 수행하는 청소년 관련 단체
4. 청소년 정신치료 전문인력이 배치된 병원
5. 학교폭력 피해학생 · 가해학생 및 학부모를 위한 프로그램을 운영하는 종교기관 등의 기관
6. 그 밖에 교육감이 치유프로그램의 운영에 적합하다고 인정하는 기관

③ 제1항에 따른 전문기관의 설치 · 운영에 관한 세부사항은 교육감이 정한다.

제11조(학교폭력 조사·상담 업무의 위탁 등)

교육감은 법 제11조의2제2항에 따라 학교폭력 예방에 관한 사업을 3년 이상 수행한 기관 또는 단체 중에서 학교폭력의 예방 및 사후조치 등을 수행하는 데 적합하다고 인정하는 기관 또는 단체에 법 제11조의2제1항의 업무를 위탁할 수 있다.

제12조(관계 기관과의 협조 사항 등)

법 제11조의3에 따라 학교폭력과 관련한 개인정보 등을 협조를 요청할 때에는 문서로 해야 한다.

제13조(심의위원회의 설치 및 심의사항)

① 법 제12조제1항 단서에서 "대통령령으로 정하는 사유가 있는 경우"란 학교폭력 피해학생과 가해학생이 각각 다른 교육지원청(교육지원청이 없는 경우 법 제12조제1

항에 따라 조례로 정하는 기관으로 한다. 이하 같다) 관할 구역 내의 학교에 재학 중인 경우를 말한다. 〈개정 2020. 2. 25.〉

② 법 제12조제2항제5호에서 "대통령령으로 정하는 사항"이란 학교폭력의 예방 및 대책과 관련하여 학교의 장이 건의하는 사항을 말한다. 〈개정 2020. 2. 25.〉

[제목개정 2020. 2. 25.]

제14조(심의위원회의 구성·운영)

① 심의위원회의 위원은 다음 각 호의 어느 하나에 해당하는 사람 중에서 해당 교육장(교육장이 없는 경우 법 제12조제1항에 따라 조례로 정하는 기관의 장으로 한다. 이하 이 조, 제14조의2제5항, 제20조제1항 전단 및 제22조에서 같다)이 임명하거나 위촉한다. 〈개정 2020. 2. 25.〉

1. 해당 교육지원청의 생활지도 업무 담당 국장 또는 과장(법 제12조제1항에 따라 조례로 정하는 기관의 경우 해당 기관 소속의 공무원 또는 직원으로 한다)

1의2. 해당 교육지원청의 관할 구역을 관할하는 시 · 군 · 구의 청소년보호 업무 담당 국장 또는 과장

2. 교원으로 재직하고 있거나 재직했던 사람으로서 학교폭력 업무 또는 학생생활지도 업무 담당 경력이 2년 이상인 사람

2의2. 「교육공무원법」 제2조제2항에 따른 교육전문직원으로 재직하고 있거나 재직했던 사람

3. 법 제13조제1항에 따른 학부모

4. 판사 · 검사 · 변호사

5. 해당 교육지원청의 관할 구역을 관할하는 경찰서 소속 경찰공무원

6. 의사 자격이 있는 사람

6의2. 「고등교육법」 제2조에 따른 학교의 조교수 이상 또는 청소년 관련 연구기관에서 이에 상당하는 직위에 재직하고 있거나 재직했던 사람으로서 학교폭력 문제에 대해 전문지식이 있는 사람

6의3. 청소년 선도 및 보호 단체에서 청소년보호활동을 2년 이상 전문적으로 담당한 사람

7. 그 밖에 학교폭력 예방 및 청소년보호에 대한 지식과 경험이 풍부한 사람

② 심의위원회의 위원장은 위원 중에서 교육장이 임명하거나 위촉하는 사람이 되며, 위원장이 부득이한 사유로 직무를 수행할 수 없을 때에는 위원장이 미리 지정하는 위원이 그 직무를 대행한다. 〈개정 2020. 2. 25.〉

③ 심의위원회의 위원의 임기는 2년으로 한다. 다만, 심의위원회 위원의 사임 등으로 새로 위촉되는 위원의 임기는 전임위원 임기의 남은 기간으로 한다. 〈개정 2020. 2. 25.〉

④ 교육장은 제1항제2호, 제2호의2, 제3호부터 제6호까지, 제6호의2, 제6호의3 및 제7호에 따른 심의위원회의 위원이 제3조의2 각 호의 어느 하나에 해당하는 경우에는 해당 위원을 해임하거나 해촉할 수 있다. 〈신설 2016. 5. 10., 2020. 2. 25.〉

⑤ 심의위원회의 회의는 재적위원 과반수의 출석으로 개의하고, 출석위원 과반수의 찬성으로 의결한다. 〈개정 2016. 5. 10., 2020. 2. 25.〉

⑥ 심의위원회의 위원장은 해당 교육지원청 소속 공무원(법 제12조제1항에 따라 조례로 정하는 기관의 경우 직원을 포함한다) 중에서 심의위원회의 사무를 처리할 간사 1명을 지명한다. 〈개정 2016. 5. 10., 2020. 2. 25.〉

⑦ 심의위원회의 회의에 출석한 위원에게는 예산의 범위에서 수당과 여비를 지급할 수 있다. 다만, 공무원인 위원이 그 소관 업무와 직접적으로 관련하여 회의에 출석한 경우에는 그렇지 않다. 〈개정 2016. 5. 10., 2020. 2. 25.〉

⑧ 심의위원회는 필요하다고 인정할 때에는 학교폭력이 발생한 해당 학교 소속 교원이나 학교폭력 예방 및 대책과 관련된 분야의 전문가 등을 출석하게 하거나 서면 등의 방법으로 의견을 들을 수 있다. 〈개정 2020. 2. 25.〉

⑨ 제1항부터 제8항까지에서 규정한 사항 외에 심의위원회의 운영 등에 필요한 사항은 교육장이 정한다. 〈신설 2020. 2. 25.〉

[제목개정 2020. 2. 25.]

제14조의2(소위원회)

① 심의위원회의 업무를 효율적으로 수행하기 위해 필요하면 심의위원회에 소위원회를 둘 수 있다.

② 제1항에 따른 소위원회(이하 "소위원회"라 한다)의 위원은 심의위원회의 위원으로 구성한다.
③ 심의위원회는 필요한 경우에는 그 심의 사항을 소위원회에 위임할 수 있으며, 이 경우 소위원회에서 심의 · 의결된 사항은 심의위원회에서 심의 · 의결된 것으로 본다.
④ 소위원회는 심의가 끝나면 그 결과를 심의위원회에 보고해야 한다.
⑤ 제1항부터 제4항까지에서 규정한 사항 외에 소위원회의 설치 · 운영에 필요한 사항은 교육장이 정한다.
[본조신설 2020. 2. 25.]

제14조의3(학교의 장의 자체해결)

학교의 장은 법 제13조의2제1항에 따라 학교폭력사건을 자체적으로 해결하는 경우 피해학생과 가해학생 간에 학교폭력이 다시 발생하지 않도록 노력해야 하며, 필요한 경우에는 피해학생 · 가해학생 및 그 보호자 간의 관계 회복을 위한 프로그램을 운영할 수 있다.
[본조신설 2020. 2. 25.]

제15조(상담실 설치)

법 제14조제1항에 따른 상담실은 다음 각 호의 시설 · 장비를 갖추어 상담활동이 편리한 장소에 설치해야 한다.
1. 인터넷 이용시설, 전화 등 상담에 필요한 시설 및 장비
2. 상담을 받는 사람의 사생활 노출 방지를 위한 칸막이 및 방음시설

제16조(전담기구 운영 등)

① 법 제14조제3항에 따른 학교폭력문제를 담당하는 전담기구(이하 "전담기구"라 한다)의 구성원이 되는 학부모는 「초 · 중등교육법」 제31조에 따른 학교운영위원회에서 추천한 사람 중에서 학교의 장이 위촉한다. 다만, 학교운영위원회가 설치되지 않은 학교의 경우에는 학교의 장이 위촉한다.

② 전담기구는 가해 및 피해 사실 여부에 관하여 확인한 사항을 학교의 장에게 보고해야 한다.
③ 제1항 및 제2항에서 규정한 사항 외에 전담기구의 운영에 필요한 사항은 학교의 장이 정한다.
[전문개정 2020. 2. 25.]

제17조(학교폭력 예방교육)

학교의 장은 법 제15조제5항에 따라 학생과 교직원 및 학부모에 대한 학교폭력 예방교육을 다음 각 호의 기준에 따라 실시한다.

1. 학기별로 1회 이상 실시하고, 교육 횟수 · 시간 및 강사 등 세부적인 사항은 학교 여건에 따라 학교의 장이 정한다.
2. 학생에 대한 학교폭력 예방교육은 학급 단위로 실시함을 원칙으로 하되, 학교 여건에 따라 전체 학생을 대상으로 한 장소에서 동시에 실시할 수 있다.
3. 학생과 교직원, 학부모를 따로 교육하는 것을 원칙으로 하되, 내용에 따라 함께 교육할 수 있다.
4. 강의, 토론 및 역할연기 등 다양한 방법으로 하고, 다양한 자료나 프로그램 등을 활용해야 한다.
5. 교직원에 대한 학교폭력 예방교육은 학교폭력 관련 법령에 대한 내용, 학교폭력 발생 시 대응요령, 학생 대상 학교폭력예방 프로그램 운영 방법 등을 포함해야 한다.
6. 학부모에 대한 학교폭력 예방교육은 학교폭력 징후 판별, 학교폭력 발생 시 대응요령, 가정에서의 인성교육에 관한 사항을 포함해야 한다.

제17조의2(가해자와 피해학생 분리 조치의 예외)

법 제16조제1항 각 호 외의 부분 단서에서 "피해학생의 반대의사 등 대통령령으로 정하는 특별한 사정"이란 다음 각 호의 경우를 말한다.

1. 피해학생이 반대의사를 표명하는 경우
2. 가해자(교사를 포함한다. 이하 이 조에서 같다) 또는 피해학생이 「학교안전사고 예방 및

보상에 관한 법률」 제2조제4호에 따른 교육활동 중이 아닌 경우
3. 법 제17조제4항 전단에 따른 조치로 이미 가해자와 피해학생이 분리된 경우
[본조신설 2021. 6. 22.]

제18조(피해학생의 지원범위 등)
① 법 제16조제6항 단서에 따른 학교안전공제회 또는 시 · 도교육청이 부담하는 피해학생의 지원범위는 다음 각 호와 같다. 〈개정 2021. 6. 22.〉
1. 교육감이 정한 전문심리상담기관에서 심리상담 및 조언을 받는 데 드는 비용
2. 교육감이 정한 기관에서 일시보호를 받는 데 드는 비용
3. 「의료법」에 따라 개설된 의료기관, 「지역보건법」에 따라 설치된 보건소 · 보건의료원 및 보건지소, 「농어촌 등 보건의료를 위한 특별조치법」에 따라 설치된 보건진료소, 「약사법」에 따라 등록된 약국 및 같은 법 제91조에 따라 설립된 한국희귀의약품센터에서 치료 및 치료를 위한 요양을 받거나 의약품을 공급받는데 드는 비용

② 제1항의 비용을 지원 받으려는 피해학생 및 보호자가 학교안전공제회 또는 시 · 도교육청에 비용을 청구하는 절차와 학교안전공제회 또는 시 · 도교육청이 비용을 지급하는 절차는 「학교안전사고 예방 및 보상에 관한 법률」 제41조를 준용한다.
③ 학교안전공제회 또는 시 · 도교육청이 법 제16조제6항에 따라 가해학생의 보호자에게 상환청구를 하는 범위는 제2항에 따라 피해학생에게 지급하는 모든 비용으로 한다. 〈개정 2021. 9. 29.〉

제19조(가해학생에 대한 조치별 적용 기준)
법 제17조제1항의 조치별 적용 기준은 다음 각 호의 사항을 고려해 결정하고, 그 세부적인 기준은 교육부장관이 정하여 고시한다. 〈개정 2013. 3. 23.〉
1. 가해학생이 행사한 학교폭력의 심각성 · 지속성 · 고의성
2. 가해학생의 반성 정도
3. 해당 조치로 인한 가해학생의 선도 가능성

4. 가해학생 및 보호자와 피해학생 및 보호자 간의 화해의 정도
5. 피해학생이 장애학생인지 여부

제20조(가해학생에 대한 전학 조치)

① 교육장은 심의위원회가 법 제17조제1항에 따라 가해학생에 대한 전학 조치를 요청하는 경우에는 그 사실을 해당 학생이 소속된 학교의 장에게 통보해야 한다. 이 경우 해당 통보를 받은 학교의 장은 교육감 또는 교육장에게 해당 학생이 전학할 학교의 배정을 지체 없이 요청해야 한다. 〈개정 2020. 2. 25.〉
② 교육감 또는 교육장은 가해학생이 전학할 학교를 배정할 때 피해학생의 보호에 충분한 거리 등을 고려해야 하며, 관할구역 외의 학교를 배정하려는 경우에는 해당 교육감 또는 교육장에게 이를 통보해야 한다.
③ 제2항에 따른 통보를 받은 교육감 또는 교육장은 해당 가해학생이 전학할 학교를 배정해야 한다.
④ 교육감 또는 교육장은 제2항과 제3항에 따라 전학 조치된 가해학생과 피해학생이 상급학교에 진학할 때에는 각각 다른 학교를 배정해야 한다. 이 경우 피해학생이 입학할 학교를 우선적으로 배정한다.

제21조(가해학생에 대한 우선 출석정지 등)

① 법 제17조제4항에 따라 학교의 장이 출석정지 조치를 할 수 있는 경우는 다음 각 호와 같다.
1. 2명 이상의 학생이 고의적 · 지속적으로 폭력을 행사한 경우
2. 학교폭력을 행사해 전치 2주 이상의 상해를 입힌 경우
3. 학교폭력에 대한 신고, 진술, 자료제공 등에 대한 보복을 목적으로 폭력을 행사한 경우
4. 학교의 장이 피해학생을 가해학생으로부터 긴급하게 보호할 필요가 있다고 판단하는 경우

② 학교의 장은 제1항에 따라 출석정지 조치를 하려는 경우에는 해당 학생 또는 보호자의 의견을 들어야 한다. 다만, 학교의 장이 해당 학생 또는 보호자의 의견

을 들으려 하였으나 이에 따르지 아니한 경우에는 그러하지 아니하다.

제22조(가해학생의 조치 거부·기피에 대한 추가 조치)

심의위원회는 법 제17조제1항제2호부터 제9호까지의 조치를 받은 학생이 해당 조치를 거부하거나 기피하는 경우에는 법 제17조제11항에 따라 교육장으로부터 그 사실을 통보받은 날부터 7일 이내에 추가로 다른 조치를 할 것을 교육장에게 요청할 수 있다. 〈개정 2020. 2. 25.〉

제23조(퇴학학생의 재입학 등)

① 교육감은 법 제17조제1항제9호에 따라 퇴학 처분을 받은 학생에 대해 법 제17조제12항에 따라 해당 학생의 선도의 정도, 교육 가능성 등을 종합적으로 고려해 「초 · 중등교육법」 제60조의3에 따른 대안학교로의 입학 등 해당 학생의 건전한 성장에 적합한 대책을 마련해야 한다.

② 제1항에서 규정한 사항 외에 가해학생에 대한 조치 및 재입학 등에 필요한 세부사항은 교육감이 정한다.

제24조

삭제 〈2020. 2. 25.〉

제25조(분쟁조정의 신청)

피해학생, 가해학생 또는 그 보호자(이하 "분쟁당사자"라 한다) 중 어느 한 쪽은 법 제18조에 따라 해당 분쟁사건에 대한 조정권한이 있는 심의위원회 또는 교육감에게 다음 각 호의 사항을 적은 문서로 분쟁조정을 신청할 수 있다. 〈개정 2020. 2. 25.〉

1. 분쟁조정 신청인의 성명 및 주소
2. 보호자의 성명 및 주소
3. 분쟁조정 신청의 사유

제26조(심의위원회 위원의 제척·기피 및 회피)

① 심의위원회의 위원은 법 제16조, 제17조 및 제18조에 따라 피해학생과 가해학생에 대한 조치를 요청하는 경우와 분쟁을 조정하는 경우 다음 각 호의 어느 하나에 해당하면 해당 사건에서 제척된다. 〈개정 2020. 2. 25.〉

1. 위원이나 그 배우자 또는 그 배우자였던 사람이 해당 사건의 피해학생 또는 가해학생의 보호자인 경우 또는 보호자였던 경우
2. 위원이 해당 사건의 피해학생 또는 가해학생과 친족이거나 친족이었던 경우
3. 그 밖에 위원이 해당 사건의 피해학생 또는 가해학생과 친분이 있거나 관련이 있다고 인정하는 경우

② 학교폭력과 관련하여 심의위원회를 개최하는 경우 또는 분쟁이 발생한 경우 심의위원회의 위원에게 공정한 심의를 기대하기 어려운 사정이 있다고 인정할 만한 상당한 사유가 있을 때에는 분쟁당사자는 심의위원회에 그 사실을 서면으로 소명하고 기피신청을 할 수 있다. 〈개정 2020. 2. 25.〉

③ 심의위원회는 제2항에 따른 기피신청을 받으면 의결로써 해당 위원의 기피 여부를 결정해야 한다. 이 경우 기피신청 대상이 된 위원은 그 의결에 참여하지 못한다. 〈개정 2020. 2. 25.〉

④ 심의위원회의 위원이 제1항 또는 제2항의 사유에 해당하는 경우에는 스스로 해당 사건을 회피할 수 있다. 〈개정 2020. 2. 25.〉

[제목개정 2020. 2. 25.]

제27조(분쟁조정의 개시)

① 심의위원회 또는 교육감은 제25조에 따라 분쟁조정의 신청을 받으면 그 신청을 받은 날부터 5일 이내에 분쟁조정을 시작해야 한다. 〈개정 2020. 2. 25.〉

② 심의위원회 또는 교육감은 분쟁당사자에게 분쟁조정의 일시 및 장소를 통보해야 한다. 〈개정 2020. 2. 25.〉

③ 제2항에 따라 통지를 받은 분쟁당사자 중 어느 한 쪽이 불가피한 사유로 출석할 수 없는 경우에는 심의위원회 또는 교육감에게 분쟁조정의 연기를 요청할 수 있다. 이 경우 심의위원회 또는 교육감은 분쟁조정의 기일을 다시 정해야 한

다. 〈개정 2020. 2. 25.〉

④ 심의위원회 또는 교육감은 심의위원회 위원 또는 지역위원회 위원 중에서 분쟁조정 담당자를 지정하거나, 외부 전문기관에 분쟁과 관련한 사항에 대한 자문 등을 할 수 있다. 〈개정 2020. 2. 25.〉

제28조(분쟁조정의 거부·중지 및 종료)

① 심의위원회 또는 교육감은 다음 각 호의 어느 하나에 해당하는 사유가 발생한 경우에는 분쟁조정의 개시를 거부하거나 분쟁조정을 중지할 수 있다. 〈개정 2020. 2. 25.〉

1. 분쟁당사자 중 어느 한 쪽이 분쟁조정을 거부한 경우
2. 피해학생 등이 관련된 학교폭력에 대해 가해학생을 고소 · 고발하거나 민사상 소송을 제기한 경우
3. 분쟁조정의 신청내용이 거짓임이 명백하거나 정당한 이유가 없다고 인정되는 경우

② 심의위원회 또는 교육감은 다음 각 호의 어느 하나에 해당하는 사유가 발생한 경우에는 분쟁조정을 끝내야 한다. 〈개정 2020. 2. 25.〉

1. 분쟁당사자 간에 합의가 이루어지거나 심의위원회 또는 교육감이 제시한 조정안을 분쟁당사자가 수락하는 등 분쟁조정이 성립한 경우
2. 분쟁조정 개시일부터 1개월이 지나도록 분쟁조정이 성립하지 아니한 경우

③ 심의위원회 또는 교육감은 제1항에 따라 분쟁조정의 개시를 거부하거나 분쟁조정을 중지한 경우 또는 제2항제2호에 따라 분쟁조정을 끝낸 경우에는 그 사유를 분쟁당사자에게 각각 통보해야 한다. 〈개정 2020. 2. 25.〉

제29조(분쟁조정의 결과 처리)

① 심의위원회 또는 교육감은 분쟁조정이 성립하면 다음 각 호의 사항을 적은 합의서를 작성하여 분쟁당사자와 피해학생 및 가해학생이 소속된 학교의 장에게 각각 통보해야 한다. 〈개정 2020. 2. 25.〉

1. 분쟁당사자의 주소와 성명

2. 조정 대상 분쟁의 내용
  가. 분쟁의 경위
  나. 조정의 쟁점(분쟁당사자의 의견을 포함한다)
3. 조정의 결과

② 제1항에 따른 합의서에는 심의위원회가 조정한 경우에는 분쟁당사자와 조정에 참가한 위원이, 교육감이 조정한 경우에는 분쟁당사자와 교육감이 각각 서명날인해야 한다. 〈개정 2020. 2. 25.〉

③ 심의위원회의 위원장은 분쟁조정의 결과를 교육감에게 보고해야 한다. 〈개정 2020. 2. 25.〉

제30조(긴급전화의 설치·운영)

법 제20조의2에 따른 긴급전화는 경찰청장과 시·도경찰청장이 운영하는 학교폭력 관련 기구에 설치한다. 〈개정 2020. 12. 31.〉

제31조(정보통신망의 이용 등)

법 제20조의4제3항에 따라 국가 · 지방자치단체 또는 교육감은 정보통신망을 이용한 학교폭력 예방 업무를 다음 각 호의 기관 및 단체에 위탁할 수 있다.

1. 「한국교육학술정보원법」에 따라 설립된 한국교육학술정보원
2. 공공기관의 위탁을 받아 정보통신망을 이용하여 교육사업을 수행한 실적이 있는 기업
3. 학교폭력 예방에 관한 사업을 3년 이상 수행한 기관 또는 단체

제31조의2(학교전담경찰관의 운영)

① 경찰청장은 법 제20조의6제1항에 따라 학교폭력 예방 및 근절을 위해 학교폭력 업무 등을 전담하는 경찰관(이하 "학교전담경찰관"이라 한다)을 둘 경우에는 학생 상담 관련 학위나 자격증 소지 여부, 학생 지도 경력 등 학교폭력 업무 수행에 필요한 전문성을 고려해야 한다.

② 학교전담경찰관은 다음 각 호의 업무를 수행한다.

1. 학교폭력 예방활동
2. 피해학생 보호 및 가해학생 선도
3. 학교폭력 단체에 대한 정보 수집
4. 학교폭력 단체의 결성예방 및 해체
5. 그 밖에 경찰청장이 교육부장관과 협의해 학교폭력 예방 및 근절 등을 위해 필요하다고 인정하는 업무

③ 학교전담경찰관이 소속된 경찰관서의 장과 학교의 장은 학교폭력 예방 및 근절을 위해 상호 협력해야 한다.

[본조신설 2018. 12. 31.]

제32조(영상정보처리기기의 통합 관제)

법 제20조의7제1항에 따라 영상정보처리기기를 통합하여 관제하려는 국가 및 지방자치단체는 다음 각 호의 절차를 거쳐 관계 전문가와 이해관계인의 의견을 수렴해야 한다. 〈개정 2018. 12. 31.〉

1. 「행정절차법」에 따른 행정예고의 실시 또는 의견 청취
2. 학교운영위원회의 심의

제33조(비밀의 범위)

법 제21조제1항에 따른 비밀의 범위는 다음 각 호와 같다.

1. 학교폭력 피해학생과 가해학생 개인 및 가족의 성명, 주민등록번호 및 주소 등 개인정보에 관한 사항
2. 학교폭력 피해학생과 가해학생에 대한 심의 · 의결과 관련된 개인별 발언 내용
3. 그 밖에 외부로 누설될 경우 분쟁당사자 간에 논란을 일으킬 우려가 있음이 명백한 사항

제33조의2(고유식별정보의 처리)

① 국가 · 지방자치단체 또는 학교의 장은 다음 각 호의 사무를 수행하기 위해 불

가피한 경우 「개인정보 보호법 시행령」 제19조에 따른 주민등록번호 또는 외국인등록번호가 포함된 자료를 처리할 수 있다.

1. 법 제20조의5제2항에 따른 학생보호인력의 결격사유 유무 확인에 관한 사무
2. 법 제20조의5제5항에 따른 학생보호인력의 범죄경력조회에 관한 사무

② 법 제20조의5제3항에 따라 학생보호인력의 배치 및 활용 업무를 위탁받은 전문기관 또는 단체는 다음 각 호의 사무를 수행하기 위해 불가피한 경우 「개인정보 보호법 시행령」 제19조에 따른 주민등록번호 또는 외국인등록번호가 포함된 자료를 처리할 수 있다.

1. 법 제20조의5제2항에 따른 학생보호인력의 결격사유 유무 확인에 관한 사무
2. 법 제20조의5제6항에 따른 학생보호인력의 범죄경력조회 신청에 관한 사무

[본조신설 2017. 6. 20.]

제34조

삭제 〈2021. 3. 2.〉

제35조(과태료의 부과기준)

법 제23조제1항에 따른 과태료의 부과기준은 별표와 같다.

[본조신설 2018. 12. 31.]

참고자료

경찰청 (2009). 경찰청 제출자료(2009. 9. 14).

경향신문(2023.03.26). 대면수업 재개 뒤 학교폭력 증가…행정심판 등 '처분 불복' 도 늘이. https://m.khan.co.kr/national/education/article/202303262136025#c2b

고영남 (2012). 생활지도와 상담. 교육과학사.

관계부처합동 (2012). "학교폭력, 이제 그만!" 7대 실천 정책으로 학교폭력 없는 행복한 학교를 만든다. 국무총리실, 교육과학기술부.

관계부처합동 (2014). 제3차 학교폭력 예방 및 대책 기본계획(안).

관계부처합동 (2015). 초등학생 맞춤형 학교폭력 대책.

관계부처합동 (2018). 학교 안팎 청소년 폭력 예방 보완 대책.

광명지역신문 (2017). '무서운 10대들' 광명시 중학생 15명, 또래학생 집단폭행.

교육과학기술부, 충청북도교육청 (2016). 학교폭력 사안처리 Q&A.

교육부 (1996). 1996 교육통계연보. 교육부.

교육부 (2016). 2016년 2차 학교폭력 실태조사 분석결과 발표.

교육부 (2018). 2018년 1차 학교폭력 실태조사 결과 발표.

교육부 (2019). 2018년 2차 학교폭력 실태조사 표본조사 결과 발표.

교육부 (2019). 2019년 1차 학교폭력 실태조사 결과 발표.

교육부 (2019). 학교자체해결제 시행을 위한 시도교육청 학교폭력 담당자 연수, '학교폭력 예방 및 대책에 관한 주요 개정내용'.

교육부 (2019). 학교자체해결제 시행을 위한 시도교육청 학교폭력 담당자 연수, '학교자체해결제 시행'.

교육부 (2022). 2022년 1차 학교폭력 실태조사 결과 발표.

교육부 학생건강정책과, 학생정신건강지원센터 (2020). 2020 학생정서·행동특성검사 및 관리 매뉴얼.

교육부, 이화여자대학교 학교폭력예방연구소 (2014). 학교폭력 사안처리 가이드북.

교육부, 이화여자대학교 학교폭력예방연구소 (2018). 학교폭력 사안처리 가이드북.

교육부, 이화여자대학교 학교폭력예방연구소 (2020). 학교폭력 사안처리 가이드북.

교육부, 이화여자대학교 학교폭력예방연구소 (2023). 학교폭력 사안처리 가이드북.

교육부, 한국교육개발원 (2014). 2014년 2차 학교폭력 실태조사 분석결과 발표. 보도자료.

국무조정실 국무총리비서실 (2023). 보도자료 "학교폭력 전학기록 4년까지 보존, 대입 정시에도 반영".

국민일보 (2015). [다문화가 경쟁력이다] 외국서 살다 온 다문화학생 '학교 부적응' 심각.

국민일보 (2015). "애니까 봐줘" 이래도? 캣맘 사건 후 초등생 집단 성추행 조사 중.

권두승, 조아미 (2006). 청소년 세계의 이해. 문음사 도서출판.

권석만 (2007). 현대이상심리학. 학지사.

권석만 (2013). 현대이상심리학 2판. 학지사.

권석만a (2014). 현대 심리치료와 상담 이론. 학지사.

권석만b (2014). 이상심리학의 기초. 학지사.

김계현, 김동일, 김봉환, 김창대, 김혜숙, 남상인, 천성문 (2013). 학교상담과 생활지도 2판. 학지사.
김광수 (2013). 학교폭력 특성 이해와 조기 감지, 개입과 대처. 한국교원교육학회 2013년 제2차 교원정책포럼 자료집, 3-30.
김규태, 방경곤, 이병환, 윤혜영, 우원재, 김태연, 이용진 (2013). 학교폭력의 예방 및 대책. 양서원.
김다현, 임성숙, 정석환 (2013). 학교폭력의 예방과 대책. 동문사.
김범구 (2012). 청소년 학업중단에 대한 연구동향 분석. 청소년학연구, 19(4). 315-337.
김병찬 (2012). 학교폭력문제해결에 있어 교원의 역할과 책임에 관한 소고. 한국교원교육연구, 29(3), 19-47.
김상곤, 배진형, 한정숙, 김희영 (2013). 영국, 미국, 노르웨이, 독일의 학교폭력 예방과 문제 해결을 위한 대처방안 분석연구. 학교사회복지. 25, 333-364.
김성곤, 황인호, 차주환, 장성화, 김순자, 윤향숙 (2014). 학교폭력 예방의 이론과 실제. 동문사.
김성일 (1991). 청소년이 지각한 부모의 수용도에 관한 측정 연구. 교육심리연구, 5.
김순환, 고진아 (2015). 인성교육에 대한 유·초등 교사의 신념. 한국교원교육연구. 32(1), 119-146.
김애경 (2002). 지각된 부모양육태도 및 사회적 지원과 초기 청소년의 우울 및 외현적 문제와의 관계. 교육심리연구, 16, 31-50.
김영광 (2013). 학교폭력 대응에 관한 국제비교 연구-회복적 정의의 관점에서-. 경희대학교 교육대학원 석사학위논문.
김왕준 (2013). '학교폭력 특성 이해와 조기 감지, 개입과 대처'에 대한 토론. 한국교원교육학회 2013년 제2차 교원정책포럼 자료집, 31-33.
김종운 (2013). 학교폭력의 예방과 대책. 학지사.
김준호, 김선애 (1999). 공부와 청소년비행. 청소년학연구, 6(2), 1234-143.
김준호, 안호용, 김선애, 김선업 (2002). 가족의 구조·기능과 청소년비행. 한국청소년연구, 13(1), 225-267.
김창군, 임계령 (2010). 학교폭력의 발생원인과 대처방안. 법학연구, 38, 173-198.
김충기 (2003). 생활지도 상담 진로지도. 교육과학사.
김현숙 (2013). 지속된 학교폭력 피해경험이 청소년의 신체발달, 사회정서발달, 인지발달에 미치는 영향. 청소년복지연구, 15(2), 121-143.
김혜원 (2011). 집단따돌림과 집단괴롭힘에 따른 남녀 청소년들의 심리적 건강, 학교인식 및 학교적응에 대한 구조분석, 청소년복지연구, 13(2): 173-198.
김혜원, 정일현 (2010). 청소년 부적응행동의 유형·정도와 자아건강성의 관계. 상담학연구, 11(1), 225-244.
노안영 (2018). 상담심리학의 이론과 실제(2판). 학지사.
대검찰청 (2011). 범죄분석.
모상현 (2023). 2022 외국의 학교폭력 예방교육 및 활동 사례연구. 한국청소년정책연구원.
문경진 (2020). 2020년 학교폭력 예방교육 정책 소개. 2020년 학교폭력 예방교육 컨설팅단 워크숍. 한국청소년정책연구원.
문병욱, 신동준 (2008). 일반긴장이론을 통한 인문계와 실업계 고등학생의 비행연구. 한국청소년연구, 19(1), 33-60.

문용린, 김준호, 임영식, 곽금주, 최지영, 박병식, 박효정, 이규미, 임재연, 정규원, 김충식, 이정희, 신순갑, 진태원, 장현우, 박종효, 장맹배, 강주현, 이유미, 이주연, 박명진 (2013). 학교폭력 예방과 상담, 학지사.

박명진 (2006). 학교폭력 예방을 위한 실제적 지침서, '학교폭력 예방과 상담'. 학지사.

박영애 (1995). 부모의 양육행동 및 형제관계와 아동의 자존감과의 관계. 고려대학교 대학원 박사학위 논문.

박정선, 황성현 (2013). 청소년의 긴장감, 사회유대감, 비행친구와의 차별적 접촉이 청소년 지위비행에 미치는 영향. 청소년학연구, 20(10), 77-94.

박주형, 정제영, 김성기 (2012). 「학교폭력예방 및 대책에 관한 법률」과 동법 시행령의 문제점 및 개선방안 연구. 교육행정학연구, 30(4), 303-323.

박지현 (2014). 어머니의 양육행동 결정요인, 어머니의 양육행동과 청소년 자녀의 문제행동의 경로: Abidin의 이론을 기반으로. 건국대학교 박사학위 논문.

박지현 (2017). 학교 밖 청소년의 진로장벽과 진로준비행동의 관계: 희망의 조절효과. 청소년시설환경, 15(2), 199-208.

박지현, 이동혁 (2016). 어머니의 양육행동 결정요인, 어머니의 양육행동과 청소년문제행동 간의 관계: 일반청소년집단과 비행청소년집단 비교. 청소년학연구, 23(6).

박현수, 박성훈, 정혜원(2009). 청소년비행에 있어 낙인의 효과에 대한 경험적 연구: 비공식 낙인을 중심으로. 한국청소년연구, 20(1), 227-251.

박효정, 정미경, 박종효 (2007). 학교폭력 예방 프로그램 개발 연구. 한국교육개발원.

박효정, 한미영, 김현진 (2016). 어울림 학교폭력예방 프로그램의 적용효과 분석. 교육학연구, 54(3), 121-150.

배윤진, 조숙인, 장문영 (2017). 돌봄 취약계층 맞춤형 육아지원 방안. 3: 한부모 가족 특성별 자녀교육 실태 및 지원방안. 육아정책연구소.

법무부, 교육과학기술부, 자녀안심운동재단(2012). 학교폭력에 대한 교사의 역할.

백혜정 (2015). 학교 밖 청소년 지원정책 체계화의 필요성. 청소년정책 이슈브리프, 7. 1-4.

변숙영, 이수경, 이종범 (2009). 취약청소년의 직업능력향상을 위한 실태와 과제. 한국직업능력개발원.

서울대학교 의과대학 국민건강지식센터 (2015). 공감이 필요하다. http://hqcenter.snu.ac.kr/archives/jiphyunjeon

서울특별시교육청 (2016). 평화로운 학교문화 조성을 위한 학교폭력예방 어울림 프로그램 운영 지원 계획(안).

서정기 (2011). 학교폭력에 따른 갈등경험과 해결과정에 대한 질적 사례연구-회복적 정의에 입각한 피해자-가해자 대화 모임을 중심으로. 연세대학교 대학원 박사학위논문.

서찬란 (2005). 가족 환경요인 및 개인 심리 요인이 청소년의 문제행동에 미치는 영향. 중앙대학교 석사학위논문.

성윤숙 (2023). 대한민국 학교폭력 정책 발전방안 "우리나라 학교폭력 예방 동향 분석 및 시사점". 한국청소년학회.

송명자 (2011). 발달심리학. 학지사.

송재홍, 김광수, 박성희, 안이환, 오익수, 은혁기, 정종진, 조붕환, 홍종관, 황매향 (2016). 학교폭력의 예방과 상담. 학지사.
시사저널 (2017). 열일곱살 소녀는 왜 악마가 됐나. https://www.sisapress.com/news/articleView.html?idxno=167729
신성자 (2014). 교사의 학교폭력개입능력이 학생들의 학교폭력 대응수준에 미치는 영향에 대한 교사와 학생들의 인식-폭력인식과 학교폭력정의의 이차매개효과분석을 중심으로-. 학교사회복지, 28, 137-165.
양명숙, 김동일, 김명권, 김성회, 김춘경, 김형태, 문일경, 박경애, 박성희, 박재황, 박종수, 이영이, 전지경, 제석봉, 천성문, 한재희, 홍종관 (2013). 상담이론과 실제. 학지사.
여성가족부 (2018). 한부모가족지원사업안내.
여성가족부, 교육부, 한국청소년상담복지개발원 (2014). 2013 학교폭력 예방 또래상담 사업 결과보고집. 한국청소년상담복지개발원.
연합뉴스 (2015). '세상에서 가장 못생긴 여자' 미국 학교 왕따에 맞선다.
연합뉴스 (2017). "최근 5년간 학업중단 고교생 13만 7천 명".
오영경 (2008). 청소년의 행동문제 관련요인. 중앙대학교 교육대학원 석사학위논문.
오혜영 (2012). 학업중단청소년을 위한 상담·복지의 통합적 지원 모형. 학업중단청소년 지원 정책 세미나 자료집, 한국청소년상담복지개발원.
오혜영, 지승희, 박현진 (2011). 학업중단에서 학업복귀까지의 경험에 관한 연구. 청소년상담연구, 19(2), 125-154.
위키백과 (2019). https://ko.wikipedia.org
윤경희, 장일식 (2015). 다문화가정 청소년의 비행위험성 예측을 위한 탐색적 연구, 경찰학논총, 10(1), 147-178.
윤철경, 류방란, 김선아 (2010). 학업중단현황 심층분석 및 맞춤형 대책 연구. 교육과학기술부.
이규미 (2012). 학교폭력의 특수성과 전문성. 문용린 외. 학교폭력 예방과 상담. 학지사.
이근배 (2014). 현장중심의 학교폭력 상담 전략 및 실제. 2014 한국인간발달학회 추계학술대회, 61-76.
이길재, 이정미 (2014). Hurdle Model을 활용한 학교폭력 영향요인 분석. 교육행정학연구, 32(1), 53-74.
이상균 (2005). 청소년의 또래폭력 가해경험에 대한 생태체계적 영향 요인, 한국아동복지학, 19: 141-170.
이상철 (2012). 학교폭력 당사자의 법적 책임과 교육적 시사점: 대법원 판례를 중심으로. 30(3), 125~153.
이수정 (2016). 범죄심리학. KOCW.
이순래, 이경상 (2010). 생활긴장이 소년비행에 미치는 영향에 관한 연구: 학교환경에 대한 위계적 선형분석을 중심으로. 형사정책연구, 21(4), 5-32.
이완희, 황성현, 이창한, 문주섭 (2017). 한국청소년비행학. 피앤씨미디어.
이은재 (2009). 국회의원 이은재 보도자료(2009. 9. 28).
이장호 (1998). 상담심리학 입문. 박영사.
이종원 (2013). 청소년의 학업성적과 비행, 비행친구의 관계에 대한 종단연구. 한국청소년개발원 연구보고서, 1-82.
이지현 (2014). 학생 개인요인, 학교 구조적 요인, 교사요인이 학교폭력 가해행동에 미치는 영향: 위계적 선형모형 분석. 한국사회복지학, 66(4), 77-100.
이창한, 황성현, 김상원 (2012). 신) 범죄학 & 형사정책. 박영사.
이현수 (1985). 성격차원검사. 중앙적성출판사.
임 웅 (2012). 형법각론(제4정판), 법문사.
임영식 (1998). 학교폭력에 영향을 미치는 요인에 관한 연구. 청소년학연구, 5(3), 1-26.
정신의학신문-아는 의사 (2019). 부산 여중생 집단 폭행사건, 가해자들은 사이코패스인가?.http://www.psychiatricnews.net/news/articleView.html?idxno=6266
정여주, 선혜연, 신윤정, 이지연, 오정희, 김한별, 김옥미 (2018). 학교폭력 예방 및 학생의 이해. 학지사.
정용부, 고영인, 신경일 (1998). 아동 생활지도와 상담. 학지사.
정익중 (2009). 청소년비행 발달궤적의 다양한 유형. 한국청소년연구, 20(3), 253-280.
정종진 (2014). 학교폭력 예방을 위한 생태학적 접근. 2014 한국인가발달학회 춘계학술대회, 1-27.
조아미, 조승희 (2006), 집단따돌림의 발달적 변화 및 집단따돌림 경험에 따른 심리적 특성의 차이, 제3회 한국청소년패널 학술대회논문집, 233-254, 한국청소년개발원.
조정실, 차명호 (2010). 폭력없는 평화로운 학교 만들기. 학지사.
주소희 (1992). 이혼가정 자녀의 정신건강에 관한 연구. 이화여자대학교석사학위논문.
중앙일보 (2017). CCTV에 잡힌 잔혹한 '부산 여중생 폭행'.
차윤희 (2005). 또래 괴롭힘 상황에서 학령기 아동의 역할과 사회적 이해. 연세대학교 대학원, 석사학위 논문.
찾기 쉬운 생활법령정보 (2019). http://easylaw.go.kr/CSP/CnpClsMain.laf?popMenu=ov&csmSeq=538&ccfNo=1&cciNo=1&cnpClsNo=2.
청소년폭력예방재단 (2009). 학교폭력실태조사보고서. 청소년폭력예방재단.
최경민, 한성희 (1997). 품행장애 청소년에서의 우울, 불안증상과 부모양육특성. 소아청소년정신의학, 8, 83-91.
최명구, 김누리 (2013). 청소년의 이해. 학지사.
최명민 (2003). 품행장애 청소년 가족의 대처에 관한 연구. 한국아동복지학, 15, 137-170.
최인호 (2010). 어머니의 양육행동이 남녀 청소년의 문제행동에 미치는 영향: 남녀 청소년의 공감능력의 매개효과. 연세대학교 석사학위논문.
한겨레 (2017). 강릉에서도 10대 청소년 폭행 사건 뒤늦게 알려져.
한국교육개발원 (2016). 교육통계서비스. http://kess.kedi.re.kr
한국교육개발원 (2017). 학교폭력 실태조사 개편으로 심층실태 파악 및 맞춤형 학교폭력 정책 지원.
한국교육심리학회 (2000). 교육심리학 용어사전. 학지사.
한국산업인력공단. http://www.q-net.or.kr
한국일보 (2015). 다문화 2세들 '이유 있는 방황'.
한국일보 (2017). 전주 여중생 투신, 집단따돌림 탓 맞았다.
한상철 (2014). 청소년학. 학지사.

한소은 (2006). 학교폭력예방을 위한 상담 프로그램 비교연구-한국, 미국, 유럽, 일본을 중심으로-. 경기대학교 대학원 석사학위논문.

한재희, 김영희, 김용태, 서진숙, 송정아, 신혜종, 양유성, 임윤희, 장진경, 최규련, 최은영 (2013). 한국상담학회 상담학 총서 5: 부부 및 가족상담. 학지사.

한창식 (2001). 생물유전적 기질과 가정환경이 청소년기 우울, 품행장애 성향 및 반사회적 행동에 미치는 영향-성격,자아상 및 스트레스를 매개변인으로. 서울대학교 대학원 박사학위 논문.

홍진규 (2018). 한부모가족의 혼인상태와 소득수준, 가구구성이 자녀양육의 어려움에 미치는 영향-부자가족과 모자가족을 중심으로-. 사회복지경영연구, 5(1), 81-98.

홍태경, 류준혁 (2011). 성별과 연령에 따른 청소년 비행요인의 비교분석. 한국치안행정논집, 8(3), 113-138.

홍평표 등 (2016). 청소년상담사 3급 단기완성. ㈜시대고시기획.

황선주, 박기환 (2014). 우울-품행장애성향 청소년의 전위 공격성에 관한 탐색적 연구. 한국심리학회지: 건강, 19(4), 1125-1144.

황성현, 이강훈 (2013). 청소년비행의 원인에 관한 사회학습, 사회유대, 일반긴장이론적 접근. 한국청소년연구, 24(3), 127-145.

Agnew, R. (1992). Foundation for a general strain theory of crime and delinquency. Criminology, 30, 47-87.

Akers, R. L. (1977). Deviant behavior: A social learning approach (2nd ed.). California.

Akers, R. L. (2004). Criminological Theories: Introduction, Evaluation, and Application(4th ed.). 민수홍 외 공역(2005), 범죄학 이론, 나남출판. Allison, P. D., & Furstenberg, F. F. (1989). How marital dissolution affects children: Variations by age and sex. Developmental Psychology, 25(4), 540-549.

Becker, H. S. (1973). Outsiders: Studies in the Sociology of Deviance. NY: The Free Press.

Bronfenbrenner, U. (1979). The ecology of human development. Cambridge, MA: Harvard University Press.

Carr, A. (1999). The Handbook of Clinical Child and Adolescent Psychology: A Contextual Approach. London: Routledge.

Chiles, J. A., Miller, M. L., & Cox, G. B. (1980). Depression in an adolescent delinquent population. Archives of General Psychiatry, 37(10), 1179-1184.

CIVIC news (2018). 진화하는 교실 왕따... 휴대폰 데이터 빼앗는 '와이파이 셔틀' 기승.

Conger, R. D., & Peterson, A. C. (1984). Adolescent and youth. NY: Haper & Row Publishers.

Crick, N. R., & Dodge, K. A. (1994). A review and reformulation of social information processing mechanisms in children's adjustment. Psychological Bulletin, 115, 74-101.

Egan, G. (1994). The skills helper (5th ed.). Pacific Grove, CA: Brooks/Cole.

Erikson, E. (1963). Childhood and society(2nd ed.). New York: Norton.

Foster, V., & Sprinthall, N. (1992). Developmental profiles of adolescents and young adults choosing abortion: stage sequence, décalage, and implications for policy. Adolescence. 27(107):655-673.

Frey, K. S., Hirschstein, M. K., & Guzzo, B. A. (2000). Second Step; Preventing aggression by promoting social competence. Journal of Emotional and Behavioral Disorders, 8, 102−122.

Gleitman, H. (1999). 심리학 입문(이진환, 장현갑, 신현정, 안신호, 정봉교, 이광오, 도경수 옮김). 시그마프레스.

Hill, C. E., & O'Brien, K. M. (1999). 성공적인 탐색·통찰·실행 상담을 위한 상담의 기술(주은선, 옮김). 학지사.

Hirschi, T. (1969). Causes of Delinquency, Berkeley, CA: University of California Press.

Hochstetler, A., Copes, H., & Delisi, M. (2002). Differential association in group and solo offending, Journal of Criminal Justice, 30, 559-566.

Khoury-Kassabri, M., Benbenishty, R., Astor, R. A., & Zeira, A. (2004). "The contributions of community, family, and school variables to student victimization", American Journal of Community Psychology, 34(3/4): 187-204.

Kohlberg, Lawrence (1976). "Moral stages and moralization: The cognitive-developmental approach". In Lickona, T. (ed.). Moral Development and Behavior: Theory, Research and Social Issues. Holt, NY: Rinehart and Winston.

Lee, C. H. (2011). "An ecological systems approach to bullying behaviors among middle school students in the United States", Journal of Interpersonal Violence, 26(8): 1664-1693.

Lemert, E. M. (1967). Human Deviance, Social Problems, and Social Control.

Matsueda, R. L. (1992). Reflected appraisals, parental labeling and delinquency: Specifying a symbolic integrationist theory. American Journal of Sociology, 6, 577-1611.

Merton, R. K. (1938). Social structure and anomie. American Sociological Review 3, 672-682.

Miller, W. F. (1968). Guidance principles and services. U.S.A: Charles Merrill Publisher Company.

Miltenberger, R. G. (2001). 제2판 행동수정(안병환, 윤치연, 이영순, 이효신, 천성문 옮김). 시그마프레스.

Nagin, D. S., & Tremblay, R. E. (2005). What has been learned from group-based trajectory modeling?: Examples from physical aggression and other problem behaviors. Annals of the American Academy of Political and Social Science, Vol.602, pp.82-117.

Olweus, D. (1994). Bullying at School: Basic Facts and Effects of a School Based Intervention Program. Journal of Child Psychology and Psychiatry, 35(7), 1171-1190.

Olweus, D. (2001). Peer Harassment: A Critical Analysis and Some Important Issues. In J. Juvonen & S. Graham(Eds.), Peer Harassment in School: The Plight of the Vulnerable and Victimized, pp.3-20.

Rey, J. M., & Plapp, J. M. (1990). Quality of perceived parenting in oppositional and conduct disordered adolescents. Journal of the American Academy of Child and Adolescent Psychiatry, 29, 382-385.

Reis, J. R., Trockel, M., & Mulhall, P. (2007). "Individual and school predictors of middle

school aggression", Youth & Society, 38(3): 322-347.
Rice, F. P. (1990). The adolescent (6thn ed.). Boston, MA: Allyn & Bacon.
Rogers, C. R. (1975). Empathic: An Unappreciated Way of Being. The Counseling Psychologist, 5, 2-10.
Rohner, R. P. (1984). Handbook for the Study of Parental Acceptance and Rejection. Center for the Study of Parental Acceptance and Rejection, The University of Connecticut.
Salmivalli, C. (2001). Group View on Victimization- Empirical Findings and Their Implications. In J. Juvonen & S. Graham(Eds.), Peer Harassment in School: The Plight of the Vulnerable and Victimized(pp.398-419).
Spivack, G., & Shure, M. B. (1982). The cognition of social adjustment: Interpersonal cognitive-problem-solving-thinking. In B. B. Lahey, & A. E. Kazdin (Eds.), Advances in clinical child psychology (Vol. 5, pp. 323-372). New York: Plenum.
Sutherland, E. H., & Cressey, D. R. (1947). Principles of criminology (4th ed.). Lippincott.
Wei, H., Williams, J. H., Chen, J., & Chang, H., (2010). "The Effects of individual characteristics, teacher practice, & school organizational factors on students' bullying: A multilevel analysis of public middle schools in Taiwan", Children and Youth Service Review, 32: 137-143.

찾아보기

ㅎ

저자 약력

박지현

주요경력
건국대학교 교육학 박사(상담심리 전공)
현) 서원대학교 교육학과 교수
전) 충청북도학교폭력대책지역위원회 위원

주요자격
상담심리사 1급(한국상담심리학회)
전문상담사 1급(한국상담학회)
상담전문가/정신건강증진상담사 1급(한국청소년상담학회)
청소년상담사 1급
또래상담/부모교육전문지도자
청소년품성계발교수요원

주요저서
청소년 상담현장론(한국청소년상담복지개발원, 2022, 공저)
상담의 이론과 실제(정민사, 2011, 공저)
집단상담(동문사, 2013, 공저)
동료상담실습(공동체, 2014, 공저)

제3판

학교폭력예방 및 학생의 이해

초판발행 2019년 8월 30일
제2판발행 2021년 2월 26일
제3판발행 2023년 8월 30일

지은이 박지현
펴낸이 노 현

편 집 김다혜
기획/마케팅 김한유
표지디자인 이은지
제 작 고철민 · 조영환

펴낸곳 (주)피와이메이트
서울특별시 금천구 가산디지털2로 53, 210호(가산동, 한라시그마밸리)
등록 2014. 2. 12. 제2018-000080호
전 화 02)733-6771
f a x 02)736-4818
e-mail pys@pybook.co.kr
homepage www.pybook.co.kr
ISBN 979-11-6519-448-2 93370

정 가 19,000원